光文社古典新訳文庫

幸福について

ショーペンハウアー

鈴木芳子訳

光文社

Title : APHORISMEN ZUR LEBENSWEISHEIT
1851
Author : Arthur Schopenhauer

『幸福について〜生きる知恵・箴言集』＊目次

幸福について～生きる知恵・箴言集

幸福であるのは、たやすいことではない。自分自身の中に幸福をみつけるのは至難のわざであり、他の場所でみつけることなど不可能である。

シャンフォール[1]『性格と逸話』

1 ニコラス・シャンフォール（一七四一～九四）フランスの劇作家・出版業者。

はじめに

本書では、生きる知恵、処世哲学をまったく内在的な意味、すなわち、人生をできるかぎり快適に幸せに過ごす術《すべ》という意味で受けとめている。こうした術の手引きは幸福論と呼ぶこともできよう。したがって、生きる知恵とは「幸せな生活への指針」ということになる。ところで「幸せな生活とは何か」ということだが、純客観的考察というよりむしろ（ここで肝心なのは主観的判断なので）冷静にじっくり考えて、生存していない状態よりは明らかに好ましい状態、と定義するのが精一杯であろう。ここから私たちが幸せに生きることに執着するのは、単に死を恐れているからではなく、幸せな生活という考えそのもののためであって、またそうだからこそ、幸せな生活がずっと続いてほしいと願うのだと推論される。

さて、人生はこうした幸せな生活という考えに合致するものなのか、あるいはせめて合致する可能性はあるのかという問いに対して、読者もご存じのように、私の哲学はノーと答える。いっぽう、「人生の究極の目標は幸福にある」とする幸福論は、この問いに対してイエスと答えることを前提としている。つまり幸福論は、私が主著『意志と表象としての世界』第二巻第四九章で非難した人間生来の迷妄を基盤としている。にもかかわらず、私は一種の幸福論を書き上げ、そのために私の本来の哲学が目ざしている、より高次の形而上学的・倫理的な立場をまったく度外視せざるをえなかった。それゆえ通例の経験的立場にとどまり、その迷妄を手放さないという意味において、本書の論述全体はある程度、幸福論への部分的同化を土台にしている。幸福論という言葉自体がいわば婉曲表現にすぎず、そうであってみれば、本書の論述も条件付きの価値しかもち得ない。さらにまた本書の論述は完璧を期するものではない。というのも、これは汲めども尽きぬテーマであり、また完璧を期そうとすれば、他の人がすでに述べたことを繰り返さなければならないためである。

この箴言集と似たような意図で書かれたものとして私の念頭に浮かぶのは、カルダーノ[1]の『逆境から得られるものについて』という非常に読み甲斐のある書だけで、この書は本書の論述を補ってくれるかもしれない。アリストテレスも『修辞学』の第一巻第五章に短い幸福論をさしはさんでいるが、きわめて無味乾燥なものに終わっている。私はこうした先人の書いたものは借用しなかった。なぜなら編纂、すなわち寄せ集めは私の本分ではなく、そんなことをすれば、この種の著作の心髄ともいうべき見解の統一が失われてしまうので、なおさらである。

総じて、あらゆる時代の賢人が常に同じことを語り、あらゆる時代の愚者、すなわち計り知れぬほど大多数の人々が常に同じことを、つまり、それと反対のことを行ってきた。それは今後もやはり変わらないだろう。それゆえヴォルテール[2]は次のように述べている。「私たちは、この世に生を受けたときと同様に、愚かで不出来なまま、この世を去るのだろう」。

1 ジェロラモ・カルダーノ（一五〇一～七六）イタリアの数学者。
2 ヴォルテール（一六九四～一七七八）本名はフランソワ・マリー・アルエ。フランスの啓蒙思想家・小説家。『哲学書簡』『カンディード』他。

第一章　根本規定

アリストテレスは人生の財宝を次の三つ、すなわち外的な財宝、魂の財宝、肉体の財宝に分類した。さて、三という数字をそのまま受け継いで、現世の人間の運命における差異の基礎をなすものは、次の三つの根本規定に帰着しうると言えるだろう。すなわち、

一、その人は何者であるか。すなわち最も広義における人品、人柄、個性、人間性である。したがって、ここには健康、力、美、気質、徳性、知性、そして、それらを磨くことがふくまれる。

二、その人は何を持っているか。すなわち、あらゆる意味における所有物と財産。

三、その人はいかなるイメージ、表象・印象を与えるか。この表現は周知のように、その人は他者の表象・印象において何者なのか、すなわち、そもそも他人の目にどの

ように映るかという意味である。したがって実質的には、その人に対する他者の評価であり、名誉と地位と名声に分かれる。

第一項目で観察される差異は、自然そのものが人間の間にもうけた差異である。ここから早くも自然は、単に人為的に決定されて生じる相違、すなわち第二・第三項目で提示された相違よりも、人間の幸・不幸にはるかに本質的で断固たる影響をおよぼすことが見て取れる。偉大な精神や寛大な心のような真の個人的長所と、位階や生まれ──たとえ王族であっても──、富などのあらゆる利点との関係は、現実の王と芝居の王との関係にひとしい。エピクロスの一番弟子だったメトロドロス[1]は、「私たちの内にある幸福の原因は、外界の諸々の事柄に由来する幸福の原因よりも大きい」と[2]

1　エピクロス（前三四一／二～前二七一／〇）快楽主義で有名なギリシアの哲学者。サモス島に生まれ、前三一〇年頃ミュティレネに学校を創設、四年後アテネに移り、のちに「エピクロスの園」として有名になった庭園を学問所とし、エピクロス学派の祖となった。彼の説く人生最高の善とは快楽だが、その快楽はいわゆる「放蕩者の快楽」ではなく、むしろ苦痛と混乱からの解放、身体の健康と魂の平安、他物に依存しない自由な精神状態を保つことを意味する。

2　メトロドロス（前三三〇頃～前二七八／二七七）ギリシアの哲学者。ランプサコスの小メトロドロスと呼ばれる。

いう題をつけた一章を執筆している。もちろん、みずからの内にあり、みずからの内で推移進行するものこそ、人間の幸せにとって、いや、人間の生き方全体にとって肝心なのは明白である。すなわち、人間の内なる快・不快は、なによりもまず本人が感じ欲し考えた結果として、直接的にみずからの内にある。これに対して、外部にあるものはすべて、間接的に快・不快に影響をおよぼしているにすぎない。だから外的事象や外的状況が同じでも、受ける刺激は人によってまったく異なるし、同じ環境でも、人によってそれぞれ異なる世界に生きている。というのも、人が直接的に関わり合うのは、みずからが抱く観念や感情や意志活動だけであって、外的な事柄は、そうした観念や感情や意志活動のきっかけをつくることで、その人に影響をおよぼすにすぎないからである。ひとりひとりが生きる世界は、何よりもまず、その人が世界をどう把握しているかに左右され、それゆえ、頭脳の相違に応じたものとなる。頭脳次第で、世界は貧弱で味気なくつまらぬものにもなれば、豊かで興味深く意義深いものにもなる。たとえば多くの人々は、他人の身に起こった面白い出来事ゆえに他人をうらやむが、むしろ、描き出すことでその出来事に意義深さを与えた、その把握の才ゆえにうらやむべきであろう。というのは、機知に富む頭脳の持ち主がかくも興味深く描き出した出来事でも、浅薄で凡庸な脳みその持ち主は、ありふれた日常世界の味気ない場面として把握するだけであろうから。ゲーテとバイロンの幾多の詩は、これを如実に示す。どちらの詩人もあきらかに現実の出来事をもとにしている。だが愚かな読者は、かなりありふれた出来事をかくも壮大で見事なものにつくりあげることのできる詩人の旺盛な想像力のためではなく、かの詩人は恰好の事件に遭遇したといって詩人をうらやむ。多血質の人が見れば、単にわくわくする小競り合いにすぎず、粘液質の人が見れば、取るに足らぬ事柄でも、憂鬱質の人が見れば、非劇の一場面となるのも、これと同じ理由である。

こういったすべては、現実世界のいかなる出来事も、すなわち、人間の心を占めるいかなる現在も――水における酸素と水素のように必然的に緊密に結びついているとはいえ――主観と客観という二つの側面から成り立っていることに基づく。だから、客観的半面がまったく同じでも、主観的半面が異なっていれば、また、これとは逆に、主観的半面がまったく同じでも、客観的半面が異なっていれば、現在の現実世界はまったく別様なものになる。客観的半面がどんなに美しく良いものであっても、美しい景観を悪天候下で眺めたり、粗悪なカメラ・オブスクラ[3]の映像で見たりするときのように、主観的半面が鈍くて不出来なら、劣悪な現実と現在しか存在しない。より平明に語るなら、だれもが自分の肌にすっぽり包まれて生きるように、自分の意識にすっぽり包まれて生きており、直接的には意識のなかでのみ生を営んでいる。だから外部から救いの手を差し伸べても、あまり役に立たない。

舞台では、ある者は王侯、別な者は顧問官、また別な者は従僕や兵卒や将軍などを演じる。だがこうした相違は外面だけで、内面にはそうした外見の人物の核として、みなに同じものが、心労と困苦を抱えた憐《あわ》れな喜劇役者がひそんでいる。実人生もまた同じである。位階や富から生まれる差異はひとりひとりに、その役を演じさせるが、幸福や安楽といった内面の相違は、こうした役割に決して対応するものではなく、ここにも心労と困苦を抱えた憐れな愚か者がひそんでいる。構成する素材はそれぞれ異なっても、実体、つまり真の本質をみれば、ほぼ、みな同じ憐れな愚か者である。愚かさの程度に差はあっても、決して身分や富による違い、すなわち役割による違いではない。つまり人間にとって存在し、推移進行するすべては、直接的には人間の意識のなかに存在し、意識にとって推移進行しているにすぎない。かくして何よりも大切なのは、明らかに意識の性状そのものであって、たいていの場合、意識のなかにあらわれた物事の形状よりも、意識の性状そのもののほうがもっと重要である。いかなる栄耀栄華《えいようえいが》も、愚か者のどんよりした意識に映ったものであるなら、セルバンテスが窮屈な牢獄で『ドン・キホーテ』を書いたときの意識に映ったそれとは比べようもなく貧弱だ。

現在と現実の客観的半面は運命の手に握られており、それゆえ変化しうる。いっぽう主観的半面はほかならぬ私たち自身であり、それゆえ本質的に変わらない。したがって、ひとりひとりが送る生涯は、外界からいかなる変化が訪れようとも、終始一貫して同じ特色をもち、同一主題をめぐる一連の変奏曲にもたとえられる。だれひとり、自分の個性を脱することはできない。動物はどんな状況でも、自然がその動物の本質に変更の余地なく定めた狭い領分にとどまり続け、例えば私たちが愛する動物を幸せにしてやろうと努めても、動物の本性と意識の限界ゆえに、たえず狭い範囲内にとどまらざるを得ない。人間についても同じことがいえる。個性によって、そのひと

3 カメラ・オブスクラはラテン語で「暗い部屋」の意。写真の原理による投影像を得る装置で、実用的な用途としては素描などのために用いた。写真機の前身で孔カメラとも呼ばれる。

に可能な幸福の範囲はあらかじめ決まっている。特に精神的能力の限界は、高尚なものを享受する能力をしっかりと確定する。(『意志と表象としての世界』第二巻参照)。精神的能力が狭小に限定されていると、外部からどんなに尽力しても、他の人間が彼のためにどんなに骨を折っても、彼がどんなに幸運に恵まれても、ありきたりの半ば獣めいた人間の幸福と快さの程度を上回ることができず、官能的な楽しみ、気楽でにぎやかな家庭生活、高尚とはいいがたい社交、通俗的な暇つぶしに頼りつづけることになる。教育ですら、こうした領分を広げるのに、いくばくかは貢献できても、総じてたいして役に立たない。なぜなら、たとえ青年期に思い違いをすることがあっても、最も高尚で多様性に富み、最も長続きする喜びは、精神的喜びであり、これは主としてもって生まれた力に左右されるからである。

そういうわけで幸福は、「自分は何者なのか」ということ、つまり各人の個性に左右されることは明らかだ。それなのに、たいていの場合、運命、すなわち「何を持っているか」や「いかなるイメージ、表象・印象を与えるか」ということしか考慮に入れない。だが運命は上向きになることもある。そのうえ内面が豊かなら、「何を持っているか」や「いかなるイメージ、表象・印象を与えるか」という点で多くを要求しないであろう。それとは逆に、愚か者は愚か者のままだし、鈍い無骨者は死ぬまで、それどころかイスラム教の天国で美しい処女に取り巻かれても、やはり鈍い無骨者のままだろう。だからゲーテは言っている。

平民も奴隷も征服者も
いつの時代も　認めている
地上の子の最高の幸福は
ただただ　その人の身におのずからそなわるものにあることを

『西東詩集』八の七

私たちが何を幸福とし、何を享受するのかということにとって、主観は、客観とは比べものにならないほど重要である。これは、空腹のときは何を食べても美味しいとか、若者が女神のごとく崇める美女が眼前にいても、老人は何とも思わないとかいうことから、天才や聖者の生き方にいたるまで、事々に確証される。特に健康は、ありとあらゆる外的財宝にまさるもので、ほんとうに健康な乞食は病める国王よりも幸福である。申し分のない健康と恵まれた体質から生まれる、落ち着いた朗らかな気質、明晰で物事を生き生きと鋭く正しく把握する頭脳、節度ある隠やかな意志、ひいては曇りなき良心、こうしたものは、位階も富も取って代わることのできない美点である。

換言すれば、その人がどんなものを所有しようとも、他人の目にどう映ろうとも、そうしたすべてよりも、あきらかに彼にとってはるかに重要なのは、「彼自身にとって彼は何者なのか」ということだ。それこそ、孤独のなかで彼に寄り添い、何人たりとも、与えることも奪うこともできないものである。才知あふれる人物はまったく独りぼっちでも、みずからの思索や想像ですばらしく楽しめるが、鈍物は社交や芝居、遠出やダンスパーティーと絶え間なく気分転換しても、地獄の責め苦のごとき退屈をはねのけることができない。善良で穏健で柔和な性格であれば、貧しい境遇でも満ち足りて幸福だが、貪欲で嫉妬深く性悪だと、どんなに富があっても満足できない。しかし絶えず精神的に卓越した並はずれた個性を享受する人にとって、一般人が求めるたいていの享楽はよけいであり、煩わしく邪魔になるだけである。それゆえホラティウス[4]はみずからについて次のように述べる。

宝石、大理石、象牙、ティレニア[5]の彫像、絵画、
銀製品やゲトゥーリ[6]産の深紅の染料で染めた衣服、
これらが欲しくてたまらぬ者は大勢いるが、気にとめぬ者は少数である。

『書簡詩』二の二の一八〇〜一八二

またソクラテスは販売用に陳列された贅沢品をひとめ見て、「私には不要なものが、なんとたくさんあることだろう」と言った。

したがって、人生の幸福にとって「自分は何者なのか」、すなわち、その人の身におのずからそなわるものこそ、一貫して第一の、最も重要なものである。なぜならそれは恒常的で、いかなる境遇においても有効であり、さらに他の二項目における財宝

4　ホラティウス（前六五〜前八）古代ローマの抒情詩人。アウグストゥス時代の代表的詩人としてウェルギリウスと並び称される。完璧な技巧と優雅な詩風で知られる。『風刺詩』『歌集』『書簡詩』など。
5　ティレニアは古代イタリアのエトルリア地方。
6　ゲトゥーリは古代アフリカ北西部の地方。

のように運命に屈することもなければ、私たちから奪い取ることもできないからである。その意味で、他の二項目の価値が単に相対的なものにすぎないのに対して、第一項目の価値は絶対的なものだと言える。さて、ここから、外部の力が人間を打ち負かすことは、おそらく一般に考えられているよりも、はるかに少ないと推論される。時だけは全能の力をもち、ここでも権利をふるう。肉体的・精神的美点はしだいに時の力に屈する。徳性だけは時の力を寄せつけない。後の二項目で述べた財宝は、時の力によって直接うばわれることがなく、この点では第一の財宝にまさっている。また後の二項目で述べた財宝のもうひとつの長所は、客体化されていて、その性質上、獲得可能なものであり、少なくともだれにでも手に入れる見込みだけはあるという点だ。これとは逆に個人的特性は私たちの力ではどうにもならず、神の掟によって生じ、生涯を通じて変わることがない。その結果、ここでは次の箴言が容赦なくあてはまる。

君がこの世に生まれたその日に
太陽が諸々の惑星の挨拶を受けたように
生まれたときの掟にしたがい

君はすぐに　すくすくと育ってきた
そのままに在るほかない　おのれから逃げることはできない
すでに巫女たちが　預言者たちがそう告げたのだから
生命を得て成長し明確な形をそなえたものを
いかなる時も　いかなる力も　粉々に砕くことはできない

ゲーテ『原初の言葉　オルフェウスにならって』

この点において自力でできる唯一のことは、「今の自分は何者であるか」を最大限に活かすことであり、したがってそれにふさわしい熱心な企てのみを追求し、それに合った修業の道にはげみ、わき目もふらず、ひいては、それにぴったりした地位や仕事や生き方を選ぶことである。

ヘラクレスのように頑丈な、並はずれた筋力に恵まれた人が、外的事情に迫られ、座業、細々した綿密すぎる手仕事に従事させられ、あるいは、まったく別種の、持ち合わせていない能力を要求する学問や頭脳労働をさせられ、そのためにかえって、彼の卓越した能力を活かせなければ、彼は一生不幸な思いをするだろう。しかしまた、彼知的能力に圧倒的に秀でた人が、知的能力を必要としないありふれた仕事や、彼の体力では十分にこなせない肉体労働をさせられ、彼の知的能力を伸ばすことも発揮することもできなければ、それよりもっと不幸な思いをするだろう。とはいえ、この点について特に青年時代は、ありもしない能力を過信することからくる危難を避けるようになさい。

第一の項目が他の二項目よりも断然、優位に立つことからも、能力に磨きをかけ、健康維持に努めるほうが、富の獲得に努めるよりも賢明だとわかる。だからといって、不可欠かつ相応の収益を顧みなくてもよいなどと曲解してはならない。しかし実際の富、すなわち有り余る巨万の富は、私たちの幸福にほとんど貢献しない。したがって不幸せだと感じている金持ちが大勢いる。それはかれらが真の知的教養がなく、知識もなく、それゆえ何らかの私心なき知的な暇つぶしができるような興味を持ち合わせていないためである。換言すれば、現実の生理的欲求を満たすほかに、富は何を成しうるかと言えば、実際の快適さにわずかな影響を与えるだけで、むしろ莫大な財産維持のために不可避的に生じる多くの心配事に煩わされることになる。いっぽう、「何者であるか」ということのほうが、「何を持っているか」よりも、はるかに私たちの幸福に確実に寄与する。にもかかわらず、人間は知的教養よりも富を得ることに千倍も一生懸命だ。すでに持っている富を増やそうと、休む暇もなく多忙をきわめ、朝から晩までアリのようにせっせと働く、なんと大勢の人がいることだろう。そういう人は富を増やす方法分野の狭い視野にとどまり、それよりほかは、何ひとつ知らない。精神がからっぽで、そのため、他のものは一切、味わう余地がない。最高級の楽しみ、知的な楽しみを受けつけない。ときおり奮発して贅沢をし、手間ひまかけずに金をかけ、刹那的で感覚的な楽しみで埋め合わせをするが、それも空しい。そうすると、人生の最期にその総決算がくる。運がよければ、実際に山積みの莫大な金を遺《のこ》すが、それをさらに増やすか、遣い果たすかは相続人まかせとなる。そんな一生は、いかに真面目くさった偉そうな顔つきで過ごした一生であっても、道化師の鈴つき三角帽子に象徴される愚かしさにおいて、大勢の他の人たちと変わらない。

つまり、その人自身に常にそなわっているもの、つまり「何者であるか」こそ、人生の幸福にとって最も本質的なものだ。ただ本人の身に常にそなわっているものは、たいていごくわずかなので、貧苦などどこ吹く風という人も、その大部分は、困窮にあえぐ人たちと同様、根本的に不幸である。空疎な内面、精彩を欠く意識、貧しい知性がかれらを社交へと駆り立てるけれども、類は友を呼ぶため、同類が集まる。みなで一緒に退屈しのぎの歓楽を追い求める。まずはじめは官能的享楽を求め、ありとあらゆる遊興に走り、しまいに放蕩にいたる。なかでも裕福な家の出のご子息が莫大な遺産を信じられないほど短期間で蕩尽《とうじん》することはよくあるが、こうした救いがたい濫費の原因は何かといえば、ほかならぬ退屈にある。いま述べた精神の貧しさと空疎さからくる退屈である。こうした青年は、外面は金持ちでも、内面は貧しく生まれついたわけで、なんでもかんでも「外部から」取り入れて、外面の豊かさに内面の豊かさの代わりをつとめさせしようとしたのに、むだ骨だったことになる。たいそう高齢の老人が若い娘の発散する香気を強壮剤にしようとするのも、これと似たようなものである。こうして結局は、内なる貧しさがさらに外面の貧しさを招く。

人生の財宝のうち、他の二項目の重要性は、私が強調するまでもない。財産の価値は推奨不要なほど、今日ではごく一般に認められているからである。また第三項目は、ひたすら他人の見解をその本質とするため、第二項目に比べて、まことにフワフワと実体がなく、消えやすい性質をもつ。けれども名誉は誰もが懸命に求めるべきであり、すなわち誰もが名に恥じないようにすべきだが、位階は国家に仕える者のみが求めればよく、ましてや名声を求めることができる人間はごくわずかである。とにかく名誉はたいへん貴重な財宝であり、名声は人間が獲得しうる最もすばらしいもの、選ばれし者の金羊毛[7]だが、これに対して位階を財産よりも有難がるのは、愚か者だけだろう。ペトローニウス[8]の「金があれば、一目おかれる」はそれなりに正しく、また逆に、他人から好評を博せば、いかなる形であれ、しばしば財をなす手助けになるという意味において、第二項目と第三項目はいわば相互に作用し合っている。

7　ギリシア神話に出てくる秘宝のひとつで、翼をもつ金色の羊の毛皮のこと。コルキスの王の持ち物で、眠らないドラゴンによって守られている。イアソンが率いるアルゴ船の一行はこれを求めて遠征する。

8　ペトローニウス（二〇頃〜六六）ローマの政治家・文筆家。ネロ皇帝の側近として知られる。小説『サテュリコン』。

第二章　「その人は何者であるか」について

「その人は何を持っているか」や「いかなるイメージ、表象・印象を与えるか」よりも、「その人は何者であるか」がはるかにその人の幸福に寄与することは、前述したことで大体において認識できた。「その人は何者なのか」、したがって「その人自身に常にそなわっているものは何か」がたえず問題となる。なぜなら個性は四六時中、どこまでも彼に寄り添うものであり、彼が体験するすべては個性の色調を帯びるからだ。あらゆる点で、何事につけても、彼はなによりもまず彼自身を享受する。これは肉体的な楽しみにあてはまり、まして精神的な楽しみについてはなおさらである。だから英語で〈to enjoy oneself〉というのは、きわめて適切な表現だ。たとえば〈He enjoys himself at Paris.〉、つまり「彼はパリを堪能する」のではなく、「彼はパリにいる自分自身を堪能する」のである。

さて個性が劣悪だと、どんな楽しみも、胆汁を含んだ口に美味なワインを流し込むようなものだ。だから良き事も、悪しき事も、大きな災禍はともかく、人生において何に遭遇し、何がその身にふりかかったのかよりも、本人がそれをどう感じたのかが問題であり、何事も感受力の質と程度が問題となる。その人自身に常にそなわっているもの、要するに「その人は何者なのか」ということとその重要性が、幸福安寧の唯一の直接的なものである。それ以外はすべて間接的なものだ。それ以外のすべてがもたらす影響は無に帰することがあっても、「その人は何者なのか」ということがもたらす影響は決して無に帰することがない。だからその人自身に常にそなわっている美点に対する嫉妬は、どんなに入念に包み隠そうとしても、あらゆる嫉妬のなかでもっとも鎮《しず》め難いものとなる。

さらに意識の性質だけは恒常不変であり、個性は継続的・持続的に、多かれ少なかれ、いかなる瞬間も働くが、これに対して、他のものはときおり、折にふれて一時的に働くだけで、おまけに浮き沈み、変移変動がある。それゆえアリストテレスは、「自然・本性は当てになるが、金は当てにならない」と言っている。全面的に外部から襲ってきた不幸なら、みずから招いた不幸よりも、ずっと落ち着いて耐え忍ぶことができるのは、このためである。換言すれば、運命は変転するかもしれないが、おのれの性質は決して変わることがない。したがって私たちの幸福にとって、気高い性格、有能な頭脳、楽天的な気質、心根が明るいこと、健康そのものの丈夫な体のような個人的特性にまつわる財宝、つまり「健全なる身体に宿る健全なる精神」が、第一の、最も重要な財宝である。それゆえ私たちは外的財宝や外的名誉よりも、こちらの財宝の維持増進をこころがけるべきだろう。

さて、これらすべての中で最も直接的に私たちを幸福にしてくれるのは、心根が明るいことである。なにしろ、この良き特性は瞬時に効く。快活な人には、いつも快活でいられる理由があって、それはとりもなおさず本人が快活なためである。他のいかなる財宝も、この特性にとって代わることはできず、この特性自体、いかなる特性にも代えがたい。若く美しく金持ちで尊敬されている人間がいるとしよう。彼が幸福かどうか判定しようとすると、陽気な人かどうかが問題になるだろう。これに対して、彼が陽気なら、若かろうが老いていようが、背筋がぴんと伸びていようが、背中が曲がっていようが、貧乏であろうが金持ちであろうが、そんなことはどうでもよい。とにかく彼は幸福なのである。

幼少のころ、あるとき古い書物を開いたら、「多く笑う者は幸せですし、多く涙を流す者は不幸せなのです」と書いてあった。たいそう簡素なコメントで、月並みな言葉なのに、その明白な真理ゆえに忘れ得ぬものとなった。だからこそ、陽気さが訪れたら、いつでも直ちに門扉《もんぴ》を開放なさい。「いま陽気さに来られたら困る」などということはないのだから。それなのに私たちは、あらゆる点で満足できる根拠があるかどうか、まず知りたがったり、陽気さのために真剣な熟慮と重大な配慮が妨げられるのではないかと恐れたりして、しばしば陽気さを受け入れるのをためらう。だが、これでどれほど改善できるのかと言うと、はなはだ心もとない。これに対して、陽気さは直接的な効用がある。現在、直接的に幸せにしてくれるのは陽気さに他ならないのだから、陽気さこそが幸福の実体、いわば幸福の正貨であり、他のものはみな幸福の単なる兌換《だかん》紙幣にすぎない。それゆえ、過去と未来の果てしない時の流れの間で途切れることなく存在する現在の姿を現実とする人間存在にとって、陽気さは最高の財宝である。したがって私たちは、他のいかなる努力よりも、この財宝の維持増進を最優先すべきであろう。

さて、陽気さにとって、富ほど役立たないものはなく、健康ほど役立つものはない。

通例、下層労働者、とくに土地を耕す階級は陽気で満ち足りた顔をし、富裕な上流階級は不機嫌な顔をしている。したがって私たちは、なによりもまず完璧な健康を高度に保ち、そこから陽気さが花のごとく咲きこぼれるようにつとめよう。その方策はよく知られているように、不摂生や放埒、激しく不快な感情の揺れ、極端な、もしくはあまりにも長引く精神の緊張などをいっさい避け、毎日二時間ずつ戸外で活発な運動をし、おおいに冷水浴をし、その他類似の養生法をおこなうことである。毎日、適切な運動をしなければ、健康を維持することはできない。あらゆる生のプロセスが適切に行われるためには、プロセスが生起する各パーツが動かねばならず、同様に全体も動かねばならない。それゆえアリストテレスの「生命は動きに在る」という言葉は正しい。生命とは動きであり、動きに生命の本質がある。身体の内部全体が絶え間ない活発な運動に支配されている。心臓は複雑な二重の収縮と弛緩のなかで、激しく倦むことなく鼓動し、二八回の拍動によって、血量全体に大循環と小循環とをくまなく行き渡らせる。肺は間断なく蒸気機関のようにポンプ作用をおこなう。腸はたえず蠕動《ぜんどう》してうねりくねっている。すべての腺はたえず吸収し分泌しており、脳ですら拍動と呼吸のたびに二重の運動をしている。ところが、まったく座りっぱなしの生活を送る無数の人々のように、ほとんど外的身体運動がない場合には、外的静止状態と内的騒乱とのあいだに、はなはだしく有害なアンバランスが生じる。なぜなら、不断の内臓運動はいくぶん外的身体運動の助けを必要とするからである。こうしたアンバランスは、なんらかの激情のために内面は煮えくり返っているのに、外部へそれを見せてはならないときのアンバランスに似ている。樹木でさえ、成長するのに、風にそよぐことが欠かせない。その際、このうえなく簡潔にラテン語で表現された原則「いかなる動きも早ければ早いほど、多く動いている」があてはまる。

　私たちの幸福がどんなに気分の晴れやかさに左右されるか、また、気分の晴れやかさがどんなに健康状態に左右されるかは、同じ外的状況や出来事が、健康で元気いっぱいの日に与える印象を、病気で不快かつ気弱なときにひき起こす印象と比べれば、わかるだろう。「客観的に現実にいかなる事態なのか」ではなく、「私たちにとって、いかなる事態なのか、私たちが事態をどう把握したのか」が、私たちを幸福にしたり不幸にしたりするのである。エピクテートスの[1]「事態が人間を不安にするのではなく、事態に対する見解が人間を不安にする」という言葉は、まさにこれを言い表している。そもそも私たちの幸福の九〇パーセントは、もっぱら健康を基盤としている。

健康であれば、すべてが楽しみの源泉となる。逆に健康でなければ、いかなる種類の外的財宝といえども、楽しむことができない。残りの個人的特性にまつわる財宝、すなわち精神や感情や気質にそなわる特性ですら、病弱ゆえに低調になり、たいそう萎縮してしまう。だから何よりもまず互いに健康状態をたずね、互いの無病息災を祈るのは、故《ゆえ》なきことではない。人間の幸福にとって無病息災は、ずばぬけて大切なのだから。ここから収益や昇進、学問研究や名声のために、ましてや好色や刹那的な快楽のために、何のためであれ、自分の健康を犠牲にするのは、愚の骨頂だと推論できる。もっと正確に言うなら、いっさいを健康の後回しにすべきである。

さて、幸福にとってかくも重要な陽気さに、どんなに健康が寄与していても、陽気さは健康だけに左右されるものではない。どんなに健康に恵まれていても、憂鬱な気質や沈みがちな気分もありうるからである。気質や気分の究極の原因は、明らかに身体の根源的な、それゆえ不変の性質にあり、しかもたいていは多かれ少なかれ、刺激に対する感受力と再生力が正常なバランスを保っているかどうかにある。感受力が異常に大きいと、気分にむらがあり、周期的に過度の陽気さがあらわれたり、憂鬱が基調になったりする。ところで天才も過度の神経の力、それゆえ過度の感受性によって生み出されたものなので、アリストテレスが「哲学や政治や文学であれ、芸術であれ、抜きん出た人間はみな、憂鬱質であるように思われる」と記し、あらゆる抜きん出た優れた人間が憂鬱質であることを指摘したのは、まことに正しい。「アリストテレスは、あらゆる天才的人間は憂鬱質だと言っている」というキケロ[2]の報告はよく引用されるが、キケロがアリストテレスの上述の箇所を見て引用したことは間違いない。シェークスピアは、ここで考察した人間一般の生まれながらの基本的気分の大きな相違をじつに見事に描き出している。

造化の神はその昔　奇妙な変わり者をおつくりになった
年がら年中　面白おかしく　のぞき見し

1　エピクテートス（五五頃〜一三八頃）古代ローマの思想家。ストア哲学を多くの弟子に教えた。死後、その教えは弟子アリアノスによって『語録』『提要』にまとめられる。

2　キケロ（前一〇六〜前四三）古代ローマの政治家・哲学者。博学・多才と雄弁で名声を得、三頭政治の開始以来共和制擁護を主張。アントニウスと対立し、暗殺された。その文体はラテン語散文の模範とされる。

バグパイプ奏者を見て　オウムのように笑う者もいれば
しかめっ面の者もいる
たとえ賢人ネストールが冗談を聞いたら笑うものだと断言しても
にっこり笑って歯を見せる気すらない

『ヴェニスの商人』第一幕第一場

この違いは、まさしくプラトンが「陰気」と「陽気」という言葉で言い表したものである。この相違は、快・不快の印象に対する受容力が実に各人各様であることに由来する。それゆえ、ある者が笑い飛ばす事柄でも、別の者にはほとんど絶望にいたる事態となる。しかも、しばしば不快な印象に対して敏感であればあるほど、快適な印象に対して鈍感であり、またその逆も言える。ある要件が上首尾にいくか、不首尾に終わるか、その可能性が五分五分であるときに、陰気な人は、不首尾な面を見て腹を立てたり嘆いたりするが、上首尾な面を見て喜んだりしない。これに対して陽気な人は、不首尾な面を見て腹を立てたり嘆いたりせずに、上首尾な面を見て喜ぶ。陰気な人は企ての九割が成功しても、成功した九割を喜ばず、失敗した一割に腹を立てる。

陽気な人はこの逆で、一割の成功でみずからを慰め、自分の気持ちを引き立てることができる。

さて、悪いことがあると、その埋め合わせがあるものだが、ここでも陰気な人、すなわち、心配性で陰鬱な人は確かに、不慮の事故や病をあれこれ想像して、のんきで陽気な人よりも多くを耐え忍ばねばならないが、その代わり、現実の事故や病に遭遇したときに、より容易に切り抜けるだろう。というのも、何事も悲観的に見て、たえず最悪の事態を気づかい、それにしたがって予防措置をとる人は、いつも楽観的色合いと展望で事態を眺める人ほど頻繁に見込み違いをしないだろうから。

けれども、生まれつき陰気な気性に、神経系や消化器官の疾患が拍車をかけると、陰気さが高じ、絶え間ない不快感から、生きるのが厭になって、自殺したくなることがある。すると、ほんの些細な不愉快なことですら、自殺のきっかけになりうる。この病が最高度に達すると、こうしたきっかけを待つまでもなく、いつも暗鬱なため、自殺を決意し、次いでたいそう冷静に熟考し、断固、決然と実行する。こうした病人はたいてい監視下にあるが、たえず思いつめているだけに、ちょっとした監視の隙をうかがって、ためらいも葛藤もなく、恐れおののいて怯《ひる》むこともなく、今や彼を楽にしてくれる当然かつ好ましい手段に手を出す（エスキロール[3]の『精神病について』はこの状態を詳細に記述している）。しかしながらきわめて健康な人、いや、きわめて陽気な人ですら、事情次第で、つまり、苦悩や避けがたく忍び寄る不幸の大きさが死の恐怖を圧倒するとき、自殺を決意することがある。自殺に必要な動機は大小さまざまで、差があるが、動機の大きさと陰気さの度合いは反比例する。陰気であればあるほど、ごく些細なことが自殺の動機になり、ついにはゼロに達することもある。これに対して陽気であればあるほど、また陽気さの基盤は健康にあるため、健康であればあるほど、動機は大きな比重を占める。したがって、生まれつきの陰気さが病的に高じて自殺するケースと、健康で陽気な人がまったく客観的な理由から自殺するケースという、両極端のケースの間に無数の段階がある。

健康と部分的に似ているのが美である。美という個人的な長所は、そもそも私たちの幸福に直接的に貢献するわけではなく、単に他人に与える印象を通して間接的に役立つだけなのに、男性においてもたいそう重要性をもつ。美は、愛を前もって勝ち取らせる公開推薦状のようなものである。だから、特に美については

神々から賜った　このすばらしい宝を　あだやおろそかにしてはなりません
授けてくれるのは神々だけ　人間が気持ちひとつで得られる宝ではないのです
『イリアス』三の六五〜

というホメロスの詩行があてはまる。

ごく大ざっぱに概観すれば、苦痛と退屈は、人間の幸福にとって二大敵手である。さらに私たちは、この二大敵手のうち、一方からうまく遠ざかっても、もう一方に近づいてしまうと言えよう。その結果、私たちの人生は実際、振り子のように強く、弱く揺れながら、この両者の間を行ったり来たりしている。これは、この二大敵手が互いに二重の対立関係、すなわち、外面的もしくは客観的対立関係と、内面的もしくは主観的対立関係にあることから生じる。外面的には困苦と欠乏が苦痛を招き、これに対して安泰と過剰が退屈を招く。したがって下層階級の人々はたえず困苦と、つまり苦痛と戦い、裕福な上流階級の人々は年中、退屈を敵にまわして、しばしば誠に絶望

3　ジャン・エチエンヌ・ドミニク・エスキロール（一七七二〜一八四〇）フランスの精神医学者。

的な戦いをしている。[4] 他方、苦痛と退屈の内面的もしくは主観的な対立は、感度は精神的能力の程度で決まるため、個々人において、苦痛に対する感度と、退屈に対する感度が反比例することに基づく。すなわち精神が鈍いと、全般的に感度も鈍く、それと相まって神経過敏にならず、こうした性質の持ち主は、どんな種類、どんな度合いの苦痛・悲しみに対しても、あまり敏感ではない。

だが他方、こうした精神の鈍さから、数知れぬ人々の顔に刻まれた、あの内面の空疎さが生じる。何にでも、外界の些事にいたるまで絶えず盛んに関心をもつことからわかってしまう内面の空疎さが、退屈の真の源である。たえず外的刺激を渇望し、なんらかのものによって精神と心情を活動させようとする。したがって手当たり次第、えり好みはしない。こうした人間が手を出す娯楽の低劣さ、社交と談話の流儀をみれば、それがわかる。物見高い野次馬連中は言うにおよばない。主として、内面が空疎なために、あらゆる種類の社交や娯楽、遊興や奢侈への病的欲求が生じ、そのために多くの人が浪費に走り、落ちぶれて貧窮する。こうした誤った道に踏み込まない手立てとして内面の富、精神の富ほど信頼できるものはない。なぜなら、精神の富が卓越性の域に近づけば近づくほど、退屈が入り込む余地がないからである。思考は無尽蔵に生き生きと、内面世界と外面世界の多様な現象にふれることで絶えず新たに活動し、それらを常に違った風に結びつける力と欲求が働くために、疲れが出るわずかな瞬間を除いて、卓越した頭脳は退屈とはまったく無縁なのだ。

だが他方では、高度の知性は高度の感性を直接の条件とし、意志の激しさ、つまり人一倍激しい情熱を根底にしている。これらが結びつくと、あらゆる情動が他の人よりはるかに激しく、肉体的苦痛はいうにおよばず、精神的苦痛に対しても感受性が強いため、どんな障害にも人一倍がまんできず、ちょっとの邪魔にも耐えられない。想像力が旺盛で、あらゆる想念が活性化し、また厭だという気持ちも強力なために、いっそうこうした傾向に拍車がかかる。

さて、ここで述べたことは、もっとも鈍い愚か者から、もっとも偉大な天才にいたるまで、広範囲にすきまなく並ぶあらゆる中間段階に、それぞれ相対的にあてはまる。そのため、だれもが客観的にも主観的にも人生の苦悩のいっぽうの源泉に近づけば近

4　（原注）文明の初期の発展段階を特徴づける流浪生活が、文明の最高度の発展段階において普通となった漫遊観光に再現される。ノマド（遊牧民）生活は必要に迫られて生じ、漫遊観光の暮らしは退屈から生じた。

づくほど、他方の源泉からは離れてゆく。したがってこの点では、だれもが客観を主観にできるだけ適合させようとする本能的傾向に導かれるであろう。すなわち、苦悩の源泉のうち、自分がより苦しいと感じる源泉に対して、より徹底した予防措置をとる。才知豊かな人は、苦痛や手ひどく扱われることを避け、静寂と閑暇を求める。そのため静かでつつましやかな、できる限りだれからも邪魔されない生活を求め、したがって、いわゆる世間と多少おつき合いした後、隠棲することを選ぶ。それどころか偉大なる知者は孤独を選ぶだろう。というのも、その人自身に常にそなわっているものが多ければ多いほど、外部のものをますます必要としなくなり、他者はますます重きをなさなくなるからである。それゆえ卓越した精神の持ち主は非社交的になる。社交の質が社交の量で埋め合わせることができるなら、華やかな社交界で生きていくのも甲斐あることだろうが、残念ながら愚者が百人束《たば》になっても、賢人ひとりにおよばない。

これに対して、もうひとつの極点に立つ人間は、困苦からほっと一息つけるようになると、是が非でも気晴らしや社交を求め、なによりもまず自分から逃れたい一心で、どんなものにも、たやすく甘んじる。なぜなら、だれもが自分自身に立ち返る孤独のなかでは、その人自身に常にそなわっているものが正体を現わすからである。愚者は王侯貴族のまとう緋色の衣に身を包んでも、自分のみすぼらしい個性の重荷を振り落とすことができず、ため息をつく。いっぽう、才能に恵まれた人は、どんなにわびしい環境でも、みずからの思索で生き生きと活気づく。だからセネカ[5]の「あらゆる愚かさは、おのれの愚かさに嫌気がさして苦しむ」という言葉も、「愚者の生は、死よりもひどい」というイェーズス・シーラッハ[6]の格言も、まことに真実である。したがって全体としてみれば、精神が貧弱で、総じて卑俗であればあるほど、群れたがることがわかる。[7]換言すれば、この世では「独りでいるか」、「他者と共にいるか」のどちらかを選択するしかない。あらゆる人間の中で最も群れたがるのは黒人だと言われるが、かれらは知的な面で断然、劣っている。フランスの新聞（「ル・コメルス」一八三七年十月十九日付け）における北アメリカの報告によれば、黒人はお互いのだんご鼻の黒

5　セネカ（前四頃～後六五）古代ローマ、ストア派の思想家。ネロの師となるが謀反の疑いを受け自殺。著は『道徳書簡』『対話篇』のほかに、ギリシア悲劇の翻案である九編の悲劇が知られる。
6　イェーズス・シーラッハは紀元前二世紀頃のエルサレムのユダヤ人で、司祭とも医師とも言われる。聖書外典の書に属する道徳的格言を収集している。
7　（原注）人を社交へと駆り立てるのは、とりもなおさず、本人の中身の貧しさである。

い顔をいくら眺めても見飽きないため、たいそう狭い空間でも、自由農民も奴隷も入り乱れて、大勢が一緒に過ごせるのだという。

頭脳が身体全体の食客や年金受領者のような地位に立つことを考え合わせると、各人が努力して獲得した自由な閑暇は、自己の意識と個性を自在に楽しませてくれるものなので、苦労だらけの現実生活全体の成果・収穫物ということになる。だが自由な閑暇は、大部分の人に何をもたらすのだろうか。暇つぶしになる官能的な楽しみや愚行がないと、たちまち退屈し、ぼんやりと過ごす。かれらの閑暇の過ごし方をみれば、閑暇がまったく無価値なのが分かる。これこそ、まさにアリオスト[8]の言う「無知な人々の無為退屈」である。凡人はただ時を「過ごす」ことだけを考え、なんらかの才能のある人は、時を「活用する」ことを考える。低級な頭脳の持ち主が退屈を大いにもてあますのは、かれらの頭脳が徹頭徹尾、意志を動かす「動機の媒体」以外の何ものでもないからである。さしあたり動機がなければ、意志は休息し、知性はやむをえず休業する。というのも知性は、意志と同様、独力では活動しないからである。その結果、心身のあらゆる力がおそろしく停滞し、退屈してしまう。退屈に立ち向かうために、人は意志に、単に一時的に任意で取り上げた些細な動機を押しつけて、意志を刺激する。すると、知性もこの動機を取り上げざるを得なくなって活動する。こうした動機は恣意的に想定された効力しか持たないため、真の自然な動機が本物の銀貨だとしたら、こうした動機は銀行券にすぎない。

ところで、こうした動機になるのは、この目的のために発明されたトランプなどを用いる賭け事だ。こうした遊びに事欠くと、低級な頭脳の人間は手当たり次第、乱痴気騒ぎでその場をしのぐ。葉巻も思索に代わって当座をしのぐ格好の代物《しろもの》だ。――だから、どの国でも、あらゆる社交の主たる営みはトランプ遊びになってしまった。トランプ遊びは社交の価値尺度と化し、あらゆる思考の破産状態を公然と示す。つまり、かれらは取り交わすべき思想がないために、トランプカードを取り交わし、互いに金を巻き上げようとしている。ああ、なんと嘆かわしい輩《やから》だろう。とはいえ私は、ここで公正さを欠かないためにも、次の考えを述べないわけにはいかない。つまり、偶然によって振り与えられた変更不能の情況（トランプカード）をうまく利用して、なん

8　ルドヴィーコ・アリオスト（一四七四～一五三三）イタリアの詩人。長篇叙事詩『狂えるオルランド』はルネサンス期の代表作。

とか物にしようとし、その目的のためには、風向きが悪くても、朗らかな顔つきをして平静さを保つ習慣をつけるという意味で、トランプ遊びは社交生活と実業生活の予行演習になりますと言って、トランプ遊びを弁護することもできる。しかし、だからこそ他面、トランプ遊びはモラル低下という影響をおよぼす。つまり、トランプ遊びの本質的意義は、何としてでも、どんな奇襲、どんな手管を用いてでも、他人の財産を奪い取ることにある。だが、ゲームのそうしたやり方は習慣化して根をおろし、実生活へと広がっていき、次第に所有権争いにおいても同様に振る舞い、そのとき手元にあるどんな利点でも、法に触れさえしなければ許されるとみなすようになる。こうした例証は日々、市民生活に見られるではないか。

さて、大部分の人は自由な閑暇ゆえにわが身をもてあまし、おそろしく退屈し、わが身が重荷となる輩《やから》だが、前述したように、自由な閑暇とは、各人の現実生活の華《はな》というよりはむしろ結実であり、いっぽう、自由な閑暇があってこそ本来の自分を保てるのだから、自分自身に真に何かをそなえている人を「幸福な人」と称えることができる。だから「兄弟よ、私たちは女奴隷の子ではなく、自由な身の婦人の子である」（ガラテア書簡第四章第三一節）と言祝《ことほ》ぐのである。

さらに、ほとんど、あるいは、まったく輸入せずにすむ国がいちばん幸福であるように、内面の富を十分に持ち、自分を楽しませるために、外部からくるものをほとんど、あるいは、まったく必要としない人間がいちばん幸福である。こうした供給は経費がかさみ、輸入国を従属的立場にし、危険をもたらし、不愉快な気分にし、結局、自国の土地でできた産物の貧弱な埋め合わせにしかならないからである。換言すれば、何事につけても、一般に他人や外部に多くを期待してはいけない。「自分は他人にとって、どんな人間でありうるか」ということになると、たいそう狭く限られてくる。だれもが結局は独りであって、「いま、独りであるこの自分はどんな人間なのか」が問題となる。したがってここでも、何事も最後にはだれもが自分自身に立ち返らねばならないという、ゲーテ（『詩と真実』第三巻）が全般的に表明したことや、オリヴァー・ゴールドスミス[9]の

9　オリヴァー・ゴールドスミス（一七二八〜七四）イギリスの詩人・小説家・劇作家。小説『ウェイクフィールドの牧師』、戯曲『負けるが勝ち』、詩集『寒村行』、長篇詩『旅人』。

いつでもどこでも頼りになるのは　自分だけ
幸せは　自分でみつけて築くもの

『旅人』四三一～

という言葉があてはまる。

だれでも、自分にとって最良で肝心なことは、自分自身であることであり、自分にとって最良で肝心なことを成しうるのも自分自身である。自分にとって最良で肝心なことが多ければ多いほど、したがって、自分自身のなかに見出す楽しみの源泉が多ければ多いほど、それだけ幸福になる。だからアリストテレスの「幸福は、自分に満足する人のもの」という言葉は、まことに正しい。すなわち、幸福と享楽のあらゆる外的源泉は、その性質上、きわめて不確かで当てにならず、はかなく、偶然に左右され、どんなに有利な状況にあっても、たちまち滞ることがある。それどころか、これらの外的源泉が常に手元にあるのでないかぎり、こうした事態は避けがたい。高齢になれば、これらの源泉は当然、ほとんどすべて涸れてしまう。すなわち、寄る年波には勝てず、色恋沙汰も冗談も旅心も乗馬の楽しみも消え失せて、社交に向かなくなり、そのうえ友人や親類まで死神にさらわれてしまう。その人自身が常にそなえているものが、いよいよ大切になってくる。これが最も長持ちする。その人自身が常にそなえているものこそ、年齢の如何にかかわらず、幸福の真の源泉、唯一の永続的な源泉であり続ける。

実際、この世はどこへ行っても、多くのものを得ることなどできない。この世は困苦と悲痛にあふれ、困苦と悲痛を逃れた者には、退屈がありとあらゆる隅々で待ち受けている。おまけに通例は、悪行が横行し、愚考が大口をたたく。運命はむごく、人間は憐《あわ》れだ。そうした世の中に「自分自身に常に多くをそなえた人」がいることは、雪と氷に閉ざされた一二月の夜に、クリスマスの飾りつけをした明るく温かく愉しげな部屋があるようなものだ。したがって、卓越した豊かな個性と際立って豊かな精神をもつことは、あきらかに、この世における最大の幸運である。たとえ、その最も輝かしい運がどんなにさまざまな結果になろうとも。だから一九歳になったばかりのスウェーデンのクリスティーネ女王が、当時オランダで二十年前から深い孤独のなかで暮らしていたデカルトを「一本の」論文と人づてに聞いた話で知っただけなのに、「デカルト氏はあらゆる人間の中で最も幸福な人です。私には、彼の境遇が羨ましく思われます」と言ったのは、賢者の名言である。ただしデカルトの場合もそうだが、外的状況が引き立ててくれなければ、みずからが自分の主人となって楽しむことはできない。だから旧約聖書の『伝道の書』も、「知恵が親譲りの財とともにあればよく、成功の手助けとなる」と述べている。

さて、自然の恵みと運命の恵みによって、こうした運命を授けられた人は、幸福の内なる源泉が涸れないように目を配り、細心の注意を怠らないことだろう。それに必要な条件が独立と余暇である。そうした人は、他の人と違って楽しみの外的源泉に頼らずにすむだけに、節度を保ち、欲をおさえることで、この条件を手に入れようとするだろう。それゆえ官職やお金、世の人気と喝采《かっさい》を得る見込みがあっても、誘惑にかられて、自分自身をなげうってまで、世人の下劣なもくろみや悪趣味に合わせようなどとはしないだろう。[10]事が起こった場合には、ホラティウスがマイケナス[11]に宛てた書簡に見られる行動をとるであろう。外的なものを獲得するために、内的なものを失うのは、すなわち栄華・位階・豪奢・肩書・名誉のために、自己の平穏や余暇や不羈《ふき》独立を完全に、もしくはその大部分を犠牲にするのは、愚の骨頂である。だがゲーテはこれを行った。私の場合は、私の創造的精神がきっぱりと違う方向へ導いてくれた。

ここで述べた「人間の幸福の主たる源泉はみずからの内面にある」という真実は、いかなる楽しみもなんらかの活動、すなわち、なんらかの力の活用を前提とし、これがなければ存立しえないという、『ニコマコス倫理学』にみられるアリストテレスのまことに正しい言葉によっても裏づけられる。「人間の幸福は、自分の際だった能力を自由自在に発揮することにある」というアリストテレスの説を、ストバイオス[12]も逍遥学派[13]の倫理学を論じた際にそのまま用いており、たとえば「幸福とは長所に応じた

10　（原注）かれらは余暇を犠牲にして経済的豊かさを手に入れようと努める。経済的豊かさは望ましいものだが、そのために自由な閑暇を犠牲にせねばならないとしたら、それが何の役に立つだろう？

11　マイケナス（前七〇頃〜前八）古代ローマの政治家。皇帝アウグストゥスの助言者として活躍。富豪で、文人のパトロンとして名高い。

12　ヨハネス・ストバイオスは五世紀のギリシアの詞華集編者。有名な詩人・作家の作品のさわりの部分や格言的言い回しを抜書きして詞華集を編んだ。

13　逍遥学派とはアリストテレスの開いた学校リュケイオンに学んだ弟子の総称。アリストテレスが学校の歩廊（ペリパトス）を逍遥しながら講義したところから、こう呼ばれるようになった。ペリパトス学派ともいう。

活動をして、望み通り成功することだ」と簡潔に述べ、さらに、卓越した技量はみな「長所」だと説明している。

さて、人間が自然から賜った能力の本来の使命は、四方八方から迫る困苦と戦うことにある。だが戦いが終わると、人間はもはや使っていない能力をもてあますようになる。そこでその能力を「遊び」に用いる、すなわち、何の目的ももたずに用いることが必要になる。そうしないと、すぐに人間の苦悩のもうひとつの源泉、退屈のとりこになってしまうからである。したがって、とりわけお偉方や金持ちがこうした退屈の責め苦にあう。ルクレティウス[14]はかれらの惨めさについて、今日なおも大都会で毎日見うけられるような的確な描写をしている。

家にいるのに嫌気がさし　大きな館をあとにして
しばしば戸外へ飛び出すが　外でもいっこうに気が晴れず
不意に戻ってきてしまう
屋敷が燃えて火を消しに急ぐのかと思うほど
馬を速足で別荘へ走らせても

敷居をまたいだ途端に　退屈して大あくび
町へとって返すのが億劫だからと
うつらうつらと仮寝して　忘我の境地を試みる

こうしたお歴々は若い頃は、筋力と生殖力にものをいわせる。だが後年になると、たいそう悲惨である。才知や修養に欠け、精神的活動のための蓄積がないと、精神的能力しか残らない。「意志」だけが汲めども尽きぬ唯一の力となるため、今や激情をかきたてることで、例えば、例の不名誉きわまる悪習である危険な賭け事で意志を刺激することになる。

人は一般に仕事をしていないとき、その個人個人に支配的な能力の種類に応じて、例えば九柱戯[15]かチェス、狩りか絵画、馬による競争か音楽、トランプ遊びか詩学、紋

14　ティトゥス・ルクレティウス・カルス（前九九頃～前五五）共和制ローマの詩人・哲学者。エピクロスの思想を詩『物の本質について』に著した。
15　ボウリングに似たゲームで、ピンを九本立てる。

章学か哲学などのようになんらかの活動を遊びに選ぶだろう。本論ではさらに人間能力の発現のあらゆる根源、すなわち、「三つの生理学的な基本能力」にさかのぼって問題を体系的に検討し、人間の目的をもたない遊び、「困苦と戦うことを目的としない活動」を考察する。これにには三種類の楽しみが考えられ、三つの生理学的な基本能力はそれぞれの楽しみの源泉として現われる。誰もが自分の主流をなす基本能力によって、自分に適した楽しみを選ぶことになる。さて第一は「再生力」の楽しみ、すなわち飲食、消化、休息と睡眠だ。これが国民的娯楽と化し、国民全体が他国民から讃えられている国まである。第二は「身体的な刺激」の楽しみ、すなわち行楽、跳躍、格闘、舞踏、撃剣、乗馬、あらゆる種類の運動競技、狩り、はなはだしきは闘争や戦争である。第三は「精神的な感受能力」の楽しみ、すなわち観察、思索、鑑賞、詩作、絵画彫刻、音楽、学習、読書、瞑想、発明、哲学などである。この三種類の楽しみの価値や度合い、持続性についてはさまざまな考察をくりだせるが、それは読者におまかせしよう。

しかし幸福は、自己の能力を用いて引き起こされる楽しみが頻繁にくりかえされることにあり、楽しみを引き起こす能力が高尚な種類であればあるほど、楽しみ、ひいては幸福が大きいことはだれの目にも明らかであろう。同じく、この観点から、人間は他の動物よりも断然、圧倒的に「精神的な感受能力」に秀でていることや、他の二種類の生理学的な基本能力については他の動物と同等どころか、他の動物のほうが高い能力をそなえていることに鑑みて、人間においては「精神的な感受能力」がより重要であることを否認するものはいないであろう。精神的な感受能力は認識能力と密接に結びついている。したがって精神的な感受能力に秀でていれば、「認識」を本質とする、いわゆる「知的」な楽しみを味わうことができ、しかも精神的な感受能力に秀でていることが明白であればあるほど、知的な楽しみも増大することになる。

ありふれたふつうの人は、意志を刺激されて、すなわち彼の個人的興味をそそられて、何かある事柄に旺盛《おうせい》な関心を寄せる。だがあらゆる意志の持続的興奮は、少なくとも単純なものではなく、苦痛と結びついている。意志を意図的に興奮させる手段として、ごく些細な興味をかきたてることで、持続的でも深刻でもない瞬間的で微かな苦痛を引き起こし、その意味で意志をくすぐったにすぎないとみなしうる手段がある。これがトランプ遊びで、いたるところで「上流社会」の一貫した活動となっている。

これに対して、圧倒的な精神的能力に恵まれた人は、「意志」をまったく介入させずに、純然たる「認識」によって強い興味を抱くことができる。いや、抱かざるをえない。彼は意志をまじえずに関与することで、苦痛とは本質的に無縁な境地、いわば神々が軽やかに生きる別天地に身を置くのである。だが世の常の人々は、個人的繁栄の細々した利害やあらゆる種類の悲惨さしか眼中になく、[16]ぼんやりと一生を過ごし、どんよりした淀みをいくばくか掻《か》きたてることができるのは荒々しい情欲の炎だけなので、前述した困苦と戦うことを目的とする活動が一段落し、自分自身に立ち返ると、たちまち耐え難い退屈におそわれる。これに対して、圧倒的な精神的能力に恵まれた人は、考えがあふれてきて、一貫して潑剌《はっらつ》とした有意義な生活を送る。彼にふさわしい興味深いテーマに身をゆだねることが許されれば、たちまちそれに没頭し、そうでなくても、彼自身の中にこのうえなく高尚な楽しみの源泉を宿している。大自然の所産と人間の営みに対する観察、それから、あらゆる時代、あらゆる国々の天賦の才に恵まれた人々のさまざまな業績が、彼に外から刺激を与える。完全に理解し感得できるのは彼だけなので、彼だけがこうしたものを全身全霊で味わうことができる。言うなれば、これらはただ彼ひとりのために真の生命を輝き放ち、彼ひとりを相手にしている。これに対して他の人々はたまたま通りかかった見物人にすぎず、個々の部分をせいぜい半分しか理解しない。もちろん彼はこれらすべてによって他の人々よりも欲望が多い。学びたい、自分の目で見たい、研究したい、沈思黙考したい、錬磨したいという欲望、したがって自由な閑暇を求める欲望が多い。けれどもヴォルテールがいみじくも指摘したように、「真の欲望なくして、真の楽しみはない」のだから、この欲望は、彼が他の人々には享受できない楽しみを味わうことができる前提となる。他の人々は、自然や芸術の美、あらゆる種類の精神の所産をたとえ周囲に山と積まれても、つまるところ、たいそう高齢の老人が遊女の群れを前にするようなものだ。そのため、こうした長所をそなえた人間は、身辺にまつわる実生活のほかに、第二の、つまり知的生活を営むことになる。世の常の人々は、この味気なく空疎で悲しみに満ちた日々の生活そのものを目的とせざるを得ないのに対し、彼にとって、この第二の知的生活がしだいに本来の目的となり、第一の身辺にまつわる実生活は単なる手段に思えてくる。したがって彼は主として、この知的生活に没頭することになり、洞察と認

16　目先の利害にとらわれ、そのために自分で自分のみじめな状態をつくり出しているのだが、それに気づくことなくという意。

識はたえず豊かさを増し、相互に関連が生じ、どんどん向上し、あたかも芸術作品が仕上がってゆくように、ますます練り上げられ、全体が完成する。この知的生活に比べると、他の人々の実利一辺倒で、個人的繁栄をめざすだけの人生、平面的に広がるだけで深みある成長ができない人生は、なんとも情けない対照をなしている。にもかかわらず世の常の人々は、前述したように、圧倒的な精神的能力に恵まれた人にとっては手段にすぎないこうした生活を本来の目的とせざるをえない。

詳しく言うと、私たちの実利的な現実生活は、激情につき動かされなければ、退屈で味気ないものだが、激情につき動かされると、たちまち苦痛が生じる。それゆえ、自分の意志に奉仕するのに必要な量を越えた、有り余る知性を与えられた人々だけが、幸福ということになる。というのも、有り余る知性のおかげで、かれらは現実生活のほかに、「苦痛を伴わずに」、しかも生き生きと没頭できる楽しい知的生活を営むからである。単に「余暇がある」というだけでは、すなわち、知性が意志に奉仕するのに「忙殺されていない」というだけでは十分ではなく、能力が現実に有り余っていることが必要だ。なぜなら有り余る能力のみが、意志に奉仕しない純然たる知的活動を可能にするものであり、「知的活動なき余暇は死であり、生身の人間を墓に葬るようなもの」（セネカ）だからである。この有り余る能力の大小に応じて、現実生活のほかに営み得る知的生活には、昆虫・鳥類・鉱物・貨幣の単なる収集・記録から、文学や哲学の最も優れた業績にいたるまで、無数の段階がある。こうした知的生活は、退屈のみならず、退屈から生じる身の破滅を防いでくれる。すなわち悪友を避け、幸福を現実生活にのみ求めるときに陥る、たくさんの危険・厄災・損害・浪費に対する予防策になる。ちなみに私の哲学は、私に何やら実利をもたらしたことは一度もない。だが私の哲学のおかげで、私はおおいにいやな目にあわずにすんでいる。

これに対してふつうの人は、人生の楽しみに関して、自己の外部に頼る。財産や位階、妻子や友人や社交などに頼る。彼の人生の幸福はこうしたものに支えられている。だから彼がそれらを失ったり、それらに幻滅したりすると、幸福は崩れ去る。この状態は、「彼の重心は彼の外部にある」という言葉で表現できる。何事によらず外部から楽しみを求めるため、資金が許せば、別荘を買ったり馬を買ったり、祝賀会を催したり旅をしたりと、とにかく贅《ぜい》の限りを尽くす。これは、力と健康の真の源泉はおのれの生命力なのに、衰弱した人間が肉スープや薬剤で力と健康を手に入れようとするようなものである。

すぐに別の極端な例にうつらずに、前述の人間のほかに、必ずしも卓越した知力ではないが、それでも並みをかろうじて上回る知力の持ち主を想定してみよう。彼はたとえばディレッタントとして美術をたしなみ、あるいは植物・鉱物・物理・天文・歴史などの実際的な学問に従事して、前述の外的源泉が停滞したときや、もはや外的源泉で満足できなくなったときは、すぐに楽しみの大部分をそこに見出し、リフレッシュすることだろう。この点で、「彼の重心はすでに部分的に彼自身の内部にある」と言える。しかしながら単なる芸術のディレッタントは、創造的才能にはほど遠く、また単なる実際的な学問に従事する人は、さまざまな現実の諸現象から一歩も踏み出さないので[17]、全身全霊で没頭することはできず、骨の髄まで浸りきってはいないため、他のことに一切興味がなくなるほど、実生活がそれと織り合わされているわけではない。

これができるのは通常、天才と呼ばれる精神的卓越性の極みにある人物だけだ。すなわち、こうした卓越性の極みにある人物だけが、事物の存在と本質を総体的かつ絶対的無条件に自己のテーマとして取り上げ、個性的な傾向に応じた、その深遠な解釈を、芸術・文学・哲学を通して表現しようと努める。したがってこの種の人間だけは、なにものにも妨げられずに自己を相手とし、自己の思索と作品を相手取ることが痛切な欲求となる。孤独を歓迎し、自由な閑暇を最高の財宝とし、それ以外はみな無くてもよいどころか、あればかえって重荷になることさえ、しばしばある。だからこのような人間についてのみ、「重心が完全に彼自身の内部にある」と言うことができる。さらにここから、きわめて稀なこの種の人々が、いかに善良な性格であっても、友人や家族や公共団体に対して他の多くの人々が抱きうるような、心からの限りない共感を示さないことの説明がつく。換言すれば、「重心が完全に彼自身の内部にある」人は結局のところ、自分自身を保持してさえいれば、何にもまして慰めを得ることができる。それゆえ人一倍、孤立する要素が潜んでいる。こういう人はそもそも他人に決して完全に満足することがないので、他人をまったく自分と同等のものとみなすことができず、だれを見ても常に自分とは異質なものを感じるために、世人とは異質な存在として世に処し、他人を念頭に浮かべる場合にも、一人称複数の「私たち」ではな

17 この「単なる実際的な学問に従事する人」とは、「現実と実践的学問にしか関心を持たないふつうの人」という意味に解される。天才が内奥から溢れ出る創造的精神に導かれるのに対し、こういう人は現実相互のさまざまな関係に興味を示すだけで、その域を出ず、創造的精神に導かれたりはしない。

く、三人称複数の「かれら」を用いる習慣がいつのまにかついているので、孤立する要素がいっそう強く働くようになる。――道徳的長所は、主として他人の役に立つ。これに対して知的長所は、何よりもまず自分自身の役に立つ。それゆえ一般に、道徳的長所ゆえに好人物とされ、知的長所ゆえに嫌な奴とされる。

こうした見地に立つと、客観界の作用はどんな種類のものでも、常にまず主観界を通して媒介され、それゆえ二次的なものにすぎず、主観界のほうが確かに客観界よりも私たちに近いため、知性の点で自然の恵みをたいそう豊かにうけた者がもっとも幸福と思われる。次の見事な詩行はこれを裏書する。

まことの富は　魂の内なる富
その他はみな　利得より厄介事を招くことが多い
ルキアノス

こうした内面の富に恵まれた人物が、外部から必要とするのは、ほかならぬ無為の贈り物、すなわち精神的能力を磨き上げて成長させ、内面の富を享受できるような、自由な閑暇である。要するに一生の間、日々刻々、自分自身であることが許されさえすればよい。精神の足跡を全人類の歴史に刻むのが彼の定めなら、彼にとって幸・不幸はただひとつ、つまり、彼の素質を十全に磨き上げ、作品を完成させることができるか、それとも、それを妨げられてしまうかということである。それ以外はみな、彼にとって取るに足らぬことだ。したがって、どの時代をみても、偉大なる知者たちは閑暇に最高の価値を置いた。だれにとっても自由な閑暇は、自分自身と同じように貴いものなのだから。「幸福は余暇にある」とアリストテレスは言い、ディオゲネス・ラエルティオス[18]は「ソクラテスは余暇をもっともすばらしい財宝として称えた」と報告している。アリストテレスが哲学的な生き方がもっとも幸福な生き方だと説いたのも、この趣旨に合致している。それどころか、アリストテレスが『政治論』で述べた「幸福な生き方とは、活動の展開が妨げられずにおこなわれる生き方である」を細心の注意を払って意訳した「いかなる種類のものであれ、自己の卓越性を妨げられるこ

18　ディオゲネス・ラエルティオスは三世紀前半頃に活躍したギリシアの哲学史家。『ギリシア哲学者列伝』の著者として知られる。

となく発揮できることに本当の幸福がある」という言葉、つまり「天賦の才を授かり、天賦の才の持ち主として生まれた者は、その天賦の才に生きることがもっともすばらしい」という『ヴィルヘルム・マイスター』にあるゲーテの名言と合致する言葉も、やはりこの趣旨に属する。

しかし自由な閑暇をもつというのは、人間の通常の運命にとっても、人間に生まれながらそなわる通常の自然な本性からみても、奇異なことと思われる。自分と家族の生存に必要なものの調達に時間をついやすのが、人間の自然の定めだからである。人間は必要に迫られてようやく何かをなすように生まれついた、いわば困苦の子であって、自由な知性を本質とするわけではない。したがってさまざまに偽装した虚構の目的によって、ありとあらゆる形の遊びや娯楽や道楽で暇をつぶすことができないと、凡人にとって自由な閑暇はまもなく重荷となり、あげくのはては苦痛となる。また同じ理由から、「余暇の安らぎにこそ危険がある」という言葉はもっともで、自由な閑暇は危険をもたらすこともある。しかし他面、標準をはるかに越えた知性も同様に尋常ではなく、それゆえ自然に反する。だが標準をはるかに越えた知性をそなえた者は、自由な閑暇を持てなければ、軛《くびき》につながれたペガサスのごとく不幸になってしまうので、そうした天分に恵まれた人間の幸福には、他の人々にとって重荷となり、有害ともなる自由な閑暇が不可欠である。

ところで、自由な閑暇という外的不自然と、尋常ならざる知性という内的不自然、この二つの不自然がたまたま出会うと、大いなる僥倖《ぎょうこう》となる。つまり、こうした千載一遇の好機に恵まれた者は、人一倍高尚な生活を送るだろう。詳しく言うと、人間の苦悩の相反する二つの源泉である困苦と退屈、つまり生存のためにあくせくすることと、自由な生存そのものである閑暇をもてあますことの双方から解放された、卓越した自由人の生活を送るだろう。いっぽう普通の人間は、困苦と退屈という二つの災厄そのものが互いに中和し相殺することによってしか、この二つの災厄から逃れられない。

しかし他面、こうしたすべてに対して次のことが問題になる。大いなる知的天分に恵まれた者は、神経の活動が圧倒的に活発なために、いかなる形の苦痛に対しても、たいそう感度が高く、さらに、その前提となる情熱的な気質に加えて、あらゆる想念が緊密に結びついて、人一倍生き生きした十全な形をとるために、想念が引き起こす喜怒哀楽の情も――そもそも快感よりも不快感が多いが――並はずれて激しく、ついには大いなる知的天分ゆえに、他の人々および、かれらの活動と疎遠になってしまう。

というのも、自分の身に常にそなわっているものが多ければ多いほど、他の人々を手がかりにして見出せるものが少なくなり、他の人々がおおいに満足する凡百の事柄も味気なく感じられ、楽しむことができないからだ。ここでも、いたるところに見られる足りないものは別なもので補う「埋め合わせの法則」がはたらいているのかもしれない。精神的にもっとも劣った人間が結局のところ、いちばん幸せだという主張は、いやというほど聞かされてきたし、またそう見えないこともないが、だからといって、そうした人間の幸福をうらやむ者はひとりもいない。これについては問題の最終決定を先取りせずに、読者にゆだねよう。ソフォクレス[19]でさえ、真っ向から対立し合う次の二つの箴言、すなわち

思慮分別があれば　おおいに幸福にあずかる

『アンチゴネー』一三二八

または

もっとも快適なのは　無思慮に生きること

『アイアース』五五〇

と述べているのだから。旧約聖書の哲人たちも、みな意見が分かれている。「愚者の生は、死よりもひどい」（イェーズス・シーラッハ）とも、「知恵が多ければ、憤りも多い」（『伝道の書』）とも言っている。

ともかくここで、知力がかろうじてぎりぎり標準程度であるために「精神的欲求をもたない」人間に言及せずにはおられない。かれらは「俗物（Philister）[20]」と呼ばれる。この表現は学生生活を出所とし、もっぱらドイツ語特有のもので、後にはもう少し高

19　ソフォクレス（前四九六頃〜前四〇六）。古代ギリシア三大詩人のひとり。一二三編の作品があったとされ、うち七編が現存。『オイディプス王』『エレクトラ』など。

20　〈Philister〉は一般に無教養で小市民的な俗物、実利主義的な凡俗の人をさす。そもそも前一二世紀頃パレスチナに侵入した非セム系民族、ペリシテ人をさし、ヘブライ人を圧迫したために聖書では悪く言われている。イェーナで一六世紀後半、学生と対比させて、学業に従事しない市民をさす概念として用いられるようになった。芸術、特に前衛的な作品や美的・知的事柄を評価しない人間を意味する。

次の意味で用いられるようになったが、詩神ミューズの子とは正反対の人間を指す点で、なおも類似の意味をもつ。つまり俗物とは、文芸・学術をつかさどる女神とは無縁の者である。そこで私はより高次の観点から、俗物とは現実ならぬ現実にいつまでも大真面目にかかずらう人という風に定義したいが、こうした先見的定義は、一般の人向けにわかりやすくした本書の立脚点にそぐわず、そのために読者全員に十分ご理解いただけないかもしれない。だが俗物について最初にあげた定義なら、詳細な解説をつけやすく、肝心な点、すなわち俗物の俗物たるゆえんの特性のあらゆる根源を十分によく表している。これによれば、俗物とは「精神的欲求なき者」だ。ここから実にさまざまな推論がなされる。第一に俗物その人について。俗物は先にあげた「真の欲望なくして、真の快楽はない」という原則通り、「精神的楽しみ」というものをもたない。認識と洞察そのもののために認識と洞察を餓えたように希求することはなく、これと実に似通っているが、真に美的な喜びを希求することもないので、これらによって生活が活気づくことはない。けれども、たとえば流行や権威から、こういう種類の楽しみを押しつけられると、一種の強制労働としてできる限りさっさと片付けるだろう。俗物にとって真の楽しみは、官能的な楽しみだけだ。これで埋め合わせをする。したがって牡蠣とシャンパンが人生のクライマックスであり、肉体の幸せに寄与するすべてを手に入れることが、人生の目的となる。俗物はこれで大忙しなら、十分幸せなのだ！　俗物はこうした財宝をあらかじめ授かっていると、必ず退屈してしまうのだから。退屈しのぎに、舞踏会・芝居・社交的集い・トランプ遊び・賭け事・馬・女・酒・旅行など思いつくすべてを試みる。だが精神的欲求がなければ、精神的楽しみは得られないので、なにをやっても退屈しのぎに十分ではない。だから俗物には、鈍感で無味乾燥な、畜生めいた一直線ぶりがつきもので、それが俗物の特徴である。何事に対しても喜びが湧かず、刺激も感じないし、関心をそそられることもない。官能的な楽しみはまもなく底をつき、同類の俗物から成る社交の集いにはじきに退屈してしまい、トランプ遊びも結局、骨折り損のくたびれもうけである。場合によっては、俗物には俗物なりの虚栄の楽しみがある。それは富や位階や権勢や権力で他人をしのぎ、その点で尊敬される、あるいは、せめて同じ俗物の中でも高い地位にいる俗物とおつきあいをして、虎の威を借るキツネよろしく栄光の反映に浴するというものだ（英語のsnob）[21]。

前述した俗物の根本的特性から推論されるのが、俗物の「第二の」特性、すなわち

「他人との関係」である。俗物は精神的な欲望をもたず、肉体的な欲望しかもたないので、求める相手は、精神的な欲望ではなく、肉体的な欲望を満たしてくれる人ということになる。だから俗物が他人に対する要求の中で、もっとも可能性が少ないのは、なんらかの精神的能力に重きを置いた要求である。むしろ他人の精神的能力が目につくと、嫌悪どころか憎しみをかきたてられる。なぜなら、厄介な劣等感に加えて、ぼんやりした密かな妬みを感じ、細心の注意をはらって妬みを押し隠し、自分自身に対してさえ隠そうとすると、そのためにかえって妬みが時には無言の怨《うら》みにまでふくれあがるからだ。したがって俗物は人物を評価し尊敬する際に、このような特質を斟《しん》酌《しゃく》しようなどとは金輪際、思わない。それどころか彼の人物評価と尊敬の念は、もっぱら富や位階、権力や権勢にゆだねられ、彼の目にはこれこそ、まことの美点であり、彼もまたそうした点で抜きん出ることを願っている。これらはすべて、俗物が「精神的欲求なき」人間であることの帰結である。

あらゆる俗物の大きな悩みは、観念的なものからはいかなる楽しみも得られず、退屈から逃れるために、たえず現実的なものを必要とすることだ。つまり現実的なものは、いっぽうではじきに底をつく性質のもので、楽しみどころか疲労をもたらし、他方ではあらゆる種類の災厄を引き起こす。これに対して、観念的なものは決して底をつくことがなく、それ自体は罪もなければ害もない。

ここでは人柄の特性がいかに幸福に寄与するかを考察し、肉体的な特性の次に、主として知的な特性を取り上げてきた。このほかに道徳的な卓越性がどんな風に人を直接的に幸福にするかについて、私は以前、道徳の基礎に関する懸賞論文[22]で述べているので、そちらを参照していただきたい。

21　〈snob〉とは紳士気取りの俗物をさす。地位・財産などを過重視し、目上の者にはへつらい、目下の者に対してはいばり散らす人をいう。

22　一八四〇年にショーペンハウアーがデンマーク王立科学院に送った懸賞応募論文「道徳の基礎について」をさす。この論文では、彼のきわめて独創的な〈Mitleid（共に苦しむこと、思いやり）〉の倫理学が人間愛のかなめとして展開されている。

第三章　「その人は何を持っているか」について

偉大な幸福論者エピクロスは人間の欲求を適切かつ見事に、三つに分類した。第一の欲求は自然かつ必要不可欠なもの。この欲求は満たされないと、苦痛の原因となる。したがって、これに属するのは「食」と「衣服」のみだ。これらは容易く満たすことができる。第二の欲求は自然だが、必要不可欠ではないもの。性的満足の欲求である。もっともディオゲネス・ラエルティオスの報告では、エピクロスはこれについて述べていないことになっている（ここでは、そもそもエピクロスの説を多少整理し、練り上げながら述べている）[1]。この第二の欲求を満たすのは、結構むずかしい。第三の欲求は自然でもなければ、必要不可欠でもないもの。贅沢、奢侈、絢爛豪華《けんらんごうか》への欲望で、きりがなく、これを満たすのはたいそうむずかしい。

財産に関する願望はどこまでが道理にかなったものなのか、その限界を定めるのは不可能とまでは言わないが、困難だ。なぜなら、財産に関する各人の満足は絶対量ではなく、単なる相対的な量、すなわち要求と財産のバランスに基づくからである。したがって財産のみを切り離して考察しても、分数における分母のない分子をながめるようなもので、無意味だ。財産を要求しようと夢にも思わない人は、財産がなくても、まったく不自由な思いをしないどころか、完全に満ち足りている。いっぽう、その百倍も多くの財産をもっているのに、ないものねだりをするために、不幸せに感じる人もいる。だれもがこの点では自分の手に入るかもしれないものを視野に入れ、各人の要求はその射程内にある。射程内のなんらかの客体が、手に入りそうに思われれば、幸せに感じるし、これとは反対に、障害が生じて手に入りそうな見込みが奪われれば、不幸せに感じる。射程外のものは、まったく影響をおよぼさない。だから金持ちの莫大な財産が貧しい人々を悩ませることはなく、いっぽう金持ちは目論みがはずれると、すでに持っている巨万の富にすら慰めを見出せない。富は海水のようなもので、飲め

1　エピクロスは自分の教説を深めるために弟子たちと共同研究をつづけ、後継者を育てるいっぽうで三百巻にものぼる夥しい著作を残したという。しかし、その後そのほとんどが失われ、現存するのは弟子たちに宛てた数通の書簡と教説・箴言の断片のみである。

ば飲むほど、のどがかわく。これは名声にもあてはまる。富、すなわち経済的な豊かさが失われた後、当座の苦痛を乗り切れば、私たちのふだんの気分がまた以前とさほど大きく変わらなくなるのは[2]、運命が財産という外的要因を縮小したのであれば、そうなった以上、私たち自身が私たちの要求という内的要因を同じくたいそう縮小するからである。だが不幸な出来事における、この縮小操作はまことにつらいものだ。縮小操作が終わった後、苦痛はだんだん小さくなり、しまいにはもはや苦痛を感じなくなる。つまり傷が癒着するわけだ。逆に幸運なケースでは、私たちの要求の圧縮機が押し上げられ、要求が拡張する。ここに喜びがある。しかし拡張操作が完了してしまえば、喜びは長くは続かない。私たちは拡張された要求の大きさに慣れっこになってしまい、財産がそれに応じて拡張したことに対しては無頓着になる。

　地上に住む人の心はいまもなお
　神々と人間の父なるゼウスが贈ったあの昔の日と変わらないのだから

という言葉で結んだホメロスの詩句（『オデュッセイア』一八の一三〇～一三七）は、このことをうまく言い表している。要求という内的要因をたえず新たに高く押し上げようとしても、財産という外的要因は動きをみせず、どうにもならない点に、私たちの不満の源泉がある。

人間のように常に何かを必要とし、欲望を本質とする種族のもとで、なにものにもまして富が率直に尊重され、それどころか崇められ、権力までも富の手段となるのは、驚くにあたらない。また、たとえば哲学が哲学教授と称する輩《やから》によってだいなしにされているように、営利のために他はなにもかも無視されたり、根こそぎひっくり返されたりしても驚くにあたらない。

人間の願いが主としてお金に向けられ、なにものにもましてお金が愛されることに、しばしば非難がくわえられる。けれども、いついかなるときでも変幻自在の海神プロテウスのごとく、千変万化する願望や多種多様な欲望の対象に早変わりするお金を愛するのは、当然であり、おそらく避けがたいことなのだろう。つまり他のものはみな、

2 もともと陽気な人は生来の陽気さを取り戻すという意味に解される。人間の生まれながらの基本的気分を陽気と陰気の二つに大別したことについては三五〜三六頁参照。

ひとつの願望、ひとつの欲望しか満たせない。食事は空腹な人にのみ、ワインは丈夫な人にのみ、薬は病人にのみ、毛皮は冬にのみ、女は若者にのみ役立つという具合だ。したがってそれらはみな、特定の目的のためのものであり、相対的にしか役立たない。だがお金は具体的にひとつの欲望ばかりでなく、抽象的に欲望全般に対応できるため、お金だけは絶対的に役立つものなのだ。

現にもっている財産は、たくさんの不慮の災厄や事故に対する防壁とみなすべきで、世の快楽を呼び込むお許しが出たとか、義務づけがなされたなどとみなすべきではない。親譲りの財産はなくても、いかなる才能であれ、自分の才能でついに大儲けできるようになった人々は、ほとんどが、自分の才能こそが永続的な資本であり、儲けはそこから生じた利潤だと思い込むようになる。そこで、かれらは儲けの一部を貯金して、永続的な資本をつくろうとはせず、稼いだ分だけ支出してしまう。けれども、たとえば、ほとんどすべての芸術がそうであるように、才能ははかない性質のものなので、才能そのものが枯渇すると、儲けは伸び悩み、途絶えることもあれば、あるいは、特殊事情や景気のおかげで才能が幅をきかせただけで、この特殊事情や景気が立ち消えてしまうこともあるため、かれらはたいてい貧乏になる。それでも手仕事をする職人なら、前述の方法でやっていくことができる。かれらの仕事の能力はたやすく消え失せるものではなく、雇い入れた職人の手を借りて補うこともできるし、かれらがつくる製品は必需品なので、常に売れ行きが見込めるからだ。それゆえ「手に職があれば食いっぱぐれはない」という諺は正しい。しかし芸術家や各方面の名人はこういうわけにはいかず、だからこそ高い報酬が支払われる。それゆえ儲けを元手とすべきなのに、かれらは不遜にも単なる利潤とみなし、そのために身の破滅を招く。

これに対して相続財産をもつ人々は、何が元手で、何が利潤か、少なくとも一目で的確にわかるので、かれらの大部分は元手の確保につとめ、決して元手には手をつけずに、できればせめて利潤の八分の一は貯蓄して、将来の不振にそなえようとする。だからたいていは、ずっと裕福な生活を送る。

だが、前述したことは商人にはあてはまらない。というのも商人にとって、お金そのものがさらなる儲けの手段であり、いわば手仕事をする職人にとっての道具のようなものだからである。自力で得たお金であっても、活用して維持・増加につとめる。したがって商人ほど、根っから富に精通している職業はない。

一般にみられることだが、本当の困窮欠乏と闘ってきた人は、それを話に聞いて知っているだけの人にくらべて、困窮に対する危惧の念がはるかに少ないために、無駄遣いしがちである。なんらかの僥倖《ぎょうこう》や、いかなる種類であれ特別な才能によって、早々と貧困を脱し、裕福になった人は前者に属し、これに対して裕福な家に生まれ、ずっと裕福な生活を送ってきた人は後者に属する。後者のほうが前者よりも、全般的に将来のことをよく考えており、そのため経済面の切りまわしがうまい。ここから、大局的見地に立つなら、苦境はさほど悪しきものではないらしいと推論することもできるだろう。けれども本当の理由はむしろ、生まれながら父祖伝来の富をもつ者は、富が欠くべからざるもの、いわば空気のような、これがなくては生きてゆけない要素になり、わが身の無事をはかるように富をまもり、それゆえ、たいてい几帳面で慎重でやりくり上手だからであろう。これに対して貧しい境遇に生まれた者は、貧しさが自然な状態であり、何かのはずみで富が転がり込むと、富は単に享楽と蕩尽に適した過剰なものとなり、その富がなくなれば、以前と同様に、なしですませることができるし、富にまつわる気がかりからも解放される。ここではシェークスピアの言葉が当てはまる。

乞食を馬に乗せてやると　馬が死ぬまで疾走させる
という諺がその通りになる

シェークスピア『ヘンリー六世』第三幕第一場

さらにこのような人々は、いっぽうでは運命に対して、他方では自分を困苦と貧窮から救い出した独自の手腕に対して、頭から、そして心から確固たる過大な信頼を寄せているので、富裕な生まれの人とは違って、困窮のどん底にあっても、底なしのどん底とはおもわず、底までいけば、また高みへ浮上すると思っているのは言うまでもない。貧しい娘が結婚すると、高額の結婚持参金付きの女性よりも、派手好きで金遣いの荒い妻になるというケースは非常によく見られ、これも人間本来の特質から説明がつく。たいてい金持ちの娘は財産を持参するばかりでなく、財産を維持しようとする熱意、というよりむしろ生まれついての本能も、貧しい娘より多く持ち合わせている。もっともこれと反対の主張をしようとする人は、アリオストの第一[3]の諷刺を盾に

3　四五頁注8参照。

とることだろう。これに対してジョンソン博士は私の意見に賛同して、「財産のある女性は金のあつかいに慣れているので、賢く遣《つか》う[4]。だが結婚後、はじめて金が自由に遣えるようになった女性は、遣うのが面白くて湯水のように遣ってしまう」と言っている。いずれにせよ、貧しい娘と結婚する人には、妻に元本を相続させず、利子だけを相続させ、特に子供たちの財産が妻の手に渡らないようになさいと忠告しておこう。

ここで、獲得した財産および相続財産の維持に心を配るように勧めたことが、書き手たる私の名折れになるとはまったく思わない。すなわち、家族を持たず自分独りだけでも、真に独立して、つまり働かずに悠々と暮らせるだけの財をもともと持っているというのは、はかりしれぬ利点である。これで人生につきものの窮乏や労苦から免除・免責される、つまり万人が背負う苦役、地上の子の自然の定めから解放されるからだ。運命からこのように厚遇されて、はじめて真の自由人に生まれたといえる。こうしてようやく自分の時間と自分の能力を自由につかうことができ、朝な朝な「今日一日が私のもの」と言えるのだから。また、千ターレルの年金がある人と、十万ターレルの年金がある人との差異が、千ターレルの年金がある人と、無一文の人との差異にくらべれば、かぎりなく小さいのも、これと同じ理由である。けれども親譲りの財産が最高の価値を発揮するのは、これを手にした人が高尚な精神的能力をそなえていて、あまり収益につながらない試みを熱心に追求する場合である。すると彼は運命から二物を授かったことになり、いまや彼の創造的精神にしたがって生きることができるからだ。でも彼は、他の人にはできないことを成し遂げ、人類全体が恩恵に浴し、おそらく人類の栄誉となるものを生みだすことによって、恩義を百倍にして人類に報いるだろう。またこうした特別な境遇にあって、熱心な慈善活動によって人類に貢献する人もいるだろう。これに対して、こうしたことを申し訳程度でも、あるいは試しにやってみようとしない人、なにかの学問を徹底的に学び、せめて学問振興の機縁をつくろうとすらしない人は、親譲りの財産があっても、単なるなまけもので軽蔑すべき存在だ。実際、彼は幸福にならないだろう。というのは、困苦を免除されても、人間の惨めさのもうひとつの極、すなわち退屈のとりこになり、困苦のために何か仕事をしたほうがずっと幸せだったのではないかというほど、退屈にさいなまれるからだ。

4 サミュエル・ジョンソン(一七〇九〜八四) イギリスの詩人・批評家。『英国辞典』を独力で完成。風格ある人柄と文壇における幅広い活動で広く英国民に親しまれる。『英国詩人伝』など。

この退屈ゆえに彼は放蕩へと惑わされやすく、そのために、もともと彼にふさわしくない例の強みをも失ってしまう。事実、お金があったころ、重苦しくのしかかる退屈を刹那的にやわらげようとして出費したために、金欠にあえぐ人々は数知れない。

しかし国家公務員として出世するのが目的なら、事態はまったく違ってくる。一段また一段と昇進し、あわよくば最高位に達するためには、ひいきすじ、味方やコネを得る必要がある。つまり、こういう場合は結局のところ、この世に無一物で放り出されたほうがよいのだろう。特に高貴の出でなくても多少の才能がある人にとって、一文無しは真の利点になり、推薦してもらえる。なぜなら単なるおつきあいにおいて、ましてや勤務において、だれもがもっとも好んで求めるものは、相手が自分よりも劣っているということなのだから。ところで、ここで要求されるのと同じ程度まで、自分が徹頭徹尾、大いに明らかに全面的に劣っており、まったく取るに足らぬ無価値な人間であると確信し、そういう思いに満ちあふれているのは一文無しぐらいである。そういう輩《やから》だけが平身低頭、年がら年じゅう長々とお辞儀し、どんなことでも我慢して追従《ついしょう》笑いをうかべている。そういう輩だけが自分の手柄などまったく無価値と自認して、上役や有力者のへたくそな文章を公然と大声で「傑作ですね」と吹聴したり、

でかでかと書き立てたりする。そんな輩だけが無心のしかたを心得ている。だから
ゲーテが

下劣だと
文句をいってはなりませぬ
世間がなんと言おうとも
下劣さは　侮りがたい力ゆえ

『西東詩集』～「旅人の心の安らぎ」

という言葉で私たちに明かした、あの人目につかぬ真理の体得者に早い時期に、つまり若くしてなれるのもそういう人間だけである。

これに対して生まれながら生活の資をもっている人は、たいてい無作法な態度をとる。いつも昂然《こうぜん》と頭をあげて歩き、前述のような手練手管をまったく習得しておらず、ひょっとしたら持っているかもしれない潜在能力を鼻にかけたりする。むしろ凡庸で卑屈な人間とくらべて、自分の能力の不十分さを悟るべきなのに。ともすれば上役が

自分より劣っていることに気づいてしまい、ましてやそれが体面を傷つけるものであれば、反抗的になったり萎縮したりする。これでは立身出世はおぼつかない。それどころか、ついには「私たちの人生はせいぜい二日ぐらいだ。軽蔑すべき下種《げす》野郎にへつらって過ごすなんて割に合わない」と大胆なヴォルテールの言葉を口にするようになりかねない。ついでに言うと、この「軽蔑すべき下種野郎」ともいうべき御仁《ごじん》は、残念ながら世間に大勢いる。それゆえ

家庭の不遇によって才能の開花がはばまれると
栄達はむずかしい
『風刺詩集』三の一六四

というユウェナリス[5]の言葉は、世間一般の人よりも、一技一芸に秀でた人物のキャリアに多くあてはまることがわかる。

私は「その人は何を持っているか」に妻子を入れなかったが、それは「その人が妻子を持つ」というよりもむしろ「妻子がその人を持っている」からだ。いっそ友人を

この項目に入れてもよさそうだが、ここでも「その人は友人を持つ」のと同じ程度に、友人も「その人を持っている」と言わざるをえない。

5　デキムス・ユニウス・ユウェナリス（六〇～一三〇）古代ローマの風刺詩人。深い人間洞察を示す『風刺詩集』で名高い。

第四章「その人はいかなるイメージ、表象・印象を与えるか」について

私たちはいかなるイメージ、表象・印象を与えるのだろうかということ、すなわち他人の目に映る私たちの生き方は、私たちの本性の特殊な弱みのために、全般的にあまりにも過大評価されている。しかし、これ自体が私たちの幸福にとって重要でないのは、ちょっと考えてみただけで分かるだろう。したがって、まず理解しがたいのは、だれもが他人の好意のしるしに気づき、なにやら虚栄心をくすぐられるたびに、内心たいそう喜ぶことだ。猫が撫でてもらうと、必ずゴロゴロのどを鳴らすように、人間は自分が得意と称する分野で称賛されると、たとえ見えすいたお世辞であっても、顔に快い歓喜の表情を浮かべる。現実には不幸でも、本書で論じてきた幸福の二つの源泉がわずかしか流れ出ていなくても、しばしば他人の拍手喝采のしるしに元気づけられる。また逆に、いかなる意図であれ、いかなる程度、いかなる間柄であれ、名誉欲

を傷つけられたり、軽視されたり、冷遇されたり、無視されたりすると、かならず気を悪くし、しばしば深刻な痛手をうけるのは、驚くべきことだ。名誉感情がこの特性に基づいているならば、この特性は道義心の代用品として、多くの場合、りっぱな態度をとるのにプラスになるかもしれない。しかしその人自身の幸福、なによりも幸福の基本である心の安らぎや自主独立にとっては、役立つどころか、むしろ邪魔で不利にはたらく。それゆえ、本書の立脚点からみて、この特性には制限を設け、財宝の価値をじっくり考え正しく評価して、前述した他人の思惑に対する敏感さをできるかぎり抑えるのが賢明である。いい気持ちにさせられた場合であれ、痛烈にこたえた場合であれ、この両者は同じ糸でつながっているからだ。そのうえ人間は、いつの日も他人の思惑や他人の見解の奴隷となっている。

称賛を渇望する者は　かくも些細なことのために
打ちひしがれたり　気分が高揚したりする

ホラティウス『書簡詩』二の一の一七九〜

したがって、「その人はその人自身にとって何者であるか」ということの価値を、単なる「他人の目にどう映るか」と比べて正しく評価すれば、私たちの幸福におおいに役立つだろう。前者には私たち自身の一生を満たすもの、生き方の内的実質、したがって「その人は何者であるか」と「その人は何を持っているか」のタイトルで考察したすべての財宝がふくまれる。すなわち、こうしたすべてが作用する領域はどこに在るかといえば、私たち自身の意識に在る。これに対して、「他人の目にどう映るか」ということの作用領域は、他人の意識に在る。「他人の目にどう映るか」というのは、他人の意識にあらわれた表象であるとともに、この表象に当てはまる概念である。こうしたものは、私たち自身にとって直接的に存在するものではまったくなく、間接的に存在しているにすぎない。つまり私たちに対する他人の態度がこれで決まる場合に、私たちにとって存在するにすぎない。また、これ自体そもそも、「私たちは私たち自身にとって何者であるか」を修正することになるかもしれない何かがあったときに、その何かに影響する場合しか、問題にならない。それに他人の意識のなかで何が起きようが、それ自体は私たち自身にとってどうでもよいことだ。大部分の人間の頭にある表層的で浅薄な思想、低劣な概念、狭量なものの考え方、本末転倒の見解、無数の誤謬をじゅうぶん知りつくし、さらに、相手がもはや恐れるに足らなくなった場合や、当人の耳には入らないと思われる場合に、何かにつけてその人を侮るような言葉が漏れるのをみずから経験して学習し、はなはだしき場合には、どんなに偉大な人物に対しても、間抜けどもが数人よれば、侮蔑的な言葉を浴びせるのを耳にした暁《あかつき》には、他人の意識のなかに何が起きようが、いっしかどうでもよくなるだろう。さらに、世人の思惑を重要視する者は、世人に敬意を払い過ぎであることが分かってくるだろう。

いずれにせよ、自己の幸福の源泉をすでに述べた二つの分類に属する財宝に見出せずに、第三の分類、すなわち自分は「現実にいかなる者であるか」ではなく、「他人のイメージ、表象・印象においていかなる者であるか」に求めざるをえない人間は、頼るべき資源が貧弱なわけである。そもそも私たちの本質の基礎、したがって私たちの幸福の基礎をなすのは、動物的な本性なのだから。繁栄のためにもっとも大切なのは健康、次に大切なのは生活手段、すなわち心配無用の暮らしである。名誉、栄光、位階、名声に価値をおく人も少なくないが、これらは前述の本質的財宝と張り合えるものではなく、またその埋め合わせにもならない。むしろ必要とあれば、本質的財宝のために、ためらうことなく犠牲にされる。そういうわけで、何よりもまず現実に、だれもが生身の自分のなかで息づいているのであって、他人の思惑のなかで息づいているのではないこと、したがって健康・気質・能力・収入・妻子・友人・居所などによって規定される現実的で個人的な状態のほうが、どうすれば他人に気に入られるかよりも、幸福にとって百倍も大切であるというあたりまえのことを早めに悟るなら、私たちの幸福に役立つであろう。これと反対の迷妄が私たちを不幸にする。「命よりも名誉はさらに貴い」などと力をこめて叫んでも、要するにそれは、「現に生きていることや無病息災には、何の価値もない。他人が私たちのことをどう考えるかが肝心」という意味だ。この言葉はおそらく、私たちが身を立て世に処するには、名誉、すなわち私たちに対する世人の思惑は、しばしば避けがたく必然的なものであるという無味乾燥な事実に基づく誇張した表現とみなすことができる。これについてはまた後で触れることにしよう。しかるに人間が一生たゆまず努力し、幾多の危険を冒し、幾多の艱難《かんなん》を乗り越えて追求するそのほとんどのものは、他人の目に映じた我が身を高めることを究極の目的としており、官職や称号や勲章のみならず、富や学問、芸術までも、結局のところ主にこのために追求され、他人からもっと尊敬されることを究極の目標にしているのを見れば、遺憾ながら人間の愚かさのほどがわかる。

他人の思惑をあまりにも重要視し過ぎるのは、世間一般を支配する迷妄である。私たちの本性そのものに根ざすにせよ、社会と文明から生まれたものであるにせよ、ともかくこの迷妄が私たちの行状すべてに過度の影響を、しかも私たちの幸福に有害な影響をおよぼす。その影響をたどるなら、「世間はどう言うだろう」と主体性なく、びくびく気に病むケースから、ウィルギーニウスが愛娘の胸に短剣を突き刺したケース[1]、すなわち人間を惑わせ、死後の名声のために安息も富も健康も、はては命をも犠牲にするものまである。ただしこの迷妄は、人を支配したり導いたりする立場にある者にとって、格好の口実になる。人を訓練する技において、いかなる種類の訓練であれ、名誉感情を煽《あお》り活性化しておく命令は、主要な地位を占める。けれども、本書の意図である人間自身の幸福という観点に立てば、事態はまったくちがってきて、むしろ他人の思惑にはあまり重きをおかないように勧告すべきである。

1　ローマの伝説。千人隊長ウィルギーニウスには美貌の娘がいた。彼は、十大官のひとりアッピウス・クラウスが娘を奴隷にほしがっているのを知ると、彼女を刺殺した。のちに護民官になったウィルギーニウスに投獄されたクラウスは、獄中で自殺する。

とはいえ、こうしたことは日常的な経験からみても実際に起こっているし、また大部分の人はほかならぬ他人の思惑に最高の価値をおき、「自分自身の意識」のなかに生じた、自分にとって直接的に存在するものよりも、他人の思惑を重視する。したがって自然本来の順序が逆転し、他人の思惑が生活の現実的部分であり、自分自身の意識のなかに生じた、自分にとって直接的に存在するものは生活の観念的部分であるように思われて、そのために派生的・二次的なものが最も重要な問題となり、自己の本質そのものよりも、他人の脳裏に映る自己の本質像が切実な問題となってくる。私たちにとって直接的にはまったく存在しないものを、直接的なものとして評価することの愚かさは、昔から「虚栄、むなしさ（vanitas）」と呼ばれ、こうした努力の無意味さ、空疎さを表す。また前述のことから、虚栄は吝嗇《りんしょく》と同様に、手段に熱中するあまり目的を忘れていることがたやすく見て取れる。

事実、私たちは通例、ほぼすべての無分別ではない目論みに関して、度を越えて他人の思惑を重視し、たえず気にかけるが、これは世間一般に広まっているというよりむしろ、生来の偏執とみることができる。私たちは行状すべてにおいて、なによりもまずといってもよいほど他人の思惑を考慮する。くわしく調べれば、私たちがこれまでに感じたあらゆる気がかりと不安のほぼ半分は、他人の思惑が気になって生じたものだとわかる。すなわち、これがかくも病的に傷つきやすい自尊心、あらゆる虚栄と尊大さ、誇示とほら吹きの根底にある。他人の思惑が気になって仕方がないという、この病的執着がなければ、奢侈はおそらく現在の十分の一ですむだろう。さまざまな種類・分野のありとあらゆる誇りや名誉感情は、他人の思惑を気にすることに基づいている。しかもそれはしばしば、なんと大きな犠牲を要求することか! 子供にも見られ、年齢を問わないが、高齢になると、まことにはなはだしい。年をとると、官能的な楽しみに対する能力が枯渇し、吝嗇と並んで、虚栄と高慢が幅をきかせる。これがもっとも明瞭に観察されるのはフランス人で、風土病と化し、しばしば悪趣味きわまる功名心や笑止千万な国民的虚栄心、恥知らずな大ぼらとなって吐き出される。そのためフランス人は他国民の物笑いの種となり、「大(grand)[2]国民」とあだ名がつき、せっかくの努力も水の泡である。

2 〈grand〉には「大きな」「偉大な」という肯定的な意味のほかに、「誇大な」「もったいぶった」という否定的な意味があり、ここでは揶揄的に用いられている。

ところで、他人の思惑を過度に気にかけると、いま述べたように本末転倒にいたることを特に論じるために、人間の本性にねざした愚かさの一例をあげよう。状況と打ってつけの性格が相まって滅多にないほど光と影の対比効果[3]に恵まれた超弩級《ちょうどきゅう》の例で、このきわめて奇妙な動機の強さをおしはかることができるからだ。それは一八四六年三月三十一日付けのタイムズ紙に掲載された、復讐のために親方を殺したトーマス・ウィックスという職人が最近死刑に処せられたという詳細な報道記事の次の箇所である。「処刑される日の朝、監獄付きの教誨師《きょうかいし》が早めに彼のところに姿をあらわした。だがウィックスはおとなしくしていたものの、教誨師の訓戒には関心を示さなかった。むしろ彼が唯一気にかけているのは、彼の不名誉な最期を目撃する観衆を前にして、首尾よく、いかにも勇壮にふるまえますようにということだった……はたせるかな、みごとに成功した。彼は監獄のすぐわきに設けた絞首台へ歩いてゆく途中の中庭で、『さあ、ドット博士が言った通り、おれはまもなく大いなる秘儀を知るのだ』と言った。両腕をしばられているにもかかわらず、まったく助けを借りずに絞首台の階段をのぼり、のぼりきると、観衆に向かって右に左にお辞儀をし、その場に集まった群衆の万雷の拍手と喝采を浴びた。云々」――これこそ、世にも恐ろしい形の死とそれに続く永劫の時を眼前にして、馳《は》せ集まった野次馬にいかなる印象を与え、かれらの脳裏にいかなる思惑を残すか以外、何ひとつ配慮しない功名心のみごとな例だ。しかし同年にフランス国王暗殺未遂のかどで処刑されたルコントも同様で、裁判でいちばん不満だったのは、パリの法廷にりっぱな服装で登場できなかったことであり、処刑のときですら、もっとも不満だったのは、事前に髭をそることが許されなかったことである。マテオ・アレマン[4]はその有名な長篇小説『グスマン・デ・アルファラーチェ』の序文で、多くの功名心に目がくらんだ犯罪者たちが、もっぱら霊魂の救いに捧げるべき最後の数時間を、霊魂の救いそっちのけで、絞首台で行う気でいるささやかな説法を推敲し暗記するのに費やすのを引き合いに出したが、それをみると、昔も今も変わらないことがわかる。

3　レンブラントやカラヴァッジョの絵に見られるような明暗法、光と影の対比効果をさすと思われる。処刑される人間の、死を目前にした愚かしい功名心のなせるわざ。人間とはいかに他人の目を気にする生き物かをドラマチックに絵画的に示している。

4　マテオ・アレマン（一五四七〜一六一六）スペインの作家。『ピカロ、グスマン・デ・アルファラーチェの生涯』はピカレスク小説の雛形となる。

けれども私たちは、こうした傾向を他山の石とすることができる。恐ろしいほどの事例がいたるところで明快に解説しているのだから。私たちのあらゆる気苦労、心配、腹立たしさ、怒り、不安、緊張などは、おそらく大部分は他人の思惑と関係しており、前述のあわれな罪人の場合と同じく不合理なものだ。同じように、私たちの嫉妬や憎しみも、大部分は同じ根っこから生じている。

さて、私たちの幸福の圧倒的大部分は、心の安らぎと満足に基づくのだから、この他人の思惑という動因を理性的に正当な程度まで——現在の五十分の一かもしれない——制限し引き下げることほど、すなわち、不断に責めさいなむこの棘を私たちの肉体から抜き去ることほど、私たちの幸福に役立つものはないのは明らかであろう。けれども、これが実にむずかしい。私たちを苦しめているのは、本能に根ざした生来の本末転倒ぶりなのだから。「賢者といえども、名声への欲望を最後の最後まで捨てられない」とタキトゥス[5]も言っている。この人間共通の愚かさを脱却するための唯一の手段は、この愚かさをはっきり愚かさとして認識し、この目的のために次のことを明らかにすることであろう。すなわち、人間の脳裏に浮かぶ大部分の思惑は、誤りで、間違いで、思い違いで、不合理なのが常なので、それ自体顧みるに値しないこと、さらにたいていの物事と事例において、他人の思惑が私たちにおよぼす現実の影響はいかに少ないかということ、そのうえ一般に他人の意見の大部分は好意的ではなく、自分について言われたことを残らず耳にし、また、いかなる口調で噂されたかを聞き知ったら、ほとんどだれもがひどく憤慨するだろうということ、とどのつまり、名誉はそもそも間接的な価値をもつだけで、直接的な価値をもつものではないこと……等々を明確にする必要がある。このようにして人間共通の愚かさから心機一転、脱却できれば、その結果、心の安らぎと朗らかさは信じられないほど高まり、よりしっかりした自信に満ちた態度になり、おしなべて、より屈託のない自然な振る舞いをするようになるだろう。隠遁的な生き方が心の安らぎにかくも並はずれた好影響をおよぼす理由の大部分は、こうした生き方をすれば、たえず他人の目にさらされ、他人の思惑にたえず気をつかう生活を脱して、自分自身に立ち返ることになるからだ。同様に、この実体なきものを求めて齷齪《あくせく》する、もっと正確に言えば、救いがたい愚かさゆえに巻き込まれる、あまたの現実の不幸から逃れることになり、また、堅実な財宝にもっ

5　コルネリウス・タキトゥス（五〇頃～一一六頃）ローマの歴史家。著『ゲルマニア』など。

と気を配るゆとりが生まれ、堅実な財宝をよりスムーズに享受できるようになるだろう。だが、すでに言われているように「気高く在ることはむずかしい」[6]。

ここで描写した私たちの本性の愚かさから、主《おも》に次の三つが若枝のごとく生じる。すなわち野心と虚栄心と誇りだ。虚栄心と誇りの違いは、誇りがなんらかの点で自分の圧倒的価値をすでに揺るぎない確信としているのに対し、虚栄心は他人のなかにこうした確信を呼び起こしたいという願望であり、たいてい、そこから生じた他人の確信を自分の確信にできれば……という密かな希望をともなうことにある。したがって、誇りが自分自身に対して「内から」発する、直接的な高い評価であるのに対して、このような高い評価を「外から」間接的に得ようと励むのが虚栄心である。それゆえ、虚栄心は人を饒舌《じょうぜつ》にし、誇りは寡黙《かもく》にする。他人の敬意を手に入れたければ、虚栄心の強い人は、たとえ語るべきすばらしいことをもっていても、話をするよりもじっと黙っているほうがずっと容易く確実に手に入ることを心得ておくべきであろう。

誇りはもちたければ、だれでももてるという性質のものではなく、もとうとしても誇りをもっているように装うのが精一杯で、すべての取って付けたような役柄がそうであるように、じきにそこから転がり落ちてしまう。すなわち、圧倒的長所と特別な価値をもつことを心底、しっかりと揺るぎなく確信している人だけが真に誇りをもつ。その確信がまちがいであろうと、単に表層的で因襲的な利点に基づくものであろうと、現実に真剣に確信してさえいれば、誇りを損なうものではない。誇りは「確信」に根ざすものなので、あらゆる認識と同様に、私たちの好き勝手にはならない。誇りのゆゆしき大敵は、つまり最大の障害はという意味だが、虚栄心だ。虚栄心は他人の喝采を切望するもので、他人の喝采の上にようやく自負心が築かれる。いっぽう誇りは、自負心をすでに確たる前提条件にしている。

誇りは全般的に非難され、悪しざまにいわれるが、それは大体において、誇れるようなものを何ひとつもたない人たちによってなされるものだと私は推測している。愚かで厚かましく恥知らずな大多数の人たちを前にして、なんらかの長所のある人はみな、自分の長所から目を離さず、その長所がすっかり忘れ去られることのないようになさい。なぜなら、唯々諾々《いいだくだく》として自己の長所を顧みず、まるで大多数の人たちと同

6　(原注)プラトン『国家』四三五C「美しいことはむずかしい」、四九七D「立派なことはむずかしい」参照。

類であるかのように思い違いをさせると、かれらはおめでたくも直ちにそうみなすからだ。最高級の長所、すなわち実質的な、その人自身に常にそなわっている長所は、勲章や称号のように四六時中、目や耳に訴えて思い起こさせる性質のものではないだけに、こうした長所をもつ人たちには、特に自分の長所から目を離さないように忠告したい。さもないと、釈迦に説法のような場面にうんざりするほど出くわすことだろう。「奴隷とふざけてみろ。じきにお尻を見せられるぞ」というアラビアの諺は的を射たものだし、ホラティウスの「功績によって勝ち得た誇りをわがものとなさい」という言葉も却下しえない。謙譲の美徳にしたがうと、だれもが自分のことを語るのに「私もまたろくでなしです」と言わんばかりにせねばならず、そうなると世の中にはおよそ、ろくでなししか存在しないかのように、みごとに平準化されるので、おそらく謙譲の美徳はろくでなしにとって、かなりの妙案なのだろう。

いっぽう、誇りのなかでもっとも安っぽい誇りは、国民的誇りだ。個人としての特性が十分にそなわっていれば、自分が何百万もの人間と共通してそなえているものを誇ったりしないだろうから、国民的誇りに執着することで、誇れるような「個人」としての特性がないことが分かってしまう。卓越した個人的長所の持ち主は、自国民の欠点をたえず目にしているので、むしろその欠点をいちばんよく認識しているだろう。だが誇れるようなものをこの世に何ひとつ持たない憐《あわ》れな愚か者は、まさに彼が属している国を誇ることを頼みの綱とする。これで自己回復し、自国民にそなわるあらゆる欠点や愚行を喜んで、力の限り擁護しようとする。だから例えば、イギリス国民の主義・信条にコチコチに凝り固まった愚かしい堕落ぶりをしかるべくこき下ろすと、これに同意するのは、イギリス人五十人のうち、せいぜい一人だが、この一人は切れ者と相場が決まっている。いっぽうドイツ人には国民的誇りがなく、これはドイツ人の噂にたがわぬ正直さを証拠立てる。しかしドイツ人のなかにも正反対の人間、すなわち国民的誇りと称し、笑止千万にもこれを装う者もいる。これを行うのは、たいてい民衆を誘惑するために、民衆におもねる「ドイツ学生組合」の連中と民主党員である。たしかにドイツ人は頭がよいと言われている。だが私は、この見解には同意できない。リヒテンベルク[7]は「なぜ国籍を詐称する者は、自分はドイツ人だと言いたがら

7 ゲオルク・クリストフ・リヒテンベルク(一七四二〜九九) ドイツの物理学者・著述家。啓蒙主義の旗手。箴言集『リヒテンベルク先生の控え帖』。

ず、国名を名乗るとき、概してフランス人やイギリス人だと言いたがるのだろう?」と疑問視している。

ところで個性は国民性をはるかに凌駕するものであり、個々人において個性は国民性の千倍、考慮されてしかるべきである。国民性は群衆が問題となるので、公正にみて褒めたたえるべきことがたくさんあるわけではない。むしろ人間の偏狭さや間違った行為や不道徳ぶりが国ごとに形を変えてあらわれているだけで、これが国民性と呼ばれる。ある国民性にうんざりすると、別の国民性を褒めたたえるが、それにもまたうんざりするようになる。どの国民も他国民を嘲笑するが、どれもみな言い分がある。

さて、本章のテーマ、私たちは世間にいかなるイメージ、表象・印象を与えるか、すなわち私たちは他人の目にどう映るかは、前述したように「名誉」と「位階」と「名声」に分類できる。

位階は、大衆や俗物の目にはどんなに大切で、国家機構の歯車における効用がどんなに大きくても、本書の目的からすると、あまり言葉を費やさずに片付けてよいだろう。位階とは、慣例による価値、すなわち実際は、見せかけの価値である。位階には、見せかけの尊敬という効果があり、全体は大衆向きの喜劇となる。

勲章は世論に向けて発した手形証書だ。勲章の価値は、交付者の信用を土台とする。他方、勲章は経済的報酬の代用物として国庫の負担をおおいに軽減するという点を度外視しても、勲章が明白かつ公正に分配されることを前提とするなら、合目的な制度だ。つまり大衆は、目と耳はあるけれども、それ以外は多くを持たず、ことに判断力はスズメの涙ほどしかなく、記憶力はほとんどない。相当数の功績が大衆の理解の圏外にあり、大衆から理解され、当初は歓呼して迎えられる功績も、その後、じきに忘れられてしまう。そこで十字章や星章をつかって、「この人はお前たちと同類ではない。功績ある人物だ！」といつでもどこでも大衆に呼びかけるのは、実に適切なことだと私は思う。しかし勲章の分配が不公平だったり、判断基準が滅茶苦茶だったり、濫発しすぎたりすると、勲章のこうした価値が失われる。だから商人が手形に署名するときのように、君主たる者は勲章を慎重に授与すべきであろう。十字章の「勲功により」という銘は、冗語法「馬から落ちて落馬して」の類《たぐい》であって、勲章はどれもみな勲功によるものなのだから、取り立てて言うまでもない。

名誉についての論議は、位階についての論議よりも厄介で委曲をつくしたものになる。まず真っ先に、名誉の定義をせねばなるまい。私が定義づけとして「名誉とは外面的良心であり、良心とは内面的名誉である」とでも言えば、気に入る読者もいるかもしれない。しかしこれは、明瞭かつ根本的説明というより、見場《みば》のよい表明にすぎない。そこで「名誉とは、客観的にみて、私たちの価値に対する他人の思惑であり、主観的にみて、この思惑に対して私たちが抱く恐れである」と言おう。この後半の特性において名誉はしばしば、名誉を重んじる人に、決して純然たる道徳的効果ではないにせよ、たいそう有益な効果をもたらす。

まだ完全に堕落しきっていない人間なら、だれもが持つ名誉と恥に対する感情や、名誉に対して認められる高い価値の根源、源泉はどこにあるかと言えば、次のように説くことができるであろう。人間は単独ではほとんど何もできず、離れ小島のロビンソンのような存在だが、他の人間と共にあれば、多くのことができる。意識がなにやら発達しはじめると、人間は直ちにこの状況に気づき、人間社会の有用な一員、いいかえれば申し分なく通用する人間として協力したい、それによって人間社会の利益を受ける資格をもつ一員として認められたいという気持ちがやがて生じる。こうした一員になるには、まず世間がどこでもだれにでも要求することを成し遂げるほかに、彼が占める特別な地位からみて、世間が彼に要求し期待するものを成し遂げねばならない。その際、肝心なのは、自分自身のなかでそういう人間であることではなく、他人の思惑のなかでそういう人間であることだとじきにわかってくる。したがってここから、他人の好意的見解や高い評価をえようとする熱心な努力がうまれ、他人の思惑を重視するようになる。これは名誉感情、場合によっては、恥を知る心とも呼ばれ、どちらも人間生来の感情の根源的性質を示す。そのため、自分に咎《とが》はないとわかっていても、それどころか発覚した落ち度が相対的な責任、すなわちその時の気分まかせで引き受けた責任に関するものであっても、他人の思惑において自分の名誉は失われたと思うやいなや、頬が紅潮する。他方、他人の好意的見解を獲得・再獲得したという確信ほど、生きる意欲を奮い立たせるものはない。なぜならこうした確信は、万人が力を合わせて自分を守り助けてくれるという期待を抱かせ、人生の災厄に対して、自分を守り助けることのできるのは自分だけだと感じる場合とくらべて、はかりしれぬほど大きな防壁になるからである。

人間の他人に対して立ちうる関係はさまざまだし、また、他人はどういう点で自分に信頼を寄せるのか、つまり、ある種の好意的見解を抱くのかもさまざまなので、名誉には幾種類もの名誉がある。その観点として、第一に所有権、それから申し出の遂行、最後に性的関係があげられる。この三点には、それぞれ市民的名誉と職務上の名誉と性的名誉が対応し、各々がさらにまた幾つかの種類に分かれる。

もっとも広範囲なのが「市民的名誉」だ。市民的名誉は、各人の権利を絶対的に尊重し、したがって自己の利益のために決して不正手段・不法手段は用いないという前提に立つ。それはあらゆる平和的交流に加わる条件だ。市民的名誉は、ただ一度でも明らかにはなはだしく反する行為があれば、失われる。だから刑罰を受けた場合も失われる。ただし刑罰が公正であることが前提となる。常に名誉は究極の根底において、道徳的側面における性格は不変であるという確信に基づくため、たった一度でも悪行があれば、その後の似た状況下で生じたあらゆる行為は、道徳的に同じ性質のものだとされる。〈character〉という英語表現が「評判」「名声」「名誉」の意に用いられるのも、これを裏書きしている。それゆえ、誹謗中傷や事実誤認のような思い違いに基づくものは別として、失われた名誉は回復しえない。それに応じて誹謗や怪文書をとりしまる法律がある。また、侮辱、単なる罵詈《ばり》は理由を述べない略式の誹謗なので、侮辱をとりしまる法律もある。これについては、「罵詈は誹謗の略式である」とギリシアの古言が巧みに表現していると言いたいところだが、実際には、こうした古言はどこにも見当たらない。もちろん罵詈を浴びせる人は、罵詈を浴びせることによって、相手方に対して主張しうる事実や真相など何ひとつないことを露呈する。もし事実や真相を知っていたら、それを前提として掲げ、結論は悠然と聞き手にゆだねるはずなのに、そうではなく、前提は言わずに、結論を口に出すからである。けれどもこれは簡潔さを好むために、そうしたにすぎないと聞き手が思ってくれることをあてにしている。

市民的名誉という名称は、たしかに市民階級からきているが、すべての階級に差別なく適用され、最高級の身分・階級であっても例外ではない。市民的名誉は、いかなる人も欠くことのできないものであり、軽々しく考えないように用心すべき重大問題である。信義をおかす者は、何をしようと、だれであろうと信義を永遠に失うことになり、この喪失には苦い結果がつきもので、それを免れる術はない。

名誉は、「積極的」な性格をもつ名声とは対照的に、ある意味で「消極的」な性格のものだ。なぜなら名誉は、特にその人物のみにそなわる特性に対する評価ではなく、たいてい前提とされるような特性、したがってその人物にもそなわっていなくてはならない特性に対する評価だからである。それゆえ名声を博するのは例外的人物だが、例外的人物でなくても名誉を担う。名声はまず獲得することが必要なのに対し、名誉は失わないようにしさえすればよい。だから名声を欠くのは、単に無名ということであり、現実に何かが失われるわけではないという消極的なものだが、名誉を欠くのは、恥であり、現実に何かが失われるという積極的な意味合いをもつ。——この現実に何かが失われるわけではないという消極性を、受動性と混同してはならず、むしろ名誉はまったく能動的性格をもつ。すなわち名誉は当人から発し、当人の行状に拠るものであって、他人が何をしたか、また当人の身に何が起こったかに拠るものではない。それゆえ名誉は私たち次第といえるだろう。この点は真の名誉と、騎士的名誉や似非《えせ》の名誉との違いのメルクマールともなり、あとで詳述したい。誹謗による侵害のみが、名誉に加えられる外からの侵害であり、その唯一の対抗策は、これにふさわしく公然と誹謗者の仮面をはぎ、反駁することだ。

敬老の精神は何に基づくかといえば、若者の名誉はたしかに前提として仮定されているが、まだ試験済みではなく、実際は信用のうえに成り立っているのに対して、老人の場合、生活態度によって名誉を守り抜くことができたかどうかが、実人生でいや応なしに実証されたという点に拠るものらしい。なぜなら年齢自体は、動物でも齢を重ね、なかには人間よりもずっと高齢に達するものもいるし、また単に世の動きを詳しく知っているという意味での経験も、いたるところで要求される敬老の精神に対する十分な根拠とはいえないからだ。高齢になると弱くなるというだけなら、尊敬よりも、いたわりを要求するだろう。だが奇妙なことに、白髪に対する一種の敬意は人間に生まれながらそなわった、したがって本能的なものである。皺は白髪よりも顕著な老齢のしるしなのに、ちっとも尊敬を呼び起こさない。「やんごとなき銀の御髪《おぐし》」とはよく言われるが、「やんごとなきお皺」とは決して言わない。

名誉の価値は間接的な価値にすぎない。詳しくいえば、すでに本章の冒頭で論じたように、私たちに対する他人の思惑は、私たちに対する他人の行動を左右する、もしくは、たまたま左右することもあるという意味合いにおいて、私たちにとって価値をもつにすぎない。ともあれ私たちが世間で人々とともに生きるかぎり、この事実に変わりはない。なぜなら文明化した状態では、安全と財産はひたすら社会のおかげをこうむっており、何かを企てるにも他人を必要とし、人づきあいするにも信用を得なければならないから、私たちに対する他人の思惑は、たとえ間接的なものでしかなくても、高い価値をもつ。それでもやはり私は、これに直接的な価値を与えることはできない。私の見解にキケロも同意している。「良い評判ということについて、クリュシッポス[8]とディオゲネスは、実利は度外視して、良い評判のために指一本うごかすべきではないと述べているが、私もまったく同感である」。同様にエルヴェシウス[9]はその名著『精神について』でこの真理について詳細に論じており、その結論は「私たちは名誉のためではなく、名誉がもたらす利益のために、名誉を愛する」。とにかく手段は目的よりも価値があるはずがないので、麗麗《れいれい》しい格言「名誉は命にまさる」は前述したように、ひどく誇張した表現だ。

市民的名誉については、これぐらいにしておこう。「職務上の名誉」は、ある職務をつかさどる人がそれに必要な特性を実際にすべてそなえ、あらゆる場合に職務上の任務をきちんと果たしていることに対する他人の一般的評価である。ある人の国家における活動領域が広く重要になればなるほど、つまり、その人の地位が高く影響力が大きくなればなるほど、それだけ偉大な、その任にふさわしい知的能力と道徳的特性をそなえていると世人は考える。したがってそういう人は、それだけ高度の名誉を担い、それは称号や勲章等、また他人の彼に対する服従的態度となってあらわれる。ところで身分については一般に、これと同じ尺度にしたがって、それぞれの身分に独特な名誉の大きさが決定される。もっともこれは、身分の重要性に対する大衆の判断能力によって多少変わってくる。しかし特殊な任務を担い果たす人には常に、主として消極的性格に基づく名誉をもつ一般市民よりも、もっと大きな名誉が認められる。

さらに職務上の名誉は、次の事柄を要求する。すなわち職務をつかさどる者は、同僚や後任者のために職務そのものに敬意をはらい、義務をきちんきちんと果たし、また職務そのものや、職務をつかさどる者として自己にくわえられた侵害、つまり職務をきちんと行っていないとか、職務そのものが公共の利益になっていないとかいう表明に対しては、これを見逃すことなく、その侵害は不正であったと刑罰によって明らかにすべきである。

職務上の名誉に属するものには、国家公務員の名誉、医師の名誉、弁護士の名誉、すべての公職にある教師の名誉、すべての大学卒業者の名誉がある。要するに公的声明によって、ある種の精神的仕事の適格者と宣言され、また、それゆえにみずからそ

8 クリュシッポス(前二七九〜前二〇六) 古代ギリシアの哲学者。クレアンテースの弟子で、そのあとを継いでストア派の学頭となる。
9 クロード＝アドリアン・エルヴェシウス(一七一五〜七一) フランスの哲学者。啓蒙思想家。

う申し出た人すべてが名誉を担う。一言でいうと、あらゆる公の仕事を申し出た人は名誉を担う。それゆえ真の「軍人の名誉」もここに属する。軍人の名誉とは、祖国共同防衛を申し出た以上、それに必要な特性、すなわちとりわけ勇気、勇敢さと力を現実にもち、命にかけても祖国を守り、ひとたび宣誓した軍旗をどんなことがあっても見捨てない真剣な覚悟をもつことである。――ふつう「職務上の名誉」とは、市民が職務そのものにふさわしい敬意をはらうことをいうが、私はここではそれよりもっと広い意味に取っている。

「性的名誉」については詳細に考察し、そこに見られる原則の根源までさかのぼる必要があると思われる。そうすれば同時に、あらゆる名誉は結局、実利的配慮に基づくことが確証されるだろう。

性的名誉はその性質上、女性の名誉と男性の名誉に分かれ、その本質は、双方の側からしかるべく理解された連帯精神にある。女性の人生において性的関係は主要事項なので、男女双方のうち女性の名誉が断然、最重要事項となる。女性の名誉とは、未婚女性の場合は、まだ男性に身をゆだねていないとし、また既婚女性の場合には、結婚した男性のみに身をゆだねたとする世間一般の思惑である。この思惑の重要性がいかなる基盤に立つものか、次に述べよう。女性は男性にすべてを、すなわち彼女が望み必要とするすべてを要求し期待するのに対し、男性が女性にさし当り直接的に要求するのは、ただひとつのことである。したがって、男性がありとあらゆることの世話を引き受け、おまけに結合から生じる子供の世話まで引き受けて、その見返りに、女性にただひとつのことを与えてもらうという制度が設けられた。全女性の繁栄は、この制度にかかっている。この制度を貫徹するために、全女性は必然的に結束し、連帯精神を発揮せねばならない。それから、男性は生まれつき体力と精神力の点で女性より優っているために、あらゆる地上の財宝を掌握しているが、女性はこの全男性を共通の敵として、一丸となって向かい合い、打ち負かし征服し、男性を所有することによって地上の財宝を手に入れる。この目的のために、男性に婚外の同衾をいっさい許さないことが全女性の名誉規範となる。すべての男性は、一種の降伏協定である結婚を余儀なくされ、全女性が面倒をみてもらえる仕組みになっている。だが、この目的を完全に成就するには、前述の規範を厳しく遵守するしかない。だから全女性は真の連帯精神で、メンバー全員のもとでこの規範が遵守されるように見張っている。したがって、婚外の同衾によって全女性を裏切った未婚女性は、こうした行状が一般的になれば女性全体の繁栄がむしばまれるという理由で、女性全体から排斥され、恥知らずの汚名を着せられる。彼女は名誉を失ったわけだ。いかなる女性も彼女とつき合うことは許されず、いわばペスト患者のように忌避される。不義をはたらいた妻も同じ運命に見舞われる。彼女は夫に対して夫の承諾した降伏条件を守らなかったわけで、全女性の繁栄は男性が降伏に同意することを基盤としているため、こういう事例があると、男性は怯《ひる》んで降伏に同意しなくなるからである。さらに不義をはたらいた妻は、はなはだしい違約行為・裏切り行為ゆえに、性的名誉と同時に市民的名誉をも失う。だから未婚女性の場合には、「堕落した娘」と言い訳めいた表現がなされるが、既婚女性の場合には、「堕落した妻」とは言わない。誘惑した男性が結婚してくれれば、未婚女性の名誉は回復されるが、既婚女性の場合には離婚後に、その男性と結婚しても名誉は回復されない。

ところで、この明快な洞察から連帯精神はたしかに妥当、いや必然的なものだが、打算的で、利害を拠り所とすることが明らかになる。この連帯精神を女性の名誉原理の基礎として認識するなら、女性の名誉は、女性の人生にとってたしかに最重要事項であり、大きな相対的価値のあるものだが、生命や人生の目的を上回るもの、したがって生命を犠牲にしてまでも得るべき絶対的価値のあるものとみなすことはできないだろう。だからルクレティア[10]やウィルギーニウス[11]の常軌を逸した非劇的なまでにばかげた行為には、賛同しかねる。それゆえ『エミリア・ガロッティ[12]』の結末は言語道断で、劇場の観客をすっかりいやな気持ちにさせるほどである。これに対して、『エグモント[13]』のクレールヒェンには性的名誉を無視して思わず共感してしまう。女性の名誉原理をこのように極端に推し進めるのは、御多分《ごたぶん》にもれず、手段に熱中するあま

10 ルクレティア（前五〇九没）紀元前六世紀にローマを王政から共和制に移行させる契機となったとされる女性。タルクゥイニウス・コッテティアスの貞淑な妻。王家の息子セクトゥス・タルクゥイニウスに凌辱され、夫と父に不名誉に対する復讐を依頼して自刃した。復讐の結果、タルクゥイニウス一家はローマから追放され、王国に代わって共和国が樹立される。

11 九一頁注1参照。

12 ゴットホルト・エフライム・レッシング（一七二九〜八一）作、五幕の悲劇（一七七二）。レッシングは劇作家・評論家、ドイツ啓蒙主義文学の完成者であり、ドイツ近代文学の先駆者。大佐の娘エミリアの色香に迷った領主は侍従をつかい、伯爵との婚礼をひかえたエミリアを略奪。領主の毒牙から逃れられぬと悟ったエミリアは父に自分を殺すよう嘆願し、父は娘の願いをきき入れ、娘は父の刃に倒れる。

り目的を忘れた行いといえよう。なぜならこのように誇張することで、性的名誉には絶対的価値があるとまことしやかに言いふらせるからである。だが、この名誉はあらゆる他の名誉と比べても、単に相対的価値をもつにすぎない。いや、単に因襲的価値をもつにすぎないと言えよう。バビロニアのミリッタ[14]等はいうに及ばず、トマジウス[15]の『妾・内縁関係』をみてもわかるように、ほとんどすべての国、すべての時代において、ルターの宗教改革までは内縁関係は法的に許され承認された関係であり、妾は名誉を失わないものとされていたことからみても、この名誉は単に因襲的価値をもつにすぎないと言えよう。また、離婚が行われないカトリックの諸国では、結婚という外形をとることができない民事的事情もある。しかし、どの国でも支配者については、身分違いの結婚をするよりも、側室をもったほうがはるかに道徳的行為だと私は思う。身分違いの結婚から生まれた子孫は、ひょっとして正当の子孫が死に絶えたときに、後日、諸々の要求をするかもしれず、それゆえ、たとえ今はそんな恐れはなさそうでも、こうした結婚は内乱の可能性をはらむからである。おまけにこのような身分違いの結婚、すなわち事実上いっさいの外的事情を無視して結ばれた結婚は、つまるところ女性と坊主に対する譲歩であり、この女性と坊主という二つの階級には、できるかぎり譲歩しないように用心すべきである。

さらに、ひとりを除いて、国中の男性が自分の選んだ女性と結婚できるのに、その自然な権利を奪われた例外的人物、そのかわいそうな男性が君主である点を考量せねばならない。君主の手は国に属し、個人よりも国家を優先せねばならないため、換言すれば国の繁栄を基準にして結婚相手が決まる。とはいえ君主も人の子で、ときには心のおもむくままに行動したいであろう。だから君主が側室をもつのを妨げ非難しよ

---

13 スペインの圧制に苦しむオランダを舞台にしたゲーテの戯曲。五幕の悲劇（一七八八）。民衆の友であるエグモント伯はアルバ公に捕えられる。エグモントの愛人クレールヒェンは彼を救うように民衆を扇動しようとするが、彼に死刑が宣告されると、毒を仰いで彼の運命に殉じる。

14 ミリッタはアッシリアの愛と豊穣の女神。ギリシア神話のアフロディーテに相当する。歴史家ヘロドトスによれば、未婚の女性はすべてミリッタの殿堂に奉仕し、肌をゆるすべき男子が見つかるまで待つことが義務とされた。男子の投げ与える金銭の額は任意とし、一度この義務を果たした女性は、その後は絶対誘惑に乗ってはならないことになっていたという。

15 クリスティアン・トマジウス（一六五五〜一七二八）ドイツの哲学者・法学者。「ドイツ啓蒙主義の父」と呼ばれる。『神法学提要』他。

うとするのは偏狭で、公正さを欠き、仁義にもとる。ただし当然ながら、側室の政治干渉はいっさい許されない。側室のほうでも、性的名誉という点でいわば例外的人物、一般原則を免除された者になる。彼女は相思相愛でありながら、金輪際結婚できない男性に身をゆだねたのだから。

女性の名誉原理が、嬰児殺しや母親の自殺のような数多《あまた》の血なまぐさい犠牲を生んだことは、この原理が純粋に自然な起源をもつわけではないことを物語っている。婚姻によらずに肌をゆるした娘は、それによって全女性に対してたしかに裏切りをはたらいたわけだが、貞潔は暗黙裡の前提にすぎず、貞潔を誓ったわけではない。通例、それによって娘本人の利益がもっとも直接的被害を受けるので、その愚かさたるや、不品行を圧倒的に上回る。

男性の性的名誉は、女性の性的名誉によって、これに対抗する連帯精神として呼び起こされる。男性の連帯精神は、結婚という相手方にきわめて有利な降伏協定に同意したすべての男性が、この降伏協定を相手方が守るように見張ること、協定のゆるやかな条項が破られて契約そのものが揺らぎ、夫がすべてを与える代わりに手に入れた唯一のもの、すなわち、妻の独占すら確保しえないことのないように見張ることを求める。したがって男性の名誉は、妻の姦通に報復すること、少なくとも離別をもって罰することを要求する。夫が事情を知りながら我慢すると、男性社会から恥知らず呼ばわりされる。けれどもこの不名誉は、女性が性的名誉の喪失によってこうむる不名誉ほど徹底的なものではなく、むしろ些細な汚点にすぎない。というのも、男性の場合には他にもたくさんの、もっと大切な観点があって、性的観点はさほど重要ではないからである。

近代の二大劇作家が二人とも、それも二度、この男性の名誉をテーマとして取り上げている。シェークスピアの『オセロ』と『冬物語』、カルデロン[16]の『名誉の医師』と『ひとしれぬ恥辱、復讐はひそやかに』である。ついでながら、男性の名誉は妻の処罰のみを要求し、情夫の処罰は要求しない。情夫の処罰を求めるのは過剰要求だ。ここから、男性の名誉は男性の連帯精神から発しているという前述の文言が裏書される。

16 カルデロン・デ・ラ・バルカ（一六〇〇～八一）スペインの劇作家。哲学的戯曲『人生は夢』、宗教的戯曲『すばらしい魔術師』など。

女性の名誉は地方や時代によって、その原理がいくぶん変化するけれども、これまで考察してきた名誉の種類と原理はあらゆる民族、あらゆる時代に一般的にあてはまる。ところが、このような一般的にどこでも通用する名誉とはまったく異なる名誉、中国人やヒンズー教徒やマホメット教徒には今日にいたるまで知られていない名誉、古代ギリシア人や古代ローマ人には想像もできない名誉がある。それは中世になってはじめて生じ、ヨーロッパのキリスト教圏内にのみ根をおろし、それも全人口のきわめて小部分、すなわち社会の上層階級とそれを熱心に見習う人々の間にのみ定着した。これが「騎士の名誉」、いいかえると面子《めんつ》の問題である。騎士の名誉は、これまで論じてきた名誉とはまったく異なるどころか、これまで論じてきた名誉は「紳士たるもの（Ehrenmann）」が担うのに対し、騎士の名誉は「名誉の人（Mann von Ehre）」が担うように、部分的に対立するものだ。そこでその原理を、騎士の名誉の法典・典範として特に列記しよう。

1

この名誉は、私たちの価値に対する他人の思惑ではなく、ひとえに思惑の「表明」にかかっている。実際の思惑が表明された通りなのか否かはどうでもよく、ましてやそれが根拠あるものなのか否かもどうでもよい。したがって、他人が私たちの行状をみて悪しき感想を抱き、いかに私たちを軽蔑しようとも、だれも敢えて口に出して表明しないかぎり、名誉はまったく損なわれない。逆に、私たちの特性や行動をみて、他の人はみな大いに尊敬せざるをえない場合であっても（尊敬は恣意にゆだねられるものではないので）、だれか一人でも――それがどんな悪人、どんな愚か者であっても――私たちに対する軽蔑を表明すれば、私たちの名誉はたちまち傷つけられる。それどころか名誉回復がなされないかぎり、名誉は永遠に失われてしまう。

くどいようだが、問題なのは断じて他人の思惑ではなく、その表明である。名誉棄損は挽回できる。必要とあればまったく何事もなかったかのように名誉回復できることがそれを裏付ける。その際、名誉棄損が生じるもととなった思惑が変わったかどうか、また、なぜこの一件が生じたのかは、どうでもよい。表明さえ無効宣言されれば、万事さしつかえない。したがってこの場合、実際に尊敬に値すると相手が思うことをめざしているわけではなく、尊敬を遮二無二《しゃにむに》勝ち取るのが狙《ねら》いである。

2

「名誉の人」、すなわち騎士の名誉は、「能動的に何を行ったか」ではなく、「受動的に何をこうむったか」、何に遭遇したかに基づいている。はじめに論じた一般的に通用する名誉の原理にしたがえば、名誉はもっぱら「本人自身」の言動に左右されるものであったが、騎士の名誉は、だれか他の人の言動に左右される。したがって騎士の名誉は、誰彼なく他人の手に握られているどころか、誰彼なく他人の舌先にかかっている。だれかが口に出しただけで、その瞬間に名誉は永遠に失われる。後述するが、被害者が生命・健康・自由・財産・心の安らぎを危険にさらしかねない名誉回復手続きによって名誉を遮二無二《しゃにむに》取り戻さなければ、名誉は永遠に失われる。こうしてみると、ある人の行状がどんなに正直で高潔で、心情がどんなに善良で、頭脳がどんなに傑出していても、——だれかがこの名誉の掟を犯しさえすれば、ちなみに卑しいろくでなし、馬鹿女、ごくつぶし、賭博者、借金常習者、要するに、罵られる側からすると一顧の価値もない輩《やから》が罵る気になりさえすれば、たちまち名誉は失われる。それどころか、セネカがいみじくも指摘したように、「軽蔑すべき愚かしい輩であればあるほど、口さがない」のだから、人を罵りたがるのは、大部分はこうした種類の人間である。また、こうした輩は前述したりっぱな人物に対して、むきになりやすい。それは、相反する者どうしは憎み合うことにもよるが、下劣な人間は、相手が圧倒的長所をそなえているのを見ると、ひそかな憤りにかられるのが常だからである。だからゲーテは次のように言っている。

何を君は　敵についてあれこれ嘆くのだ
敵を味方にしようというのかね
心ひそかに　君のような存在を
非難してやまぬ輩を

『西東詩集』六の十四

ここで述べた下劣な人々は、こうした名誉の原理によって、あらゆる点でおよびもつかないようなりっぱな人々とかれらとの差異がなくなるのだから、なんと名誉の原理に感謝せねばならないことだろう。

さて、こういう輩が人を罵った場合、いいかえれば相手に悪しき特性を認めた場合、その言葉はひとまず客観的に正しく根拠ある判断、法的効力ある決定とみなされる。すなわち、(「名誉の人たち」の目から見て)罵られた人は、(たとえ人間のクズであっても)罵った人が言った通りの人間になってしまう。なにしろ、彼は非難を「そのままにしておいた」、いわば「わが身に受け止めた」のだから。したがって「名誉の人」は罵った人間を徹底的に軽蔑し、ペスト患者のように忌避し、たとえば彼が出入りする集まりに行くことを公然とあからさまに拒むようになるだろう。

こうした猿知恵の根本的見方の起源はどこかといえば、中世、十五世紀まで「カール・ゲオルク・フォン・ヴェヒター著『ドイツ史、とくにドイツ刑法史論考』(一八四五年)によれば」刑事訴訟においては、原告が罪を立証するのではなく、被告が無罪を立証しなければならなかったことまで遡《さかのぼ》ることができると私は確信している。被告の無罪立証は、嫌疑を晴らす宣誓によってなされうるが、それには、「被告は偽証などしない人物だと確証します」と宣誓する宣誓補助者が必要である。被告に宣誓補助者がいない場合や、原告が宣誓補助者を認めない場合には、神の判決がおこなわれ、通常、決闘となる。すなわち、被告はいまや「評判の芳しくない者」となったために、みずから身のあかしをたてねばならない。「評判の芳しくない者」という概念は、ここに由来し、今日なおも「名誉の人たち」の間で、宣誓だけ省いてなされる行事の起源はここにある。これで、「名誉の人たち」が嘘をついたと非難されると、きまってひどく憤慨し、血なまぐさい復讐を求めることの説明がつく。嘘は日常茶飯事であるにもかかわらず、血なまぐさい復讐を求めるとは、たいそう奇妙に思われるが、イギリスではこの思い込みが特に深く根づいている。嘘をついたという非難に対して、死で罰しようとするとは、まことに生涯、嘘をついたことのない人物にちがいない。詳しくいうと、この中世の刑事訴訟では、被告が原告にむかって「貴殿は嘘をついている」と答えるのが簡略な形式であり、その後すぐに神の判決が宣告された。してみると、騎士の名誉法典によれば、嘘をついたという非難に対してすぐに武器に訴えてよいことになる。

罵詈については、このぐらいにしておこう。さて罵詈よりもっと腹立たしい行為がある。この世の最大の災厄で、死や永劫の罰よりも重く、「名誉の人たち」がそれを思い浮かべただけで鳥肌がたち、頭髪が逆立つのはわかっているだけに、この騎士の名誉法典で言及することを「名誉の人たち」に詫びねばならないほど恐ろしい行為がある。つまり、言うも恐ろしいが、他の人間をピシャリとたたく、あるいは殴打することだ。殴打は戦慄すべき事件であり、名誉は完全に葬られてしまうため、他のあらゆる名誉棄損が流血によって回復されうるものなら、こちらの根本的名誉回復には完全撲殺が要求されるであろう。

3

この種の名誉は、人間本来のあり方や、人間の道徳的性質は変わり得るものなのかどうかという問題や、あらゆるそうした衒学《げんがく》的な議論にはまったく関係がない。名誉が棄損されたり、一時的に失われたりした場合、迅速に手をくだしさえすれば、決闘という唯一の万能薬によって直ちに完全に名誉は回復されうる。けれども、侮辱者が騎士の名誉法典を信奉しない階級の者である場合や、すでにこの法典に背《そむ》いていた場合には、ことに名誉棄損が暴力によるものなら言うまでもなく、単に口頭によるものであっても、武器をたずさえていれば、侮辱者をその場で、少なくとも一時間後に刺し殺してよい。これで名誉は回復される。そのほかに、そこから生じるトラブルを心配して、こうした措置を避けたいときや、侮辱者が騎士の名誉の掟に服するかどうか、はっきりしないときは、「一時的勝利（Avantage）」をめざす姑息な手段がある。一時的勝利とは、侮辱者が粗暴だったら、自分はそれに輪をかけて著しく粗暴になることだ。罵るだけで足りなければ、打ってかかる。言うなれば、名誉回復の漸層法である。平手打ちをされたら、棍棒《こんぼう》で殴り返し、棍棒で殴られたら、猟犬をけしかけるのに用いる鞭で打ち返す。鞭で打たれたら、ツバを吐きかけると確実な効き目があるといって推奨する者もいる。もはやこうした手段で間に合わなければ、断固として血なまぐさい措置をとる。これらの姑息な手段は結局、次に説く原理に基づいている。

4

罵られるのを恥辱とすれば、罵るのは名誉ということになる。たとえば、私の相手方に真理と正義と道理があるとしよう。ところが私が罵ると、真理と正義と道理はすべて旗を巻かざるをえず、正義と道理は私の側に移り、相手方は名誉を回復するまで一時的に名誉を失う。名誉回復は、正義と道理によってではなく、撃ったり刺したりすることによって成される。したがって名誉問題において、粗暴はあらゆる他の特性を埋め合わせる、もしくは凌駕する特性である。いちばん粗暴な者の言い分が通るのだ。多言を弄する必要などない。どんなに愚かで無作法で不道徳なことをしでかしても、粗暴によってそれ自体が抹消され、たちまち正当化される。議論やふだんの対話で、他人が私たちよりも本格的な専門知識、より厳粛な真理への愛、より健全な判断力や分別を発揮しても、すなわち、私たちをはるかに凌駕する精神的長所を見せても、私たちが侮辱的で粗暴な振る舞いをすれば、相手のあらゆる優越性と、そこから暴かれる私たち自身の内なる乏しさを帳消しにできるばかりか、今度は逆に、私たち自身が優位に立てる。粗暴であれば、あらゆる論拠に打ち勝ち、あらゆる精神の光をくもらせることができるからである。だから相手方がこれに応じて、さらに粗暴な振る舞いで壮烈な「一時的勝利」競争に出なければ、私たちは勝者であり続け、名誉は私たちの側にあることになる。真理・知識・分別・知力・機知は旗を巻かざるをえず、というもない粗暴さによって撃破される。だから「名誉の人」は、だれかが自分とは違う意見を述べたり、自分が披露できるよりも多くの分別を発揮したりするだけで、たちまち気色ばんで闘争手段に訴える。また論争で反証をあげられないと、反証と同じ役目をはたし、反証よりも手っ取り早いものとして、なにやら粗暴な手段をもとめ、それから勝利を得て意気揚々と立ち去る。名誉の原理が社交の作法の粋《すい》を集めたものとして誉めそやされるのは無理からぬことと、これだけでおわかりいただけるであろう。――この原理はさらに、全法典の真の根本原理と真髄をなす次の原理に基づいている。

5

名誉に関するかぎり、だれを相手としたどんな諍《いさか》いでも訴えることのできる最高法廷は、腕力、すなわち獣性の法廷である。なぜならあらゆる粗暴さは、精神力や道義の戦いには権限なしと宣言し、それに代わって肉体的な力の戦いをすることで、結局は獣性に訴えるものだからである。フランクリンが「道具をつくる動物」と定義した人間という種《しゅ》において、この戦いは人間特有の武器をもちいて、決闘という形で行われ、くつがえしえない決定をもたらす。

この根本原理はよく知られているように、〈Faustrecht（自力救済権、拳の正義）〉の一語で特徴づけられ、この語は〈Aberwitz（ナンセンス、たちの悪い冗談）〉という語と構造が類似しており、それゆえ同じく皮肉な意味合いをもつ。[17] したがってこれに準じて、「騎士の名誉」は「拳の名誉」と呼ぶべきであろう。

6

先ほど述べたように、市民的名誉は所有権や、ひとたび承諾した義務や約束という点でたいそう慎重に取り扱われるが、ここで考察する法典は、この点ですばらしく寛大である。つまり、破ってはならないものはただひとつ、誓約、すなわち「名誉にかけて」と前置きした約束だ。――ここから、それ以外の約束なら破ってもかまわないと推定される。それどころか誓約を破るときにも、いざとなれば決闘という万能薬で名誉が保てる。この場合、「名誉にかけて誓った」と言い張る相手と決闘することになる。

さらに絶対に払わねばならない債務も、ただひとつしかない。それは賭博による負

---

17 〈Faustrecht〉は通例「自力救済権」「自衛権」と訳されるが、構造のうえでは〈Faust（拳）〉＋〈Recht（正義）〉、すなわち「拳の正義」。いっぽう〈Aberwitz〉は通例「ナンセンス」「不条理」「妄想」などと訳されるが、構造のうえでは〈aber〉（名詞・形容詞の前について「迷誤・虚偽・劣等」などを意味する）＋〈Witz（機知・ジョーク）〉、すなわち「たちの悪い冗談」。ショーペンハウアーは、「拳の正義」だなんて「たちの悪い冗談」としか思えないと皮肉っている。

債で、その名も〈Ehrenschuld（信用借り、名誉の負債）〉と呼ばれている。それ以外の債務なら、相手がキリスト教徒だろうが、ユダヤ教徒だろうが踏み倒してかまわない。それはまったく騎士の名誉をそこなうものではない。

さて、予断をもたない人なら、この奇妙で野蛮で愚かしい名誉法典が、人間の自然な本性や人間関係の健全な見地から生まれたものでないことは、ひとめでわかるだろう。さらにこれは適用範囲がきわめて狭いことからも裏づけられる。すなわち、もっぱらヨーロッパ、それも中世以降、貴族や軍人、およびかれらを熱心に見習う人にかぎられる。換言すれば、古代ギリシア人も古代ローマ人も、高い教養をもつ古今のアジア民族も、この名誉と根本原理について何ら関知しない。かれらはみな、本章で最初に細部にわたって検討した名誉以外の名誉を知らない。かれらはみな、男子たるものがいかなる人物として通るかは、その行状によるものであり、そこらの口さがない連中の噂によるものではないと考えている。また自分の言動のせいで自分自身が面目を失うことがあっても、他人が名誉を失うことは決してないと考えている。かれらはみな、殴打は単なる殴打であり、馬やロバに蹴られたほうが、よっぽど手ひどい打撃を受けると考えている。殴打は状況しだいで相手を怒らせるし、その場で仕返しされることはあっても、名誉とはなんの関係もない。ましてや決して、複式簿記のように、殴打や罵詈を記入した隣に、請求済・未請求の「名誉回復」を記入したりしない。捨て身の勇気という点で、かれらはキリスト教のヨーロッパ諸国民にひけをとらない。古代ギリシア人も古代ローマ人もたしかに勇士だったが、面子《めんつ》の問題にはまったく関知しなかった。かれらの場合、決闘は、国民のうちでも貴人ではなく、金で買える剣闘士や見殺しにされた奴隷や有罪判決を受けた犯罪者のすることであり、こうした人たちを野獣と交代で互いにけしかけて民衆の娯楽としていた。キリスト教が導入されると、剣闘士の競技は廃止され、その代わり、キリスト教時代には、神の判決を仲介にして決闘が行われるようになった。剣闘士の競技は、世間一般のやじ馬根性の無残な生贄《いけにえ》だったが、決闘は、世間一般の偏見の無残な生贄である。それも前者のように犯罪者・奴隷・捕虜ではなく、自由民と貴人が犠牲になる。

私たちに残された幾多の記録をみると、古代人がこうした偏見とは無縁だったことが分かる。たとえばチュートン人の族長から決闘を挑まれたとき、英雄マリウス[18]は

18 ガイウス・マリウス（前一五七〜前八六） 共和制ローマ末期の軍人・政治家。

「族長が命などいらぬと仰せなら、ご自分で首をくれればよろしいでしょう」と返答しておいて、それでも族長が渡り合えるような引退した剣闘士を差し向けたという。またプルタルコス[19]を読むと、「艦隊司令官エウリビュアデスはテミストクレスと口論になった際に、相手を殴ろうとして棍棒をふりあげた。テミストクレスは剣を抜いた」とは書いていない。テミストクレスは「殴りたまえ。だが私の言い分を聞きたまえ」と言ったと書いてある。けれども「名誉の人」である読者は、「アテネの将校団はテミストクレスのような人に仕えるのはまっぴらだと表明した」という報告が載っていないのに気づいて、たいそう立腹するにちがいない。――だから近代フランスの作家が「デモステネスは名誉の人であったなどと主張しようとする者がいれば、物笑いの種になるだろう……キケロも名誉の人ではなかった」というのは、もっともである。

　さらにプラトンが虐待について論じた文章は、古代人が騎士の名誉問題という見方をまったく知らなかったことを十分に証明する。ソクラテスは頻繁に論争したために、しばしば暴行をうけたが、平然と耐えていた。あるとき彼が足蹴にされても、じっと耐えているのをいぶかしがる人に、ソクラテスは「ロバに蹴られたからといって、ロバを訴えますか」と言った。またあるとき、「あの男はあなたを罵り辱めているのでは？」と言われると、ソクラテスは「いや、そんなことはありませんよ。彼の言うことは、私にはあてはまりませんからね」と答えた。ストバイオスはムソニウス[20]の長い章句を私たちに残してくれたが、それを見ると、古代人が名誉棄損をどう見ていたかがわかる。古代人は裁判による償い以外の償いを知らなかったし、賢明な人たちは裁判による償いすら潔《いさぎよ》しとしなかった。古代人が平手打ちに対して裁判による償いしか知らなかったことは、プラトンの『ゴルギアス』を見れば明らかで、これについてのソクラテスの意見も記してある。同じことはルキウス・ヴェラティウスとかいう男についてのゲッリウス[21]の報告からも明らかにされる。ルキウス・ヴェラティウスは往来で出くわしたローマ市民に、なんの理由もなく平手打ちをくらわすという悪ふざけ

19 プルタルコス（四六頃～一二六頃）ギリシアの哲学者。哲学・修辞学・自然科学など広い分野にわたる著作活動を行う。著『英雄伝（対比列伝）』『倫理論集』他。
20 ムソニウス・ルフス（三〇～一〇〇）ローマ帝政期のストア派の哲学者。
21 アウルス・ゲッリウス（一二五頃～一八〇？）古代ローマの著述家・文法学者。著『アッティカの夜』。

をしていた。彼は平手打ちのために行われる裁判の手間ひまを避けるために、奴隷に銅貨入りの巾着《きんちゃく》を持たせて連れ歩き、奴隷はこの不意打ちをくらった人に、すぐさま規則通りの慰謝料二五アスを支払ったという。また有名なキニク学派[22]の哲学者クレティスは音楽家ニコドロモスから強烈な平手打ちをくらい、顔が腫れあがり出血したが、額に「ニコドロモスの仕業です」と記した小さな板をくりつけた。そのため、全アテネ市民が師父《しふ》と仰ぐ人物にこのような残虐を加えた笛吹きニコドロモスは、手ひどい不名誉を被ることになった。シノペのディオゲネス[23]は、アテネ市民の酔いどれ息子どもに殴られたが、「そんなことは何の問題もない」とメレシッポス宛ての手紙で告げている。セネカは『賢者の毅然たる不動について』という著書の第一〇章から終わりまで、侮辱について詳細に考察し、賢者は侮辱に注意をはらわないと論じた。第一四章には、「だが拳骨《げんこつ》で殴られたら、賢者はいかにすべきだろうか。カトーが顔を殴られたときの態度をとるべきだ。すなわちカトーはむきにならず、侮辱の仕返しもしなければ容赦もしなかった。それどころか『何事もなかった』と表明した」と記されている。

「もちろんそうでしょうとも。かれらは賢者だったのですから」と諸君は叫ぶだろう。

そうすると、諸君は愚者ということになりますが、それでよいのですね……。

古代人が騎士の名誉原理をまったく知らなかったのは、古代人はあらゆる点で物事の公正無私かつ自然な見方にどこまでも忠実であり、それゆえ、あのような危険に満ちた救いがたい愚行を真に受けなかったからである。だから古代人は顔を殴られても、殴られたというだけのことであって、些細な身体的侵害としか考えなかった。いっぽう、近代人にとって顔を殴られるのは大惨事で、たとえばコルネイユ[24]の『ル・シッド』や近頃のドイツ市民悲劇のように非劇の題材となった。このドイツ市民悲劇『状況の力』(ルートヴィヒ・ローベルト作)[25]のタイトルは、『偏見の力』にすべきではな

22 キニク学派とはアンティステネスを祖とする古代ギリシアの哲学の一派。幸福とは外的な条件に左右されない有徳な生活であるとし、無所有と精神の独立をめざした。

23 シノペのディオゲネス(前四〇四頃~前三二三頃)古代ギリシアのキニク学派の思想家。黒海沿岸のシノペの出身。アンティステネスの弟子。文明は反自然的なものであるとし、自足・無為をモットーとし、樽に住むなど奇行と逸話に富む伝説的人物。

24 ピエール・コルネイユ(一六〇六~八四)フランスの劇作家。ラシーヌなどの情念に対し、理性と意志をもって闘う人物を描き、フランス古典劇の父とされる。四大悲劇『ル・シッド』『オラース』『シンナ』『ポリュウクト』、喜劇『嘘つき男』など。

いか。パリ国民議会で平手打ち事件でも起きようものなら、ヨーロッパじゅうにこだまする ことだろう。ところで、前述した古代の回想や引例で気分を害した「名誉の人たち」には、解毒剤として、ディドロ[26]の傑作『運命論者ジャックとその主人』を繙《ひもと》き、近代的な騎士の名誉ある行動の極上の鑑《かがみ》として、デグラン氏の物語を読むことをお薦めしたい。感動し、さわやかな気分になるであろう。

以上の引証から、騎士の名誉原理は、決して人間の本性そのものに根ざした本源的な原理ではありえないことが十分に明らかになった。それは人為的な原理であり、起源を探るのはむずかしくない。それは明らかに、頭脳よりも腕力がものをいい、坊主が理性を鎖でつないだ時代の産物、誉れ高き中世と中世騎士道の産物である。つまり、当時の人々はわが身ばかりでなく、判決も神様まかせだった。だから面倒な法律事件は神明裁判、すなわち神の裁きで決定された。神の裁きとは、ごくわずかな例外をのぞいて、決闘のことである。決闘は、決して騎士どうしに限られていたわけでなく、市民の間でも行われ、シェークスピアの『ヘンリー六世』はそのよい例だ。

また、裁判官がいかなる判決を言い渡そうが、常に上級審である決闘、すなわち神の裁きに訴えることができた。このため結局は、体力と敏捷さ、つまり人間の獣性が理性に代わって裁きを下すことになり、正邪の決定は、その人が何をなしたかではなく、——今日なおも行われている騎士の名誉原理通り、何に遭遇したかによってなされる。決闘のこうした起源をなおも疑う方には、ジョン・G・メリンゲンの好著『決闘の歴史』(一八四九)を読んでいただきたい。今日なおも騎士の名誉原理を模範として生きる人々は、ご存じのように、必ずしも学のある思索的な人々ではないのが常である。決闘の結果を見て、本当に神が決闘の原因である争いに裁きを下したとみなす人もいるが、きっと因襲的に代々受け継がれた意見にしたがっているのだろう。

こうした起源は別として、騎士の名誉原理は何よりも、真に尊敬を博するなんて荷が重すぎるとか、不必要だとかみなす場合に、とかく肉体的暴力で脅して尊敬の外的表明を無理やり勝ち取ろうとする傾向がある。言うなれば、「私の部屋は暖房がよく

25 エルンスト・フリードリヒ・ルートヴィヒ・ローベルト(一七七八〜一八三二)ドイツの劇作家・小説家・詩人。サロンを開き才媛として有名なラヘル・ハルンファーゲン(一七七一〜一八三三)の弟。

26 ドニ・ディドロ(一七一三〜八四)フランスの思想家・小説家。ダランベールらと『百科全書』の編集・出版にあたる。『哲学的思索』、小説『ラモーの甥』他。

きいているぞ」と示すのに、寒暖計の水銀球を手で温めて水銀を上昇させるようなものである。

くわしく考察すると、問題の核心は次の点にある。他人との平和的交流を念頭におく市民的名誉は、「自分は各人の権利を無条件に尊重しているのだから、十全な信頼に値する」という当人に対する他人の思惑を本質とするのに対し、騎士の名誉は、「自分は自分の権利を何がなんでも守る気でいるのだから、恐れられてしかるべきだ」という当人の思惑を本質とする。めいめい自衛し、自分の権利を直接的に守らねばならない自然状態に生きているとしたら、人間の正義はほとんど当てにならないので、「信頼されるよりも恐れられるほうが大切」という基本原理は、あながち誤りではない。しかしこうした原理は、国家が人身・財産の保護を引き受ける文明状態ではもはや適用されず、よく開墾された耕地や賑《にぎ》やかな街道や鉄道線路の間に、自力救済権時代の砦《とりで》や櫓《やぐら》が詮《せん》なくぽつんと建っているようなものである。だからこの原理を固持する騎士の名誉がそのような人身侵害にとびついても、取るに足らぬ無礼や、単なる悪ふざけに過ぎないものまでであるので、国家はごく軽い罰を下すだけか、あるいは「法律は些事を取り上げない」という原則にしたがって、まったく処罰しないのが実情である。しかし騎士の名誉はこの点でしだいに増長し、おのれの価値を人間の本性・性質・運とは釣り合わないまでに過大評価し、いわば聖域にまでつりあげ、軽微な無礼に対する国家の処罰は、実に不十分であるとみなし、これに対する処罰、それもつねに侮辱者の生命身体におよぶ処罰をみずから引き受けるようになった。その根底にはあきらかに、人間とは本来、何であるかをすっかり忘れて、人間の絶対不可侵性と完全無欠を主張する大それた不遜さと言語道断の傲慢さがある。しかし、これを是が非でも貫徹しようとして、「私を罵ったり、殴ったりする者は死ぬことになる」などという規範を宣言する者は、それだけで国外追放に処してしかるべきだ。事実、こうした不遜な思い上がりを取り繕う、さまざまな口実が設けられている。すなわち、何事にもひるまない人間が二人いて、どちらも譲らなければ、ほんのちょっと不快に思っただけで罵詈雑言《ばりぞうごん》へ、さらに殴り合いへ、ついには撲殺へと発展するだろうから、礼法上、中間段階をとびこして、すぐに武器に訴えたほうがよいという者がいる。これに関する特殊な手続きは、掟と規則ずくめで、がんじがらめの融通のきかぬ制度にされて、世にもゆゆしき茶番、愚劣きわまりない錦《にしき》の御旗《みはた》となっている。だがこの根本原理そのものがまちがっている。些細な事件なら(重大事件は常に裁判所にゆだねられる）、何事にもひるまない二人のうち、片方すなわち賢いほうが譲歩するし[27]、単なる他人の思惑など、そのまま放《ほう》っておけばよい。このことは民衆が、というよりむしろ騎士の名誉を信奉せず、それゆえ諍いを自然な経過にまかせるたくさんの職業階級の人たちみなが如実《にょじつ》に示している。かれらの間では、国民のおそらく千分の一しか占めていない名誉原理を信奉する一派に比して、撲殺の頻度は百分の一で、殴り合いですら稀である。

それから、決闘は粗野や不作法の爆発を防ぐ障壁であり、社会のエチケットと礼儀作法は、決闘の名誉原理を究極の支柱としていると主張する者もいる。だがアテネやコリント、ローマは実に上品な社会、それも礼儀作法とエチケットをわきまえた、たいそう上品な社会だった。背後に騎士の名誉などというこけおどしは潜んでいなかった。もちろん今のヨーロッパとちがって、女性は社会の主導権を握っていなかった。女性が社会の主導権を握ると、なによりもまず娯楽が軽率で子供じみた性格のものになり、内容豊かな会話はいっさい追放される。また今日の上流社会で、勇猛であることが他のいかなる特性よりも高い評価を得るのも、きっと女性が主導権を握ったせいなのだろう。しかし勇猛というのは、本当はたいへん下位の特性であり、下士官の美点にすぎず、この点においてはむしろ動物のほうが私たちに優っている。そのため、例えば「獅子のように勇猛」と言われる。

それどころか騎士の名誉原理は、前述の主張とは裏腹にしばしば、大事は不誠実と悪事の隠れ家、小事は無作法や傍若無人や粗野の安全な逃げ込み場となる。そうしたたくさんの七面倒くさい無作法が黙認されてきたのは、首を賭けてまでそれを咎《とが》める酔狂者がいないからである。――これを裏書するように、政治・財政方面で真の名誉心の欠けた国民のもとで、血に飢えた決闘が全盛をきわめ、大真面目で行われた。こういう国民の私的交流における名誉心はどうなっているかについては、実際に経験した人に尋ねてみればよい。おまけにこういう国民の「洗練ぶりと作法」は、悪い見本として有名である。

したがって、こうした口実はいずれも根拠が薄弱だ。犬が他の犬から唸《うな》られると、唸り返し、他の犬から体をすり寄せられると、自分も体をすり寄せてお返しするよう

27　ドイツの諺〈Der Klügere gibt nach.〈賢いほうが譲歩する〉〉すなわち「負けるが勝ち」「賢者は争わない」をふまえている。

に、敵意ある仕打ちには敵意で返し、軽蔑や憎悪を露《あら》わにされると、立腹してむきになるのは、人間の本性であると力説するほうが正当だろう。だからキケロも「罵詈は、分別があって名誉を重んじる男性の心に、もっとも耐えがたい痛みをのこす」と言っている。事実、世界中どこへいっても(若干の敬虔な宗派は別として)、罵詈や殴打を平然と受け入れるところはない。けれども自然の力というものは、事態にふさわしい報復をはるかに越えた報復を決して求めないものであり、嘘つきだとか、愚かだとか、卑怯だとかいう非難に対して、死という罰を加えることはない。「平手打ちには短剣で応えよ」という古いドイツの原則は、言語道断の騎士階級の妄信《もうしん》である。いずれにせよ、侮辱に対する仕返しや報復は怒りの問題であって、決して騎士の名誉原理と呼べるような名誉や義務の問題ではない。むしろ確かなのは、いかなる非難であれ、事実と合致する度合いに応じて相手を傷つけるということである。ごく軽くほのめかしただけでも、図星であれば、事実無根の重大な告発よりも、はるかに深刻な痛手になることからもそれは明らかだ。したがって非難を受けるいわれはないと真に自覚している人は、非難を悠然《ゆうぜん》と無視してしかるべきだし、事実、非難をものともしないだろう。それなのに名誉原理はこういう人にまで、ちっとも傷ついていないのに、傷つきやすさを露わにすることを要求し、痛手にならない侮辱に対して、血なまぐさい復讐をすることを要求する。自分の価値にけちをつける表明を慌てて抑えつけ、おおっぴらにならないようにするのは、自分の価値に自信が持てない証拠である。したがって名誉棄損においては、真に自己を重んじる気持ちがあれば、泰然自若《たいぜんじじゃく》としていられるし、真に自己を重んじる気持ちに欠け、平然としていられない場合でも、賢く教養があれば、平静をよそおい、怒りを隠すことができるだろう。したがって、まず騎士の名誉原理という妄信から解放されれば、その結果、もはやだれひとり、罵詈によって他人の名誉をいくばくか奪い、自分の名誉を回復できるなどという思い違いをしなくなるだろうし、また進んで決闘に応じることによって、すなわち闘うことによって、あらゆる不正・粗暴・乱暴がたちまち正当化されるなどということはもはやなくなるだろう。そうすれば、人を誹謗し罵るとき、この戦いに敗れた者が実は勝者であり、ヴィンチェンツォ・モンティ[28]の言うように、名誉棄損は常に出発点に戻る教会の行列行進のようなものであるという見解がほどなく一般的になるだろう。

28 ヴィンチェンツォ・モンティ(一七五四〜一八二八) イタリアの詩人・劇作家。

　さらに、そうなればもはや今のように、正しいと言い張るのに、暴力にものを言わせれば十分などということもなくなるだろう。なにしろ今は洞察と分別が登場しただけで、偏狭と愚鈍は、不安になり憤慨し不愉快になる。そのために、洞察と分別が宿る頭脳はいつも真っ先に、偏狭と愚鈍が棲む浅薄な脳みそに対して一六《いちろく》勝負に出るはめになるのを考慮せねばならないが、それとはまったく違って、洞察と分別が発言権を得るだろう。そうなれば、肉体の優越と向こう見ずな勇気が隠然と支配する今とは違って、精神の優越がしかるべき重要性を占める社会になるであろう。その結果、もっとも卓越した人物が社会から隠遁する理由がひとつ減るだろう。このような変化は、あきらかにアテネやコリントやローマにあったような形で「真の」作法をもたらし、真の善き社会に道をひらくだろう。こうした社会の見本をご覧になりたい方には、クセノフォン[29]の『饗宴』を繙《ひもと》くことをお薦めしたい。

　騎士の名誉法典の最後の弁明は、あきらかに「いやはや、そうなったら、だれもが他人に一撃を加えてよいことになってしまう」というものだろう。これに対して私は「騎士の名誉法典を承認しない社会の九九・九パーセントにおいて、そうしたケースは十分あったが、殴打で死んだものはいない。いっぽう騎士の名誉法典の信奉者のもとでは、通例、どんな一撃も命取りとなる」と簡潔に答えることができる。だがもう少し詳しく取り上げよう。人間社会の一部では、殴打は戦慄すべきものだという揺るぎない確信があるので、私は、殴打は人間の本性のうち獣性によるものなのか、理性によるものなのかに対する、なんらかの確固たる根拠、少なくとも納得がゆく根拠を、すなわち単なる言辞に終わるのではなく、明瞭な概念に帰着しうる根拠を一生懸命見出そうとしたが、徒労に終わった。殴打はあくまでだれもが他人に加えることのできる小さな肉体的災厄であって、自分は相手よりも強いとか、すばしこいとか、相手が油断していたとかいうことの証明にすぎない。いくら分析しても、それ以上のものは出てこない。

それから、人間の手による殴打を最大の悪とみなす騎士が、馬に蹴られて十倍も強烈な打撃を受けても、痛みをこらえて片足を引きずりながら、「どうということはありません」と断言するのを見て、人間の手でなされたことが問題なのではないかと考

29 クセノフォン（前四三〇頃〜前三五四） 古代ギリシアの軍人・哲学者・著述家。ソクラテスの弟子。戦記『アナバシス』、『ソクラテスの思い出』他。

えた。だが騎士は戦闘中に短剣で刺され、軍刀で斬られても、「些細なことです。取り立てて言うほどのものではありません」と断言する。次に、刀の平《ひら》でする一撃は棒の一撃に比べれば、断然悪いものではなく、したがって最近まで士官候補生は刀の平《ひら》で打たれても、棒で打たれることはなかったと聞いている。それどころか刀礼、すなわち刀の平で肩を軽く打って騎士の位を授ける騎士叙任式は最大の名誉だ。こうなると、心理学的・道徳的根拠はお手上げで、この問題は古い根深い妄信、つまり、人間には何でも吹き込めることを示す数多《あまた》の事例のひとつにすぎないとみなすしかない。これを裏書するのは、中国では、竹でたたくのは市民階級に頻繁にみられる罰であり、全等級の官吏に対する刑罰とさえなっているという周知の事実である。ここから、高度に文明化されていても、人間の本性は、中国では違う表われ方をすることがわかる。[30]
さらに人間の本性を予断なく眺めると、野獣は咬《か》み、有角の家畜は突くように、人間はたたくのが自然なのだとわかる。人間は要するにたたく動物である。人間が他の人間を噛《か》んだという珍しいケースを聞くと、私たちが憤慨するのはそのためであり、これに対して殴った、殴られたというのは、自然でよくある出来事だ。高い教養の持ち主が互いに自制してこれを避けたがるのは、理解できる。しかし国民に、一階級だけとはいえ、殴打は殺害・撲殺を必然的に伴うほどの恐ろしい災厄だと信じ込ませるのは、酷《むご》いことである。この世は真の害悪にあふれていて、真の害悪をひきよせる架空の害悪を増やしてよいわけがないのに、この愚かしく邪悪な妄信は、実際に害悪を増やしている。政府や立法部は文民と軍人にいっさいの殴打刑を撤廃するように熱心に推し進めているが、それはこうした妄信の後押しをするものなので、私は同意できない。政府や立法部は人道のためだと考えているが、事実は正反対で、すでにたくさんの犠牲者が出ており、自然にもとる救いがたい迷妄をいよいよ強固にしている。大変な重罪をのぞくあらゆる違反行為に対して人間がまっさきに思いつく処罰、したがって自然な処罰は、殴打である。前述の諸々の根拠を受け入れなかった人も、殴打なら受け入れるだろう。財産がないために財産刑に処することのできない人や、要職にあるために身体の自由を拘束する自由刑が国家の不利益になる人を節度ある殴打刑に処

30 （原注） 笞《むち》で臀部を二、三十回たたくのは、中国人にとっていわば日常茶飯事である。これは高官の父性的な訓戒であり、屈辱的な要素はまったくなく、感謝をもって受け取られる。（『イエズス会修道士書簡集～ためになる珍しいお話』一八一九年版、第二巻、四五四頁）。なお笞刑は律の五刑のなかで最も軽いもの。

するのは、公正かつ自然である。また、殴打刑に反対する根拠はまったく挙げられておらず、「人間の尊厳」という内容空疎な決まり文句が持ち出されるが、この言葉は明確な概念に基づくものではなく、前述した有害な妄信に基づくものにすぎない。根底にあるのは妄信であり、それはつい最近まで相当数の国々の軍隊で、殴打刑の代わりに営倉刑[31]を科していたことで立証される。営倉刑は、肉体的苦痛をひきおこす点は殴打刑とまったく同じだが、こちらは名誉を傷つけることも尊厳を奪うこともないというのだから、あきれて開いた口がふさがらない。

法律では決闘廃止に努め、少なくとも表向きは努めても、他方で前述の妄信をこのように奨励すれば、騎士の名誉原理を助長し、ひいては決闘を助長することになる。その結果、例の自力救済権の断片がもっとも粗野な中世の時代から尾を引いて、一九世紀に至るまでのさばり、公然と醜態をさらしている。そろそろ、赤恥をかかせて追放に処す潮時であろう。今日日《きょうび》は闘鶏、闘犬すら許されない（少なくともイギリスではこの種の遊びは罰せられる）。それなのに人間は、騎士の名誉という不合理な原理を愚かしくも妄信し、それを擁護し司《つかさど》る偏狭な人々のために、些細なことで剣闘士のように互いに闘う義務を負わされ、心ならずも命取りとなる戦いに駆り立てられている。

だから私はドイツの言語浄化主義者[32]に、〈Duell（決闘）〉――この語はおそらくラテン語の〈duellum（戦い）〉ではなく、スペイン語の〈duelo（悩み、嘆き、苦痛）〉に由来するのだろう――に代わって〈Ritterhetze（騎士をけしかけるもの）〉を用いるように提案したい。愚劣きわまりない杓子定規はお笑い草にはなるが、その原理と不合理な法典が一国一城の主《あるじ》を気取るとは、言語道断である。この主《あるじ》は、自力救済権以外の権利は承認せず、きわめて容易にもたらされる機会をとらえて、誰彼なく権力の手先として召喚し、生死を賭した判決を下す神聖秘密裁判を公開することによって、自分に服従する階級を暴君的に支配している。この秘密裁判が、どんな極悪人でも、前述の階級に属してさえいれば、彼にとって必然的に嫌な奴である高潔善良な人物を脅し、亡き者にすることができる格好の隠れ家となるのはいうまでもない。今日、司

31 営倉刑とは、三角形の切り口に切った木摺で板張りした檻のような営倉に何日も閉じ込める処罰のこと。

32 言語浄化主義とは外来語などを排斥し、自国の言語・文体の純正さを極端に守ろうとする態度をさす。新語、借用語、意味のずれ、新しい言い回しなどを非とする。

法と警察は、もはや街道で悪党が私たちに、「財布を出せ、さもなければ命を頂戴する」と大声で言うことができないところまで、曲がりなりにも漕ぎつけたのだから、そろそろ健全なる理性も、もはや平和な往来の真っただ中で悪党が、「名誉を捨てよ、さもなければ命を頂戴する」と大声で言うことができないところまで漕ぎつけてほしい。そして他人が勝手に仕掛けてきた無作法や乱暴や愚鈍や邪悪の責任を、だれであれ、いつなんどき命懸けで負わされるか知れないことから生まれる不安感を、上流階級の人々の胸から取り除いてほしい。逆上しやすい青二才が二人、たまたま口論になると、血や健康や生命であがなう仕組みになっているとは、天人ともに許さぬ一大恥辱だ。こうした一国一城の主《あるじ》気取りが繰り出す暴虐がいかにひどいか、この妄信の力がいかに大きいかは、騎士の名誉を傷つけられても、侮辱者の身分が高すぎるとか低すぎるとか、相手とするにはふさわしくない性質の持ち主であるとかいう理由で名誉回復できず、そのために絶望してみずから命を絶ち、悲喜劇的最期をとげた人々が数多くいることから推量できる。

誤った不合理が頂点に達すると、その矛盾が綻《ほころ》びる花のごとくあらわれるので、たいてい最後には、誤った不合理の仮面が剝げ落ちるものだが、結局、ここでも極端な二律背反の形で矛盾が浮かび上がる。すなわち、士官は決闘を禁じられているが、いざというときに決闘しないでいると、罷免《ひめん》によって罰せられるのだ。

話し始めたついでなので、言論の自由において公益のために包みかくさず申し上げよう。予断なく、よく考えれば、公然と同等の武器で敵をたおしたか、それとも待ち伏せして闇討ちにしたかという区別が勿体《もったい》をつけて、たいそう重大なものとして扱われているが、この区別は前述したように、一国一城の主《あるじ》気取りが強者の権利、つまり自力救済権以外の権利を承認せず、この権利をまつりあげて神の裁きとし、法典の基礎としてきたことに基づいている。なぜなら、公然と同等の武器で敵をたおしても、自分のほうが強いとか、腕が立つとかの証明にすぎないからである。公然たる戦いで敵をたおすことに正当性を求めるのは、「強者の権利」が真に「正義」であるという前提に立っている。だが実際は、「相手が身を護《まも》るのが下手」という事情は、たしかに相手を殺せるチャンスにはなるが、決して相手を殺してもよい権利にはならない。矛盾とする正当な権利、すなわち道徳的正当性は、相手の命を奪わざるを得ない「動機」だけであろう。こうした動機が現実に存在していて、しかもそれが十分な動機だと仮定しよう。そうなると、相手と自分のどちらが射撃やフェンシングの腕前が上かということで、今さら事を決しなければならない理由はまったくないばかりでなく、相手の命を背後から奪うのか、それとも正面から奪うのかというやり方はどうでもよくなる。なぜなら道徳的にみて、殺害の際に術策を弄する策士の権利に比して、強者の権利は値打ちがあるわけではないからである。ここでは、「頭を使う権利」が自力救済権と同等になり、さらにフェンシングのフェイントはそもそも術策なので、決闘でも、「頭を使う権利」は自力救済権と同様に行使されていると言い添えておこう。もし相手の命を奪うのは道徳的に正当であるとするなら、今さら射撃やフェンシングの腕前が、自分よりも相手のほうが上かどうかに事をゆだねるとは、愚の骨頂である。相手の腕前が上だと、自分が負傷し、さらに命まで落としかねない。侮辱に対する仕返しは、決闘によるべきではなく、暗殺によるべきだというのがルソーの見解で、その著『エミール』第四編の注二一の謎めいた言い回しで慎重にほのめかしている。その際にルソーは、嘘をついたと非難されただけでも闇討ちの正当な理由になるとみるほど、騎士的な妄信に強くとらわれていた。しかしながら、だれでも嘘をついたと非難されて当然なことが一生のうちに数え切れないほどあるし、それどころかやルソー自身、この方面の達人であることを承知していたはずだ。

ところで、公然と同等の武器を用いた戦いなら侮辱者を殺してよい権利が生じるという偏見は、あきらかに自力救済権を真の正義とみなし、決闘を神の裁きとみなしている。これに対して、怒りに燃えてその場でいきなり侮辱者をナイフで襲うイタリア人は、少なくとも首尾一貫した自然な行動をとっている。この場合、イタリア人は決闘する人よりも脳みそが足りないわけではなく、決闘する人よりも不品行というわけでもない。

決闘で敵を殺し、「敵は私を殺そうと必死でしたから」と正当性を主張しようとするなら、これに対して、「あなたが敵を挑発し、正当防衛せざるをえない立場に敵を追い込んだのです」と言える。こうして意図的に正当防衛せざるをえない立場にお互いを追い込むのは、つまるところ、殺害のもっともらしい口実をもとめているにすぎない。むしろ「みずから事を構えれば、不当な目にあわずにすむ」という原則で正当性を理由づけたほうが、当事者が双方の合意のもとに命を賭けたという点で、筋が通るだろう。だがこれに対しても、騎士の名誉原理およびその不合理な法典の暴虐が権力の手先となり、戦士の双方を、少なくとも片方を、この血なまぐさい秘密裁判へ引きずり出したのだから、「みずから事を構える者」という言い方は正確ではないと言える。

騎士の名誉について長々と述べてきたが、それにはちゃんとしたねらいがある。この世でモラルと知性の形をとった怪物[33]に立ち向かうヘラクレスのごとき唯一無二の英雄、それが哲学だからである。新時代の社会状態と古代の社会状態を区別するものが主として二つあるが、この二つは新時代の社会状態に深刻で陰鬱で不吉な色調を与えている。古代には、こうした色調はまったくなく、青春のように明るく屈託がなかった。その二つとは、騎士の名誉原理と性病、兄弟分ともいえる好一対[34]である。この二つは相携えて人生における「戦いと愛[35]」に毒を注いだ。性病は、決して単に肉体的影響ばかりでなく、道徳的影響をもたらすため、一見して受ける印象よりもはるかに広範囲に影響をおよぼす。恋愛の神アモールが矢筒に毒矢までも携えるようになってから、男女関係に異様で敵意に満ちた、それどころか邪悪な要素が生じ、そのため、男女の間柄に陰鬱で不安な疑念が広がるようになった。あらゆる人的共同体の根幹におけるこうした変化の間接的影響は、多かれ少なかれ他の社会生活にもおよんでいるが、それをここで取り扱うとしたら、あまりにも本題から外れてしまうだろう。

まったく性質は異なるが、騎士の名誉原理、古代人には無縁のゆゆしき茶番がおよぼす影響もこれと似ている。かりそめの言葉をひとつひとつ穿鑿《せんさく》し詮議《せんぎ》するのだから、それだけで、近代社会はぎこちなく深刻で不安なものになる。だがこれだけにとどまらない。この原理は、公衆の胸に巣食う怪物である。古代の怪物ミノタウロス[36]に生贄を捧げるのは一国だけだったが、この近代のミノタウロスのために、ヨーロッパ各国から年々多くの良家の子弟が犠牲となる。だから、古代ミノタウロスを退治したように、そろそろ思い切って、この「張り子の虎」退治にとりくむ潮時であろう。どうか、この近代の二つの怪物、すなわち、性病と騎士の名誉原理が一九世紀のうちに滅びま

33 「モラルと知性の形をとった怪物」とは、モラルと知性の形をとって社会にはびこる悪しき因習や妄信、迷妄をさす。洗練された作法のように見える騎士の名誉原理はその一例。哲学はこうした因習や迷妄を打ち破り、真のモラルとは何か、真の知性とは何かを各人に問いかけるもの。

34 （原注）ホラティウス『風刺詩』二の三の二四三より。

35 （原注）ともにエンペドクレスの基本原理。エンペドクレス（前四九三〜前四三三）は古代ギリシアの哲学者。政治家・預言者・医者・詩人としても活躍。世界は火・水・空気・土の四根からなり、愛と憎しみによって動かされると説いた。著『自然論』『浄め』など。

36 ミノタウロスはギリシア神話に登場する牛頭人身の怪物。クレタの迷宮に幽閉され、九年に一度、生贄として供される十四人の少年少女を食っていたが、テーセウスによって殺される。

すように！　第一の怪物、すなわち性病退治については、医学者が予防法を講じてついに成功をおさめるという希望を捨てないでおこう。第二の怪物、すなわち「張り子の虎」退治は、物の考え方の誤りを正す哲学者の責務だ。なぜなら、政府の法律操作はこれまで一向に成功しなかったうえに、悪の根源をおさえるのが早道だからである。万が一、政府が決闘の撤廃に本腰を入れているのに、ただ無能なために努力が実をむすばないというのであれば、私がひとつ法律を提案しよう。成功は私が保証する。しかも断頭台や絞首台や終身禁固といった残虐な措置の助けを借りずにすむ。もっと正確に言うと、ごく軽微な、ちょっとした同種療法的な処置である。他人に決闘を挑んだり、名乗り出たりする者には、中国流に白昼堂々、衛兵本部前で下士官が十二回笞《むち》打ちし、果たし状の伝達者と立会人には、それぞれ六回笞打ちするというものだ。実際に決闘が行われたときの万一の結果に対しては、通例の刑事手続きにゆだねればよい。騎士道精神の持ち主は、そんな刑罰を執行したら、「名誉の人」はピストル自殺をしかねないと抗議するかもしれないが、それに対して私は、「そんな愚か者は他人を射殺するよりも、ご自分を狙い撃ちなさったほうがよいのではありませんか」とお答えしよう。

だが本当は、政府が決闘廃止に本腰を入れていないのは、私にも十分わかっている。文官の給与、ましてや軍人の給与（最高位をのぞいて）は、かれらの仕事の価値をはるかに下回る。それで給与の足りない分は、名誉であがなう。なによりもまず称号と勲章が、広義では総じて階級上の体面が、名誉の肩代わりをする。ところで決闘は、この階級上の体面にとって有用な控えの手駒《てごま》なので、早くも大学で決闘の予備訓練がある。したがって決闘の犠牲者は、給与の赤字のために、みずから血を流したことになる。

完璧を期すために、ここでさらに国民の名誉に言及しよう。国民の名誉とは、諸国民から成る共同体の一部として国民全体が担う名誉である。諸国民から成る共同体には武力の法廷以外に法廷はなく、どの構成員もみずから自分の権利を守らねばならないので、国民の名誉の本質は、信用できる国民だという評価のみならず、恐るべき国民だという評価を得ることに在る。だから国民の権利を侵害されたら、これを罰せず放置するようなことが決してあってはならない。国民の名誉は、市民的な名誉にかかわる問題点と騎士的な名誉にかかわる問題点とをあわせもっている。

前述した「その人はいかなるイメージ、表象・印象を与えるか」、すなわち世間の目にどう映るかの最後の箇所で「名声」をあげたので、名声についても考察しよう。——名声と名誉は双子の兄弟だ。ギリシア神話に登場するゼウスの双子の息子のうち、ポルックスは不死身なのに対し、カストルは死すべき運命にあったように、名声が永遠の命をもつのに対し、名誉の命ははかない。もっとも名声も様々で、はかない名声もあるので、これは最高級の名声、真の本物の名声のみにあてはまる。

さらにその性質上、名誉は同じ境遇にある者全員に要求されるが、名声は相手がだれであろうと要求してはならない。名誉は、だれもが公然と自認してよいが、名声は、だれひとり自認してはならない。名誉は、本人に関する情報が及ぶところまで及ぶのに対して、名声は、本人に関する情報よりも先走りして、名声そのものが及ぶところまで情報を運ぶ。名誉を主張する権利はだれにでもあるが、名声は並はずれた功績がなければ得られないので、例外的人物だけが主張できる。

さて、この功績には「行い」もあれば、「作品」もあり、かくして名声に至る二つの道が開かれる。主としてすばらしい心情の持ち主は、「行い」への道を進むことができ、すばらしい頭脳の持ち主は、「作品」への道を進むことができる。どちらの道も、それぞれ長所と短所がある。主たる相違は、行いは一時的なものだが、作品はいつまでも残る点であろう。行いは追憶だけが残る。追憶は次第に弱まり、ゆがみ、どうでもよいものとなり、それどころか歴史が取り上げ、化石化した状態で後世に伝えなければ、しだいに消え失せてしまう。これに対して作品はそれ自体不死身で、ことに文書によるものであれば、いつの時代も生き続ける。いかに高潔な行いであっても、一時的影響をおよぼすにすぎない。しかし天才的作品は、あらゆる時代を通して脈動し、人の心を打ち、良い影響を与える。アレクサンダー大王の場合は、名と追憶が生き続ける。だがプラトンやアリストテレス、ホメロスやホラティウスの場合は今なお現存し、生き生きと直接的に働きかける。ヴェーダ[37]やウパニシャッド[38]は現存しているが、その当時なされた行いについての情報は、今日まったく伝わっていない。行いのもうひとつの短所は、まず行いをなす機会を得なければならず、機会に左右

37 ヴェーダとは古代インドのバラモン教の根本聖典の総称。もともとは「知識」を意味する語で、とくに宗教祭式に関する知識をさし、やがてその神聖な知識の宝庫であるバラモンの基本となる文献に関する総称となった。

38 ウパニシャッドは古代インドの一群の哲学書。サンスクリットで書かれ、〈upa-ni-sad（近くに座す）〉は師弟が互いに対座して伝授する「秘密の教義」を意味し、ふつう「奥義書」と訳される。

されることである。行いが名声を得るかどうかは、行いそのものが有する価値のみならず、行いに重要性と栄光を与える周囲の状況も関係してくる。さらに行いが戦時におけるようにまったくの個人的行為なら、名声は数少ない目撃者の陳述に左右される。目撃者はいつもいるわけではないし、必ずしも公平かつ公正というわけではない。他方で行いは、実践的なものとして、一般的な人の判断能力の領域に属し、したがって既知の事実が正しく伝われば、すぐさま公正な判断が下されるという利点がある。ただし、行いを理解するには、動機を知らねばならないから、動機があとになってようやく正しく認識されたり、公正に評価されたりする場合、話は別である。

作品の場合には、これと逆になる。作品の成立は機会ではなく、ひたすら制作者に左右される。作品が存続するかぎり、作品それ自体として存続する。ところが作品の場合、判断がむずかしい。作品が高級な種類のものであればあるほど、判断がむずかしくなる。判断能力のある審判者、公平で信頼のおける審判者がいないことがよくある。けれども作品の名声は一審で決まるわけではなく、上訴される。すなわち前述したように、行いはただ追憶によって、しかも同時代の人々が伝えた形で後世に伝わるが、これに対して作品は作品自体が、欠落している断片などを除けば、そのままの形で伝わる。したがって、既知の事実が歪曲されることがなく、作品成立時に周囲からこうむった不利な影響も、後には取り除かれている。むしろ時がたつにつれて、少数ながらも真に判断能力のある審判者がぽつりぽつりとあらわれる。判断能力のある審判者というだけでも例外的存在だが、そんな人物が、さらに例外的存在である作品を裁くことになる。このような審判者が順次に重大な一票を投じ、ときとして何世紀も経たのちにようやく、もはやそれ以後の時代にはくつがえしえない、非の打ちどころなく公正な判断が成立する。作品の名声とは、このように確実で、しかも必然的なものだ。

しかし制作者自身が名声を身をもって体験するか否《いな》かは、外的状況や偶然に左右される。作品が高尚で難解なジャンルであればあるほど、名声を身をもって体験することは稀である。これについてセネカは、「必ず、影が肉体につき従うように、名声は功労につき従うものです。ただし、影はときとして肉体の前を歩むことがあっても、名声はときとして功労の後を歩むにすぎません」と比類なく見事に述べ、この説明の後に、「妬みが君のすべての同時代人に沈黙を課したとしても、悪意なく、私情をはさむことなく判断する人々が、きっと現れるでしょう」と付け加えている。ちなみにここから、公衆に対して良きものを秘匿し、不出来なものが栄えるように、意地悪く沈黙し、無視して功労を伏せておく手口は、現代のろくでなし同様に、セネカの時代もろくでなしの慣例だったことが見て取れる。現代もセネカの時代も、ろくでなしは「妬みから口をつぐむ」のだ。

卓越したものはすべて、ゆっくりと熟成するように、たいてい長く続く名声であればあるほど、遅れてあらわれる。死後の名声となるべき名声は、種子からたいそうゆっくり成長する樹木オーク[39]のようだし、つかのまの軽微な名声は、成長の早い一年生草本のようだし、偽りの名声は、早く勢いよく伸びて、たちまち根絶やしにされる雑草のようだ。こうしたことがなぜ起こるかといえば、結局、ある人物が後世、すなわち人類全体に属していればいるほど、彼が生きている時代になじまないせいである。彼が制作するものは、その時代に特別に捧げられたものではなく、つまり時代そのものと密接に結びついているわけではなく、人類の一部という意味でその時代に属するだけなので、その時代固有のカラーに染まっていないからだ。だがその結果、時代がその人になじめず、見過ごしてしまうことがよくある。むしろ時代は、つかのまの最盛時の出来事や刹那的な気まぐれに奉仕し、時代に属し、時代と共に生き死んでゆく人たちを評価する。したがって人間精神の最高級の功績は、たいてい不興を買い、長い間冷遇されるが、やがて感動して高く評価する高尚な精神の持ち主が近づいてきて、こうして得た権威によって、その後は高い評価を保ち続けることを、芸術史・文学史は一貫して教えてくれる。

ところで、なぜこういうことになるかと言えば、つまるところ、だれもが実際は自分と同質のものしか理解できないし、評価できないからである。月並みは月並みと、平凡は平凡と、あいまいなものは支離滅裂なものと、能無しはナンセンスと同質性があり、誰もが自作は完全に自分と同質なので、いちばんのお気に入りは自作である。古代の伝説的人物エピカルモス[40]は、すでに次のように歌っている。この歌が失われることがないように、ドイツ語にしておきたい。

私は頭に浮かんだことを言いたい放題

39 オークはブナ科ナラ属の木の総称。カシワ・ナラ・カシなど。力・堅忍・不滅の象徴で、その葉は勝利のシンボル。

40 エピカルモスは紀元前五世紀頃、活躍したギリシアの喜劇作家。

やつらはやつらで　誰もがわが身が可愛くて　讃えるべきはわが身と信じてる
これになんの不思議があろう
犬は犬を
牛は牛を　ロバはロバを　豚は豚を
究極の美と思っているのだから

腕力があっても、軽い物体を投げるときには、物体そのものに異質な力を受け入れる実質的中身がないために、遠くへ飛んで激しくぶつかる運動を付与できず、物体は近くへフニャリと落ちてしまう。優れた偉大な思想、天才の傑作であっても、それを受け入れるのが貧弱で劣った脳みそ、つむじ曲がりばかりだったら、同じことが起こる。これを嘆いて、あらゆる時代の賢者の声が唱和する。たとえばシーラッハは、「愚か者を相手に話すのは、眠っている人を相手に話すようなものだ。話が終わると、相手は『ん、なに?』と聞いてくる」と述べる。またハムレットは「冗談を言っても、愚か者には通じない」と言い、ゲーテは

とも

どんなにうまい表現でも 聞き手が
つむじ曲りだと 嘲弄される
『西東詩集』四の一

じたばたしても甲斐がない まわりはみんな無関心
でも自信満々でいなさい
泥沼に石を投じても
波紋は広がらないものです[41]
『箴言風』

41 ドイツの諺〈Man könnte ebensogut Steinen predigen.（石に向かって説教するのと同じだ）〉すなわち「馬の耳に念仏」をふまえている。

とも言っている。またリヒテンベルクは、「頭と本がぶつかると、ホ～ンとうつろな音がするけれど、はてさて、本当にそう書いてあるのかな？」とも、「作品は鏡のようなもの。サルが鏡をのぞいても、キリストの使徒の顔はうつらない」（『箴言集』）とも言っている。師父ゲレルト[42]によって美しく感動的に表明された嘆きが思い出されてしかるべきである。

世にも優れた才能を
讃える人の少なさよ
世人の大部分は
不出来なものを有難がる
毎日　目にする　この害悪
けれど　どう防ぐのか　この災厄
この災いは　この世から
一掃できるものなのか

この世でただひとつの手立て
けれども それは限りなく難しい
馬鹿が賢くなればいい
でもねえ 馬鹿は決して賢くなれぬもの
物の値打ちがわからない
見る目がなくて 理解できない
良いものがまったく分からないから
くだらぬものを未来永劫 褒めちぎる
『二匹の犬』

ゲーテも述べているように、人間のこうした知的無能力ゆえに、卓越したものは、人目に止まること自体が稀であり、人から認められ評価されるのは、もっと稀である。

42 クリスティアン・ゲレルト（一七一五〜六九）ドイツの詩人。知識人から「時代の師表」と目され、温厚で敬虔な人柄と相まって「師父」と仰がれた。小説『スウェーデンのG伯爵夫人の生涯』『書簡規範』『倫理学講義』他。

ここでもご多分にもれず、知的無能力にさらに道徳的不品行が加わり、しかも嫉妬という形であらわれる。つまり名声を博せば、すべての同類よりも高みへ昇ることになり、残された同類はその分、下落させられる。その結果、あらゆる優れた功績の名声は、功績なき人々を犠牲にして得たものということになる。

他人に名誉を授けたら
自分の価値はその分　下がる
ゲーテ『西東詩集』五の七

ここから、いかなる種類のものでも卓越したものがあらわれると、たくさんの凡人が一致団結して、その価値を認めまいとして、できれば窒息させようとして共謀することの説明がつく。こうした輩《やから》の秘密の合言葉は、「功績をぶっつぶせ！」である。ところで、自分も功績があり、すでに名声を博している人でも、新たな名声の出現を喜ばない。新たな名声が輝きわたると、それだけ自分の名声が輝きを失うためである。だからゲーテでさえも

生命を恵んでもらうまで
ぐずぐずしていたなら
私はまだこの世に生まれていないでしょう
自分が多少とも輝きたくて
この私を否認したがる
そんな連中のふるまいを見れば
お分かりでしょう

『控えめなクセーニエン』五

と述べている。

名誉は、たいてい公正な審判者がいて、嫉妬に邪魔されることもなく、だれにでも信用貸しの形であらかじめ授けられるのに対して、名声は、他人の嫉妬をものともせずに闘い取らねばならず、その栄冠は明らかに自分に不利な審判者から成る法廷から授けられる。換言すれば、名誉は皆と分かち合うことができ、分かち合いたいものだが、これに対して、名声はだれかが獲得すると、そのために、他の者が名声を得る可能性が減って、名声を得るのがむずかしくなる。

さらに作品の読者・観客となる人数が多ければ多いほど、作品で名声を博するのは容易で、その人数が少なければ少ないほどむずかしい。その理由はたやすく予測できるだろう。したがって、娯楽を与えようとする作品よりも、蒙《もう》を啓《ひら》こうとする作品は、はるかに名声を得るのがむずかしい。名声を博するのがもっとも困難なのは哲学書だ。哲学書から期待できる教えは、一方ではなんとも漠然としたものであり、他方では実益がなく、なによりもまず哲学書が相手取る読者は、自分もまた哲学書を書きたいと思っている競争相手ばかりなのだから。

こうした名声獲得をさまたげる諸々の困難を考えると、名声に値する作品を完成させた人々が、作品そのものへの愛と独自の創造する喜びから創作したのではなく、名声に鼓舞されることが必要だったとしたら、人類は不滅の作品などほとんど、あるいはまったく持てなかったことがはっきりする。いや、それどころか、善き正しき作品を生み出し、粗悪な作品を避ける定めにある人は、大衆およびその代弁者の判断にあらがい、それらをものともしないことだろう。この点をふまえると、特にオソリウス[43]

(『栄光について』)が強調した「名声は名声を求める人を忌避し、名声を顧みぬ人についていく」という言葉の正しさがわかってくる。換言すれば、名声を求める人は、同時代人の趣味に迎合し、名声を顧みぬ人は、これを歯牙にもかけない。

したがって名声は、得るのはむずかしいが、維持するのはたやすい。この点でも名声は名誉と対照的だ。だれでも名誉を授かり、それどころか信用貸ししてもらえる。名誉を保つだけでいい。とはいえ、一度でも下劣な行いをすれば、名誉は失われ、二度と回復できないので、名誉を保つことが課題となる。これに対して元来、名声は決して失われたりしない。なぜなら名声獲得の基になった行いや作品は、永遠に揺らぐことがなく、新たな名声を付加しなくても、名声はずっとその行為者・創作者のもとにとどまり続けるからだ。しかしながら名声が次第に鳴りをひそめ、実際に消えていくなら、つまり廃《すた》れてしまうなら、その名声は本物ではなく、一時の過大評価から生じた不当な名声である。ヘーゲルが得ていた類《たぐい》の名声がこれだ。リヒテンベルクはそ

43 オソリウスはポルトガルの歴史家ジェロニモ・オソリオ(一五〇六~八〇)をさす。著『王の人生と偉業』他。

うした類の名声を次のように描写する。「仲間内による全会一致の吹聴に、空っぽ脳みそが共鳴し反響する……しかし後世の人々がいつの日か、その多彩な言葉の住処や、かつては流行の発信地だった結構な隠れ家や、今はもう跡形もない約束事の住居のドアをノックしても、『お入り』と自信をもって迎え入れてくれそうな思想の片鱗《へんりん》もなく、どこもかしこも空疎なのに気づいたら、さぞかし苦笑することだろう」。

名声は元来、他者との比較のうえに成り立つ。したがって名声は、本質的に相対的なものであり、相対的な価値しか持ちえない。他の人々もみな名声を謳《うた》われる人物だったなら、名声そのものが成り立たないだろう。どんな状況でも本人から失われることがないもの、つまりここでは、その人を直接的に独自の存在にするもののみが、絶対的価値をもち得る。したがってそこに、大いなる心情、偉大な頭脳の価値と幸福があるはずだ。すると価値があるのは、名声そのものではなく、名声にふさわしい人物にした所以のものということになる。すなわち、そちらがいわば事の実体であり、名声は事の偶有性にすぎない。名声は、主として称賛される人物の外的徴候として作用し、彼はそれによって高い自己評価の確証をおのずから得る。だから、いかに卓越していても、名声を得てはじめて自分の卓越性に自信が持てるようになるのは、光が物体によって反射されなければ、まったく見えないのと同様であると言えよう。しかし功績なき名声や名声なき功績もあるので、名声は、決して紛れもない徴候というわけではない。してみると、「有名な人もいれば、有名になってしかるべき人もいる」というレッシングの言葉には奥ゆかしさがにじみ出ている。

ところで、他人の目にどう映るかで、生き方の価値の有無が決まるとしたら、みじめだろう。英雄や天才の生涯の価値が、名声、すなわち他人の喝采で決まるとしたら、やはりみじめだろう。およそ生あるものは、自分自身のために、何よりもまず自分のために独自の生を営み生存するほうがよい。――どんな在り方でも、自分自身にとって最優先すべき最も大切なことは、「自分は何者なのか」ということであり、もしも、たいした価値などありはしないというなら、そもそも、たいしたものではないのだろう。これに反して、他人の頭脳に映る自分の本質像は、第一義的な「自分は何者なのか」ということと極めて間接的なつながりしか持たず、第二義的で派生的なものであり、偶然に支配される。そのうえ、真の幸福の宿る場所が大衆の頭脳だとしたら、みじめすぎる。むしろそこに見出されるのは、妄想めいた幸福にすぎない。通俗的名声の殿堂には、将軍、大臣、やぶ医者、山師、ダンサー、歌手、百万長者、ユダヤ人といった、なんと雑多な連中が集うことか。精神的長所、とくに高尚な精神的長所は、大多数の人に口先で尊敬されるにすぎないが、この殿堂に集う連中の長所は、それよりもはるかに率直に評価され、はるかに心をこめて尊敬されている。幸福論的にみると名声は、誇りと虚栄心に与えられる、もっとも稀な最高級の美味にすぎない。誇りと虚栄心は、大多数の人が包み隠しているけれども、あふれんばかりに持っている。ましてや何やら名声獲得の適性をそなえた人は、強大な誇りと虚栄心の持ち主だろう。だからそういう人はたいてい、自分の圧倒的価値を意識しながら、長い間それに自信が持てず、自分の圧倒的価値を発揮して承認させる機会がくるまで、ひそかに不当な扱いを受けているような気がするのだ。[44]

しかし本章のはじめに論じたように、そもそも人間が他者の思惑に価値を置くということ自体、実に不適切かつ無分別である。だから「どんな心の喜びも朗らかさも、自分自身を高く評価できるような比較の相手がいることを基盤にしている」(『市民論』一の五)というホッブズ[45]の言葉は、たしかに痛烈ではあるが、適切かもしれない。一般に名声に高い価値が置かれ、また、いつの日か名声を博する希望が持てさえすれば、犠牲を厭わないことは、これで説明がつく。

気高い心も 名声には勝てない
名声は 快楽をはねつけ 日々 仕事にいそしめと
精神を駆り立てる
ミルトン[46]『リシダス』七〇

また

44 (原注) 私たちの最大の楽しみは、称賛されることだ。けれども称賛する側は、あらゆる理由がそろっているときでさえ、嫌々ながら、しぶしぶ称賛している。だから、何はともあれ、自分で自分を率直に称える境地にたどり着いた人が、もっとも幸福な人である。他人に惑わされてはいけません。

45 トーマス・ホッブズ(一五八八〜一六七九) イギリスの哲学者・政治思想家。唯物論・機械論的自然主義の立場に立った。国家は契約によって形成されるとし、平和を得るために絶対主権の設定をもとめた。著『リバイアサン』『哲学原論』など。

46 ジョン・ミルトン(一六〇八〜七四) イギリスの詩人。叙事詩『失楽園』『復楽園』『闘士サムソン』など。『リシダス』は友人の死をいたんだ哀悼歌。

名声が輝き渡る　堂々たる殿堂の
高みによじのぼるのは　何とむずかしいことか
ビーティ[47]『吟遊詩人』

またこれが世界でもっとも虚栄心の強い国民が、口癖のように〈gloire（栄誉・名声、フランス語）〉と言い、〈gloire〉を偉大な行いと偉大な作品の主たる原動力とみなすこの理由である。――けれども、名声が第二義的なもの、すなわち功績の単なる反響、反映、影、徴候にすぎないことは争いえないし、いずれにせよ称賛する行為よりも、称賛の対象に価値がある。真に人を幸せにするのは、名声ではなく、名声を得た所以のもの、すなわち功績そのものであり、もっと詳しく言えば――道徳的な性質のものかもしれないし、知的な性質のものかもしれないが――功績を生み出す心映えと能力である。なぜなら、だれであれ最善の在り方は、その人自身にとって必然的な在り方なので、他人の頭脳に映るものや、他人の思惑における評価は重要でなく、二次的な関心事にすぎないからだ。

したがって名声を得ていなくても、名声に値する者でありさえすれば、肝心な部分をしっかり持っているのだから、まだ手にしていない部分については、肝心な部分で自分を慰めることができる。なぜなら、判断力がなくて騙《だま》されやすい大衆に偉大な人物と思われたから、羨《うらや》むべき存在なのではなく、実際に偉大な人物だから、羨むべき存在なのであって、また、後世の人に取沙汰されることが、至高の幸福なのではなく、自分が何百年もの歳月、保たれ熟考されるに値する思想を生みだしたことが、至高の幸福なのだから。しかもこうした幸福は自分の手から奪い去られることがない。こうした幸福は「手元にある」のに対して、名声ゆえの幸福は「手元にない」。

ところが、称賛する行為そのものが肝心だとしたら、称賛の対象は、たいした価値がないものになってしまう。実際、偽りの名声、すなわち不当な名声の場合がそうだ。名声は徴候、単なる反映にすぎない。偽りの名声の持ち主は、現実には何も持ち合わせておらず、偽りの名声でわが身を養うはめになる。しかし、わが身可愛さから自己欺瞞を重ねても、自分に元来ふさわしくない高みに持ち上げられたせいで眩暈《めまい》がした

47 ジェイムズ・ビーティ（一七三五〜一八〇三）スコットランドの詩人・哲学者。

り、自分が金メッキの贋金貨《にせ》であるような気分になったりして、しばしば名声そのものにすら嫌気がさす。とくに自分よりも賢い者の顔に、後世の人の判断がはっきり表れているのを見て取ると、正体があばかれて、しかるべき屈辱を受けるのではないかという不安におそわれる。言うなれば、偽の遺言で財産を得た人のようなものだろう。

正真正銘の名声、すなわち死後の名声を本人が耳にすることは決してないが、それでも本人は幸福だろうと思われる。つまり幸福は、名声を手に入れた優れた特性そのものにあり、またそれを育てる機会を見つけたこと、すなわち彼にふさわしい行動をとったり、好きなことに打ち込んだりする機会に恵まれたことにある。こうして生まれた作品だけが、死後の名声を獲得するからだ。彼の幸福は、彼の大いなる心情や知性の豊かさ、思想にある。彼の大いなる心情や豊かな知性が反映された作品はその後、何百年も称賛され、また彼の思想を熟考することが、はるか未来の優秀な知者たちの仕事となり、楽しみとなる。したがって、死後の名声の価値はこうした功績にあり、優れた特性とそれを育てる機会に恵まれたプロセスそのものが、報酬となる。

ところで、死後に名声を博した作品が、同時代人からも褒めそやされていたかどうかは、偶然の事情に左右され、さほど重要ではない。なぜなら、人間はたいてい独自の判断をせずに、とくに高尚で難解な業績を評価する能力をまったく持ち合わせていないので、こういう場合、ふだんはおよそ縁のない権威にいつも追随するからである。高尚なジャンルで博した名声の九九パーセントは、権威を信じきった支持者に拠るものだ。だから同時代人による賛同の大合唱は、頭を使う人からみると、ごくわずかな価値しか持たない。賛同の大合唱は、いつもごく少数の声のこだまにすぎず、おまけに、その少数の声ですら、束の間の時がもたらしたものなのだから。一、二人を除いて、聞く耳をもたない人間ばかりから成る聴衆が、その一人が手を動かすのを見るやいなや、互いに自分の弱点を知られまいとして一生懸命に拍手していると知ったら、巨匠は聴衆のさかんな拍手を嬉しく思うだろうか。ましてや、おそろしく下手くそなヴァイオリン奏者が満場の喝采を浴びるために、先頭に立って拍手する人間を買収するのはよくあることだと知ったら、どうだろう。――これが同時代人から名声を博しても、死後の名声へと変容するケースがきわめて稀な理由である。それゆえダランベール[48]は文学的名声の殿堂について、「殿堂のなかに住むのは死者ばかり、それも存命中はここにはいなかった者ばかり。生者も若干いるが、死んだらすぐに、ここから放り出されそうな者ばかり」とこのうえなく見事に描写している。ついでに言うと、ある人物の存命中に記念碑を建てるのは、「この人物について後世は当てになりません」と宣言するに等しい。

とはいえ、死後の名声となるべき名声を生前に博するなどという体験は、高齢にならぬうちは滅多に味わえない。もっとも芸術家や詩人の場合には、こうした原則の例外もある。哲学者はこうした例外がもっとも少ない。これを裏書きするのは肖像画だ。作品で有名になった人物の肖像画は、たいてい高名になった後にはじめて制作されるため、通例は白髪の老人の姿で描かれる。とくに哲学者はそうだ。けれども幸福論的に考えれば、これは正しい。名声と若さを同時にもつのは、人間の身には過ぎたことである。私たちの人生の財宝は乏しいのだから、もっとやりくり上手に配分されねばならない。若いころは若さ特有の豊かさがあふれているから、それで満足できる。だが老齢になると、あらゆる楽しみと喜びが、冬枯れの木のごとく死に絶えてしまうので、そのころ名声の木が真の常緑草イチヤクソウのごとく緑に燃えれば、まことに都合がよい。また名声は、夏に育ち、冬に味わう晩生《おくて》の果実にたとえることもできる。高齢になると、「この身は老いても、若いときに全力を注いだ作品は、決して老いることはない」ということほど、すばらしい慰めはない。

ここで、私たちにとって身近な学問の世界で名声を博する道程をもう少し詳しく考察してみよう。ここでは次のような原則が立てられる。学問上の名声が示す知的卓越性は、常になんらかの資料の新たな組み合わせで表される。立論の基礎となる資料は千差万別だが、資料そのものがだれでも入手できる世間周知のものであればあるほど、この組み合わせによって得られる名声はそれだけ大きく、広範囲におよぶ。たとえば資料がいくつかの数字や曲線、何か特殊な物理学・動物学・植物学・解剖学に関する事実、あるいは古書の破損した箇所や、文字が半ば消えかけた碑文、歴史のはっきりしなかった箇所などであれば、その正しい組み合わせによって博する名声は、資料そのものが知られている範囲よりも広範囲におよぶことはなく、たいてい隠遁生活をしていて、専門分野の名声に嫉妬する少数の人々に知られるだけである。――これに対して全人類に知れ渡った資料、たとえば、人間の理解力や情操の本質的で万人共通の特性や、絶えずその作用を目にしている自然の力や、自然界一般の周知の営みといっ

48 ジャン・ル・ロン・ダランベール（一七一七〜八三） フランスの数学者・物理学者・哲学者。微積分学や液体力学に研究を残し、ディドロとともに『百科全書』を編集、みずからは数学の項目を執筆。

たものなら、新たな重要な明々白々たる組み合わせによって、これらに光明を投じたという名声は、いつしかほとんど全文明社会に響き渡ることだろう。というのは、だれでも入手できる資料なら、その組み合わせもたいてい分かりやすいものだからである。——とはいえ、この場合も、名声の大きさは克服した困難の大きさに比例する。すなわち、立論の基礎となる資料が世間周知のものなら、とほうもなく大勢の人がこれを手がかりに悪戦苦闘し、考えつく限りの組み合わせを試みたわけだから、新手の、しかも正しい組み合わせをするのは至難のわざだ。これに対して、大衆には分かりにくく、骨の折れる困難な道を経てのみ手に入る資料は、ほとんどいつも新たな組み合わせの余地がある。だからまっすぐな理解力と健全な判断力、すなわち、ほどほどの知的卓越性があれば、新手の正しい組み合わせを運よく見出すこともある。けれども、こうして得られた名声は、立論の基礎となる資料が知られている範囲とほぼ同じ範囲にとどまるだろう。ともあれ、この種の問題解決は、資料の知識を得るだけでも、たいへんな研究と労力を要する。いっぽう、前述の広範囲におよぶ大きな名声を博するケースでは、資料が難なく手に入り、労力を要しない半面、多くの才能どころか、天賦の才を必要とする。こうした天才を前にすると、どんな労力も研究も、価値や価値評価の点で較べるべくもない。

さて、この帰結として、最高級の知的天分をそなえているという自信はないけれども、かなりの理解力と正しい判断力をうっすらと自覚している人は、多くの研究と刻苦精励をいとわず、世間周知の資料を相手取る人々の群れを脱し、中心から逸れた方面へ手を出すべきであろう。そちらなら学者的勤勉ささえあれば近づける。競争相手の数がずっと少ない方面なら、多少とも卓越した頭脳さえあれば、ほどなく資料の新たな組み合わせの機会を得られるし、そのうえ発見の功績は、資料を得る困難さにも拠るものだからである。だが、こうした分野の専門家ばかりの学者仲間が称賛しても、大衆はそれをはるか遠くから耳にするだけだ。

ところで、ここで暗示された道をとことん追求するつもりなら、資料を得るだけでも困難なために、資料の組み合わせなどしなくても名声を正当化するに十分とされる方法があるのが分かる。つまり、訪れる人もほとんどいない、たいそう遠くの国々へ旅をすればよい。自分が何を考えたかではなく、何を見たかで有名になれる。この方法は、自分が考えたことよりも、見たものを他人に報告するほうがずっとたやすく、また理解する側からも同じことが言えるため、自分が考えたことを報告するよりも、

はるかに多くの読者を得られるという大きな利点がある。アスムス(マティアス・クラウディウス)[49]の言うように

旅をすれば
話題ができる

『ウーリアンの世界周遊記』

からである。この種の著名人と個人的に知り合いになると、

海を渡っても　心が入れ替わるわけではなく　環境が変わるだけ

『書簡詩』一の十一の二七

というホラティウスの言葉がしばしば思い浮かぶのも、こうした事情と合致する。
さて他方、普遍的全体的なものに関する大問題、したがってもっとも困難な問題の解決に乗り出してもよい高い能力をそなえた頭脳の持ち主に関してだが、こういう人

物は、知的地平線をできるかぎり、あらゆる方面に向かって常に均等に広げるようになさい。ごく少数の人しか知らない特殊な領域に没頭しすぎないように、すなわち、どれか一つの個別学問の専門分野に深入りしないように、ましてや重箱の隅を楊枝《ようじ》でほじくらないようになさい。競争相手の群れをのがれるために、一般人にはわかりにくいテーマに取りかかる必要はなく、だれの目にもわかるものが新しく重要な真の組み合わせを生む素材となるからだ。それだけに彼の功績は、資料を知るすべての人から、すなわち人類の大部分から評価されるだろう。詩人や哲学者の博する名声と、物理学者・化学者・解剖学者・鉱物学者・動物学者・文献学者・歴史学者などが得る名声との大きな違いはここに基づく。

49 マティアス・クラウディウス（一七四〇～一八一五）ドイツの詩人。アスムスはペンネーム。『死と乙女』などシューベルトの曲で有名。

第五章　訓話と金言

　これまでの章でも完璧をめざしてこなかったが、本章でも毛頭そのつもりはない。完璧をめざすには、テオグニス[1]やソロモン偽典、[2]ラ・ロシュフーコー[3]にいたるまで、中には優れた処世訓もあるが、あらゆる時代の思想家が唱えた数多の処世訓をくりかえさねばならず、そうすると、すでに使い古された多くの決まり文句も避けられない。完璧さと同時に、体系的配列もおおむね望めない。この種の問題において完璧さと体系的配列は、ほぼ避けがたく退屈をともなうことから、この両者の欠落を諒《りょう》としていただきたい。たまたま私の念頭に浮かび、伝える価値ありと思えたもの、しかも私の記憶にあるかぎり、少なくともこれとまったく同じ形ではまだ述べられていない事柄だけを取り上げることにした。つまり、この見渡しがたく広い分野で先人が成し遂げたものの落穂拾いである。

しかしながら、この分野に属する実に多種多様な見解と忠告をいくばくか整理するために、それらをまず一般的なもの、次に私たち自身に対する私たちの態度に関するもの、さらに他人に対する私たちの態度に関するもの、最後に世相や運命に対する私たちの態度に関するものに分類したい。

1 テオグニスは紀元前五四〇年頃活躍したギリシアの詩人。メガラの出身。教訓詩を多く残した。

2 ソロモンはイスラエル王国三代目の王でダビデの子。在位は紀元前一〇世紀頃。知恵に優れた王として知られる。いっぽう、旧約聖書の『伝道の書』はエルサレムの王である伝道者の言葉とされているが、ソロモンの著作とは認めがたく、ギリシア哲学、とくにエピクロス哲学の影響を受けて前二五〇～前一五〇年に書かれたと推定されている。

3 フランソワ・ドゥ・ラ・ロシュフーコー（一六一三～八〇）フランスのモラリスト。辛辣な人間性批判の書『箴言録』で知られる。

A. 一般的なもの

1

私はあらゆる生きる知恵の最高原則は、アリストテレスが『ニコマコス倫理学』でさりげなく表明した文言「賢者は快楽を求めず、苦痛なきを求める」だと考える。ラテン語版の文章だと締《しま》りがなく、ぱっとしないが、分かりやすく言うと、「思慮分別のある人は快楽ではなく、苦痛なきにしたがう」、あるいは「思慮分別のある人は快楽ではなく、苦痛なきをめざす」。この命題の真理は、あらゆる享楽と幸福が消極的性質を持つのに対して、苦痛は積極的性質を持つという点に基づく。私は主著『意志と表象としての世界』第一巻第五八節で、この命題を詳しく説明し、根拠づけておいた。しかし、ここでは日々観察されうる事実で説明したい。身体全体は健康で無事でも、どこかに小さな傷や痛む箇所があると、身体全体の健康は意識にのぼらず、たえず負傷した箇所の痛みに注意が向き、生きているという実感から快感が失われる。これとまったく同様に、万事が思い通りなのに、ただひとつ意に反することがあると、それが些細なことであっても、その一つのことがたえず頭に浮かび、頻繁にそのことを考え、それ以外の、もっと大切な、思い通りにいっている事柄はほとんど考えない。

ところで、この二つのケースにおいて、どちらも侵害を受けるのは意志である。いっぽうは生体における意志であり、他方は人間の努力という形で客体化された意志である。どちらの場合も、意志の充足はいつも消極的・否定的にしか作用しないので、直接的にはまったく感じられず、省察という道を経て意識されるのが精一杯であることがわかる。これに対して、意志の抑制は積極的なものなので、人の意識にのぼってくる。あらゆる享楽の実質は単に、意志の抑制がなくなること、意志の抑制から解放されることであり、したがって短い間しか続かない。

さて、先ほど称賛したアリストテレスの規範は、これを基礎としている。アリストテレスの規範は、人生の享楽や気楽さに注目するのではなく、できるだけ人生の無数の災厄から逃れることに注目すべきだと教示する。この方法が正しくないとしたら、「幸福は夢まぼろしにすぎず、苦痛こそ現実だ」というヴォルテールの箴言も間違いということになってしまうが、実際には真実である。したがって、幸福論的な見方に立って人生の総決算を引き出そうとするなら、自分が味わった喜びではなく、自分がのがれた災厄を基準として考量すべきだ。幸福論は、幸福論という名称そのものがいわば粉飾した表現であり、「幸せな人生」とは、「あまり不幸せではない人生」、すなわち「まずまずの人生」であると解すべきだという教えから始めねばならない。もともと人生とは、楽しむべきものではなく、克服されねばならぬもの、どうにかやり遂げねばならぬものである。ラテン語の〈degere vitam（生活を送る）〉〈vita defungi（生をもちこたえる）〉やイタリア語の〈si scampa così（どうにかこうにか切り抜けている）〉、ドイツ語の〈man muß suchen, durchzukommen（何とか切り抜けるようにしなければならない）〉〈er wird schon durch die Welt kommen（彼はなんとかやっていくことでしょう）〉といった類《たぐい》の表現は、このことをあらわしている。実際、高齢になると、人生の労苦を乗り越えてきたことがひとつの慰めとなる。したがって、もっとも幸せな運命とは、精神的にも肉体的にも過大な苦痛なき人生を送ることであり、最高に活気ある喜びや最大級の享楽を授かることではない。最大級の喜びや享楽を基準にして一生の幸福を測ろうとする人は、まちがった物指《ものさし》をつかんでいると言うべきであろう。なぜなら、享楽というのはどこまでも消極的な性質のもので、享楽が人を幸福にするなどというのは迷妄である――人は妬みからこうした自業自得ともいうべき迷妄を抱くようになる。これに対して、苦痛は積極的に与えられ、具体的に感じ取れるものなので、苦痛がないことは、人生の幸福を測る物指となる。苦痛なき状態で、しかも退屈でなければ、基本的に現世の幸福を手に入れたと言えるだろう。それ以外のものは妄想なのだから。ここから享楽は決して、苦痛という犠牲を払って、いや、それどころか痛い目にあうかもしれないという危険を冒して獲得すべきものではないと結論される。さもないと、消極的なもの、したがって妄想めいたものを手に入れるために、積極的・現実的なもので代償を払うことになる。これに対して、苦痛から逃れるために享楽を犠牲にするなら、どこまでも利得を得る。この二つのどちらの場合にも、苦痛が享楽の後にくるか、先にくるかはどうでもよい。現世という悲嘆の場を歓楽の場に変えたくて、できるだけ苦痛なき状態ではなく、享楽と喜びを目ざすのは、実にとんでもない大間違いだ。だが、これを行っている人はたいそう多い。むしろ陰鬱すぎるまなざしで、この世を一種の地獄とみなし、この地獄の業火に耐える不燃性の一部屋を手に入れることのみを考える人のほうがはるかに思い違いをしていないと言える。愚者は人生の享楽を追い求め、騙《だま》されたことに気づく。賢者は災厄を避ける。万一、賢者が災厄を避けることに失敗したなら、それは運命のせいであって、愚かさのせいではない。首尾よく災厄を避けることができれば、こうして逃れた災厄はきわめて現実的なものだから、賢者は騙されなかったことになる。災厄を避けようと取り越し苦労をして、享楽を不必要に犠牲にした場合ですら、そもそも何ひとつ失われていない。あらゆる享楽は妄想なのだから。享楽をのがしたと嘆くとしたら、狭量どころか笑止千万だろう。

楽観主義にうながされて、この真理を見誤ると、多くの不幸のもとになる。つまり苦悩がないと、その間じゅう、穏やかならぬ欲望のために、ありもしない幸福の幻想が本当らしく思われ、つられて、ついうっかりこれを追い求めてしまう。そうして、まぎれもない現実の苦痛をみずから招く。それから、軽率さゆえに失われた楽園のように、苦痛なき状態が今や過去のものとなり、もはや存在しないことを嘆くが、昔の状態に戻すのは、もはや徒《あだ》な望みである。あたかも邪悪なデーモンがまやかしの幻影を用いて、最高の現実の幸福である苦痛なき状態から、たえず私たちをおびき出そうとしているかのようだ。

若者は、享受するために世界が存在し、世界は積極的な幸福の宿る場であって、幸福をとらえる手腕のない者だけが幸福をつかみ損ねると頭から信じている。若者のこうした見かたを強めるのが、小説や詩であり、本章のもう少し後で取り上げるが、世間一般いたるところで外見《そとみ》を利用して行われている偽善的粉飾である。こうした見かたをすると、人生とは、積極的享楽から成り立つ積極的幸福を、多少なりとも熟考をよそおって追い求めるものということになる。みずから危険に身をさらす者は、命をかけるはめになる。現実にはまったく存在しない獲物を追い求めると、果てはたいそう現実的・積極的な不幸に行きつくのが常である。これは苦痛、苦悩、疾患、喪失、憂い、貧困、恥辱や無数の困苦となってあらわれる。幻滅を感じても、もはや手遅れだ。

これに対して、ここで考察した原則を遵守し、人生設計の際に苦悩の回避、すなわち欠乏や疾患、あらゆる困苦の除去をめざすなら、それは現実的な目標であり、多少の成果をあげることができる。しかも、この人生設計は、積極的な幸福という幻想を求める努力によって妨げられることが少なければ少ないほど、それだけ多くの成果をあげることができる。これは、ゲーテが『親和力』のなかで、たえず他人の幸福のために活動するミットラーという人物に言わせた、「災厄を免れようとする者は、常に自分が何を望んでいるか、わかっている。だが現在もっているものよりも良いものを望む者は物事の本質を見る目がない。ちょうど白内障で物がよく見えなくなるように」という言葉にも合致する。またこれは、みごとなフランスの格言「もっと良いものは良いものの敵（ほどほどのところで満足せよ）」を思い起こさせる。さらに、私の主著『意志と表象としての世界』第二巻第一六章で述べたようなキニク学派[4]の根本思想さえも、ここから導き出すことができる。キニク学派があらゆる享楽をしりぞけた動機は、享楽には多少なりとも、苦痛が結びついていると考え、享楽を得るよりも、苦痛を避けるほうがはるかに大切だと思ったからではないだろうか。キニク学派は享楽の消極性と苦痛の積極性を深く感得し、一貫して災厄を避けるために全力を尽くした。享楽は私たちを苦痛に陥れる罠《わな》としか思えないため、享楽を完全に意図的にしりぞけることが必要だと考えたのである。

シラーが言うように、私たちはみな牧歌的な理想郷アルカディアに生まれた[5]。換言すれば、私たちはこの世に生まれたときは、幸福と享楽をどっさり要求し、その要求を貫こうという愚かしい望みを抱いている。けれどもたいてい、じきに運命がやってくる。運命は私たちを荒々しくつかみ、私たちのものなど何ひとつなく、すべては運命のものであること、私たちのすべての財産や生業、妻子、手足や耳目、顔の真ん中についている鼻にいたるまで、明白な権利を握っているのは、運命であることを教える。いずれにせよ、やや時が経つと経験を積んで、幸福と享楽は、遠くからははっきり見えるが、近づくと消えてしまう蜃気楼のようなものであるのに対し、苦悩と苦痛は、リアリティーをもち、直接的に自己主張し、幻想などいらず、私たちを不意打ちすることを悟る。この教訓が実を結ぶと、幸福と享楽を追い求めるのをやめ、むしろ苦痛と苦悩をできるだけ近づけまいと心がけるようになる。そうすると、この世から授かる最良のものは、苦痛のない静かな、まずまずの生活であると分かり、こうした生活をいっそう確実に貫徹するために、要求を限定するようになる。というのも、たいそうな不幸せに陥らないためには、たいそうな幸せを望まないのがもっとも確実な方法なのだから。ゲーテの青年時代の友人メルク[6]もこれを認識し、「幸福、それも夢に見るほどの幸福を求める醜悪な思い上がりが、この世のすべてをだめにしている。

4　一三七頁注22参照。
5　（原注）シラーは『諦念』と題する詩のなかで「私もまたアルカディアに生まれた。だが短い春は私に涙しか贈らなかった」と書いている。

これを脱却し、目の前にあるもの以外、なにも望まない者は、なんとか切り抜けることができる」（『メルク往復書簡』）と記している。したがって、享楽・財産・位階・名誉などに対する要求は、ほどほどのところまで引き下げるのが得策といえよう。幸福や栄華や享楽を求める努力・奮闘こそが大災厄を招くからである。他面、たいそうな不幸せに陥るのは実にたやすいが、たいそうな幸せを得るのは困難どころか、まったく不可能ゆえ、こうした生き方は思慮深く賢明といえよう。人生知の詩人ホラティウスが次のように歌ったのは、至極もっともなことである。

中庸の美徳を尊ぶ者は
朽ちた小屋の泥に染まらず
人のうらやむ豪邸の華美に染まらず　簡素に暮らす
どっしりした松の樹冠ほど　しばしば暴風に激しく揺さぶられ
高くそびえる塔ほど　無残に倒壊し
高い山の頂ほど　雷に撃たれる

ホラティウス『カルミナ』二の十の五〜十二

私が説く哲学の教えを受け入れ、私たち人間の全存在は一体いかほどのものかと悟り、これを否定し拒否するのが最良の知恵だと知れば、どんな物事にも情勢にも大きな期待をかけないだろうし、この世で何かを情熱的に追い求めることもなく、何かをつかみ損ねたといって激しく嘆き悲しむこともないであろう。それどころか、プラトンの「実際、人間界の物事にむきになって追い求めるほどの価値はない」という言葉を確信するであろう。サアディー作『薔薇の園』[7]の題辞を見ていただきたい。

わがものとしたものが世界からあえなく消え失せても
嘆くな　もともと空《くう》なのだから
世界からわがものを手に入れたとしても

6　ヨハン・ハインリヒ・メルク（一七四一〜九一）ドイツの作家・批評家。ヘルダーや若きゲーテに影響を与えた。ゲーテは彼の風貌をメフィストフェレスの姿であらわしたとも言われる。

7　サアディー（一一八四?〜一二九一?）ハーフィズと並ぶペルシアの詩人。シーラーズ出身。『薔薇の園』はヨーロッパ人に昔から東洋の知恵の書として訳され研究されてきた。

喜ぶな　もともと空《くう》なのだから
苦痛も歓喜も通り過ぎてゆく
この世界にかかずらうな　もともと空《くう》なのだから

アンヴァーリー[8]「ソヘイリ」

こうした救いとなるような悟りに達するのをなかんずく妨げているのが、先ほど言及した世間の偽善的粉飾である。だから若者には早く、こうした偽善的粉飾を暴《あば》いてやったほうがいい。大部分の華やかな行事は、舞台装飾のような単なる見せかけであって、物事の本質が欠落している。たとえば三角旗や花輪を飾った船、祝砲、イルミネーション、銅鑼《どら》やラッパ、歓呼や喝采などは喜びをあらわす看板であり、暗示であり、象形文字だ。だが喜び自体はたいてい、その場に姿をあらわさない。喜びだけは祝いの席を辞退したわけである。喜びが実際に姿を見せるときは、たいてい招かれもせず前触れもなく、勿体《もったい》をつけずにひょっこりと、むしろそっと忍び足で、往々にして日常的状況の何でもない、ごく些細なきっかけで、輝かしくも晴れがましくもない機会にあらわれる。喜びは、オーストリアの金鉱のように偶然の気まぐれで、規則性もなければ法則性もなく、たいていはごく微細な粒状で散在し、大きな塊はきわめて稀である。これに対して前述した行事のいろいろな事物は、「ここに喜びが訪れた」と他人に信じ込ませることだけを目的としている。他人の頭脳に映る仮象にねらいがある。悲しみも、喜びと事情は変わらない。あの長い葬列がゆっくりと練り歩くさまは、なんと憂鬱なことだろう。馬車の列が果てしなく続く。でも中をのぞいてみると、どの馬車も空っぽだ。要するに、死者は町じゅうの御者という御者に墓地まで送ってもらったにすぎない――世間の友情と敬意が顕著にあらわれている！　これこそ人間の営みの不実さ、空疎さ、偽善的粉飾である。

祝いの席に招待されて晴れ着姿で集まった多数の客も、その一例だ。かれらは上流階級・お偉方の集いの金看板である。うちとけた団らんに代わって、義務と気まずさ、退屈だけがあらわれる。たとえ全員、胸に星形勲章をぶらさげていようとも、客が大勢いれば、下種《げす》も大勢いる。真に良き集いはどこでも当然、たいそう小規模なものとなる。概して晴れがましく賑やかな祝祭や催しが、常に中身が空疎でまったく気まず

8　アンヴァーリーは一二世紀のペルシアの詩人。

いものであるのは、私たち人間存在のみじめさ、貧弱さとはなはだしく矛盾するためであり、そのコントラストは真実を際立たせる。けれども外部からみると、こうした行事はみな効き目があって、ねらいはそちらにある。だからシャンフォールが、「社交の集いやサークルやサロン、上流社会とよばれるものは、くだらない舞台作品のようなものだ。舞台の仕掛けや衣装や書割だけは少し見応えがあるけれど、くそ面白くもない出来の悪いオペラのようなものだ」と言っているのは、実に興味深い。

ところでアカデミーや哲学の講壇も、叡智の看板、叡智の外的見せかけである。しかし叡智もまた、たいてい出席を辞退し、まったく違う場所に行っている。――しきりに鐘を鳴らし、法衣をまとい、信心深い仕草をし、しかめっ面をよそおうのは、信心の看板、敬虔さの不実な見せかけである。こうした例は他にもいろいろある。――この世のほとんどすべては、中身の虚ろなクルミだと言えよう。中身があること自体が稀で、殻の中に中身が入っているのはもっと稀だ。中身はまったく違う場所で探すべきで、たいてい偶然にしか見つからない。

2

　ある人の状態を幸福の度合いで測ろうとするときは、何を楽しんでいるかでなく、何を悲しんでいるかを問うべきだ。些細なことに敏感であるためには、万事好調でなければならず、不幸であれば、些細なことはまったく感じないので、気に病んでいる事柄そのものが取るに足らぬものであればあるほど、その人は幸福である。

　人生にたくさんの要求をかかげ、人生の幸福を広い基盤のうえに築いたりしないようにに気をつけなさい。広い基盤に立てば、はるかに多くの災難を招く機会を与えることになり、災難は避けがたいため、人生の幸福は実にもろく崩れ落ちるからである。つまり、他の建物はみな、基盤が広いほうが堅固だけれども、幸福という建物はこの点で逆なのだ。自分が持つあらゆる種類の手段との兼ね合いで、幸福に対する要求をできるだけつつましくするのが、大きな不幸をのがれるもっとも確実な方法である。

3

総じて、自分の一生に対して、何が起こっても大丈夫なように事細かな準備をするのは、もっとも頻繁にみられる最大の愚行である。そういう場合、何よりもまず完璧で十全な一生を当てにしている。ところがそれを全《まっと》うする人はきわめて少ない。次に、計画の遂行は、常に思ったよりもずっと時間がかかるものなので、長生きしたとしても、人生は立てた計画には短すぎるという結果になる。さらに、計画は人間の営みの常として、失敗や障害にさらされることが多いため、めったに目標達成にいたらない。最後に、ついにすべて達成したとしても、時の経過が私たち自身にもたらす変化が度外視され、目算に入っていない。すなわち、計画を遂行するうえでも、享受するうえでも、私たちの能力は一生涯ずっと持ちこたえられるものではないという点が考慮されていない。手に入れようと努力してきたものがついに手に入ったのに、もはや私たちに適さなくなっている場合がよくあるのも、作品の下準備に歳月を費やし、いつのまにか作品そのものを仕上げる力がなくなっていることがあるのも、このためである。そういうわけで、長年にわたる苦労とたくさんの危険を冒して得た富をもはや享受できず、結局、他人のために汗水たらしたことになったり、多年の努力によってようやく得た地位をもはや勤め上げられなかったりすることがよくあるが、これは念願成就が遅きに失したケースである。あるいは逆に、私たちのほうが事態に立ち遅れるケースもある。つまり、業績や制作物の場合に見られるが、時代の好みが変わった、それに関心を抱かない新世代が生《お》い育ってきた、他の人々が近道で私たちの機先を制したなどという事情があげられる。

永久の計画には　耐え得ぬものなのに
どうして心を砕き　骨を折るのだろう
『カルミナ』二の十一の十一〜十二

というホラティウスの言葉は、この項で述べた事柄を念頭においたものだ。頻繁にみられるこうした失敗の原因は、心眼の避けがたい錯覚にある。そのため人生は、出発点からみると、果てしなく長いが、人生航路の終点からみると、たいそう短く見える。ただしこの錯覚には良い面もある。こうした錯覚がなければ、偉業はとうてい成就しえないのだから。

旅人が歩を進めるにつれて、諸々の風物は遠くから見えたときと違った姿をとり、いわば近づくと変わってゆくが、総じて人生もまたそうである。特に私たちの願望がそうだ。求めていたものとはまったく違うもの、いや、もっと良いものが見つかることはよくあるし、はじめに選んだ道でさんざん求めて無駄足だったものが、まったく別の道で見つかることもよくある。なかんずく享楽や幸福や喜びを求めていたのに、それらの代わりに教訓や悟りや洞察を得ること、すなわち刹那的な見せかけの財宝ではなく、永続的な真の財宝を授かることがよくある。これは、『ヴィルヘルム・マイスター』に根音バスとして一貫して流れる思想でもある。『ヴィルヘルム・マイスター』は知的な小説であり、だからこそ他の小説は言うに及ばず、ウォルター・スコット[9]の小説よりも高尚である。スコットの小説はどれもみな道徳一辺倒で、言い換えれば、人間の本性を意志の側面から解釈したにすぎない。同様に『魔笛』、あのグロテスクだが重要で多義的な象形文字ともいうべき作品にも、これと同じ根本思想が、舞台装飾の描き方と同じく大まかに象徴されている。もしも最後のところで、タミーノはタミーナを得たいという願いを返上し、彼女の代わりに、叡智の殿堂で聖別のみを望み叶《かな》えられ[10]、いっぽうタミーノと必要不可欠の対照をなすパパゲーノは、案の定パパゲーナを手に入れるというのであれば、この根本思想は完璧に象徴されたであろう。――優秀で高潔な人物なら、まもなくこうした運命の教えに気づき、柔軟に感謝の念をもって教えに順応するだろう。この世では、確かに教訓は得られても、幸福は得られないと悟り、望みを捨てて、代わりに悟りを得る習慣がつき、それに満足するようになり、やがてはペトラルカ[11]とともに

学ぶこと以外、幸福は感じません

『愛の勝利』一の二

9　ウォルター・スコット（一七七一～一八三二）イギリスの詩人・小説家。ロマン派詩人から歴史小説家に転じ、「ウェーバリ小説」と称される作品群を残す。物語詩『湖上の美人』、小説『アイバンホー』など。

10　『魔笛』はモーツァルト作曲、シカネーダー台本による二幕のオペラ。一七九一年初演。王子タミーノは夜の女王の娘タミーナを得るために、ザラストロの神殿で試練に耐え、二人は結ばれるという筋立。ショーペンハウアーはロッシーニとモーツァルトの音楽をこよなく愛していたが、ここでは『魔笛』の結末に対する不満を表明している。

と言うようになる。こういう人物が追求する願望や努力は、いわば見かけだけの遊戯的なもので、ほんとうは心の奥底で真剣に教化のみを期待しているということすらある。そうなると瞑想的で天才的な気高い風格がそなわってくる。――この意味で私たちは、ひたすら黄金を求めて、火薬・磁器・薬品どころか自然法則までも発見した錬金術師のような道を辿るとも言えるだろう。

B. 自分自身に対する態度について

4

建物工事の補助作業をする労働者が、全体の設計には関与せず、あるいは関与していたとしても、常にそれを念頭においているわけではないように、人間は生涯の一日一日を、一刻一刻を紡ぎ出していても、人生航路全体とその特質を完全に把握し、常に念頭においているわけではない。人生航路が厳かで重大で、計画的で個性的であればあるほど、その縮図、設計がときおり目の前にありありと浮かぶことはますます必要かつ有益となる。もちろん「汝自身を知れ[12]」を真っ先に心得ていること、すなわち、自分が真に主として望むものは何かを知っていることが必要だ。何よりもまず自分の幸福にとって、もっとも大切なものは何か、それから、これに次いで第二、第三の地位を占めるものは何かを知っていなければならない。また自己の職務や役割、対世間的関係が全体としていかなるものか、分かっていなければならない。職務や役割、対世間的関係が重大で卓抜したものであればあるほど、生涯の設計をこうした原点の基準にかえって眺めることは、何にもまして自分を力づけ、励まし、奮い立たせ、活動へと鼓舞し、邪道におちいるのを防いでくれる。

旅人が丘の上にたどり着いてはじめて、これまで歩んできた道、曲がりくねった道

11　フランチェスコ・ペトラルカ（一三〇四〜七四）イタリアのルネサンス期の詩人・人文学者。恋人ラウラを主題とした詩「カンツォニエーレ」、ほかに「アフリカ」「わが秘密」など。

12　「汝自身を知れ」は、デルポイのアポロンの神殿の入り口に刻まれた古代ギリシアの格言。スパルタの哲学者キロンの言葉とも、ソクラテスの言葉ともされている。

全体を一望におさめてそのつながりに気づくように、私たちは生涯のある時期の終りや全生涯の終りになってはじめて、私たちの行為、業績や作品との真の関連性、その厳密な一貫性と連鎖、さらにその価値に気づく。もっと詳しく言うと、みずから事にあたっている最中は、いつも自分の性格の変わることなき特性にしたがい、動機に促されて、能力の程度に応じて、つまり、すべて必然性をもって行動しているだけだ。すなわち、私たちはいついかなるときであれ、そのとき正当で適切だと思ったことを行っているにすぎない。成功してはじめて、結果的に何が生じたのかが分かり、全体の関連を回想してようやく、それがどんなふうに、何によって行われたかが分かる。またそうであればこそ、たいへんな偉業を遂行している間や不朽の名作を創造している間は、それを偉業や不朽の名作としては意識せず、ただ現在の目的にふさわしいもの、目下の意図に適うもの、すなわち今まさに適切なものとして意識するだけだ。しかし、こうした関連全体をみてはじめて、後から、私たちの性格と能力が浮かび上がってくる。それから個々の点をみると、インスピレーションを得たかのように、創造的精神に導かれて、無数のわき道のなかから唯一の正しい道を歩んできたことがわかる。こうしたすべては、理論面でも実践面でもあてはまり、翻《ひるがえ》って、悪や失敗にもあてはまる。現在というものがいかに重要かがすぐに分かることは、めったにない。ずっと後になってはじめて分かる。

5

私たちは現在に注目したり、未来に注目したりするが、処世哲学の重要なポイントは、このいずれか一方が他方を害《そこな》ったりしないように、正しくバランスをとることにある。あまりにも現在に生きる、軽はずみな人が多い。他方、あまりにも未来に生きる、苦労性で小心な人もいる。厳密に正しい節度を守る人はめったにいない。未来にのみ期待をかけて、刻苦精励の生活を送り、常に前だけを見て、これから起こる事柄だけが何よりもまず真の幸福をもたらすと考えて、もどかしげにこれを迎えるけれども、現在を大切にせず楽しもうともせず、やり過ごす人は、小賢しい顔つきをしていても、頭にくくりつけた棒からぶら下がる干し草の束がいつも目先にちらつき、口に入りそうなのに釣られて歩みを早めるイタリアのロバに喩《たと》えられる。そういう人は死ぬまで、いつもその場しのぎの生き方をしながら、一生みずからを欺いて過ごす。――だから、ただもう未来の計画と配慮のみに明け暮れたり、過去への憧憬にふけったりするのはおやめなさい。現在だけが、現実的かつ確実なものであるのに対して、未来は、ほとんどいつも私たちが思い描いていたものとは別様であり、過去もまた、私たちが思い浮かべるものとは別様であること、しかも未来も過去も全体として見れば、みかけほどたいしたものではないことを決して忘れないようになさい。はるか彼方にあるものは、肉眼では小さく見え、心眼では大きく見える。現在だけが真実であり現実なのだ。現在だけがリアルな充実した時であり、私たちの現実生活はもっぱら現在のなかで行われる。だからいつも朗らかに現在を受け入れるべきだ。したがって、直接的な不快や苦痛のないまずまずのひとときがあれば、それを意識的にそのまま享受すればよい。換言すれば、過去に望みがかなわなかったことや未来への不安から仏頂面をして、そうしたひとときを曇らせてはならない。というのも、過ぎたことに腹を立て、あるいは未来を案じて、現在の楽しいひとときをしりぞけたり、わざと台無しにしたりするのは、実に愚かしいことだからである。心配するのはもちろん、悔恨にくれるにも、一定の時をこれに当てるようになさい。しかし、過ぎてしまったことに対しては

だが　どんなに心が痛んでも　過ぎたことはそっとしておこう
どんなに難儀でも　心の怒りをなだめよう

ホメロス『イリアス』十七の一一二～

と思い、未来については

そうはいってもやはり　それは神々のふところにある

『イリアス』十七の五一四

と考え、これに対して現在については、「その日その日を一生とみなしなさい」（セネカ）と悟り、この唯一の現実的な時をできるかぎり快いものにすべきだろう。

私たちが心配すべきなのは、未来の災厄のなかでも、来ることが確実で、来る時期も確実な災厄だけだ。だがこれは非常に少ない。すなわち、災厄は単に起きるかもしれない、せいぜいのところ起きるだろうというものか、あるいは確実に起きるが、いつ起きるか全く不確実なものである。この二種類をいちいち相手にしていたら、一刻も心が休まらない。だから、不確実な災厄や時期がはっきりしない災厄によって生活の平穏が失われないようにするには、不確実な災厄は決して来ないし、時期がはっきりしない災厄は、きっとすぐには来ないものと思う習慣をつけねばならない。

さて、恐れに煩わされなくなるにつれて、今度は、願望や欲望や欲求に心乱される度合いが増す。よく取り上げられるゲーテの詩、「一切は空《くう》なりとみきわめた」（「空なり、空の空なり」）が意味するものは、要するに、人間はありとあらゆる欲求を脱却し、むき出しの飾らない生き方に立ち返らされてはじめて、人間の幸福の基礎をなす心の安らぎを得られるのであって、現在を、ひいては全生涯を気持ちよく味わうには、この心の安らぎが不可欠だということである。まさしくこの目的のために、今日という日はただ一度限りで二度と来ないことを絶えず肝に銘じるべきだ。だが私たちは、今日という日が明日もまた来ると錯覚している。けれども、明日はまた明日で、一度しか来ない別の日だ。それなのに私たちは、一日一日が人生の不可欠な一部分、したがってかけがえのない一部分であることを忘れ、むしろ個々の物が全体概念にふくまれるのと同じように、一日一日が一生のなかにふくまれると見なしている。――同様に、病気のときや悲しいときに、苦痛のない不自由のなかった頃を思い出すと、その頃がかぎりなく羨《うらや》ましく、失われた楽園のごとく思われ、また真の友に対して真価を見誤ったように悔やまれるが、そうしたことを恙《つつが》なく好調な日々にもたえず意識していれば、現在をもっと評価し、もっと楽しめるようになるだろう。けれども楽しい時はそれに気づかずに過ごし、悪しき時が来てはじめて、「あの頃に戻りたい」などと願う。朗らかな快い時がいくらでもあったのに、それを楽しむことなく仏頂面で過ごし、あとで陰鬱な時にそれを偲《しの》び、むなしくため息をつく。そうではなく、いま無頓着に過ごしている現在、それどころか早く過ぎ去ってくれないかと、もどかしく思うような日常的な現在でも、まずまずの耐え得る現在であれば、敬意を払うべきだろう。現在は、今まさに神々しい過去へしずしずと移ろうとしており、その後、不滅の光に包まれて末永く記憶にとどめられ、いつの日か、特に苦難の際に、記憶の帳《とばり》がめくれたときに、切なる憧憬の対象として姿をあらわすということをたえず肝に銘じておくべきであろう。

6

「なにごとも限定すると、幸福になれる」。私たちの視界や行動範囲や交際範囲が狭ければ狭いほど、幸福になれるし、広ければ広いほど、苦悩や不安に陥ることが多くなる。こうした範囲が増加し拡大するにつれて、憂慮や願望や恐怖も増加し拡大するからだ。だから目の不自由な人も、私たちがはなから思い込んでいるほど不幸ではない。かれらの顔に浮かぶ物柔らかな、朗らかとも言える安らぎがその証拠である。また、人生の後半が前半よりも悲しい結果になるのも、一部はこの原則に拠る。というのも、齢《よわい》を重ねるにつれて、私たちの目的や人間関係の範囲がどんどん広がるからである。

幼年期は、ごく身近な人々や狭い生活環境に限定される。青年期になると、もっとずっと範囲が広くなる。壮年期になると、これまでに辿った人生の軌跡全体を含み、国家や諸国民のようなかけ離れた状況にまでおよぶこともよくある。老年期になると、私たち子孫が含まれる。――ところが何事も、精神的事柄でさえも限定したほうが、私たちの幸福に役立つ。意志の刺激が少なければ少ないほど、それだけ苦悩も少なく、読者もご存じのように、苦悩は積極的なものだが、幸福は消極的なものにすぎないからである。[13] 活動範囲を狭くすると、意志を刺激する外的動機を意志から奪うことになり、精神面を狭くすると、意志を刺激する内的動機を意志から奪うことになる。ただし精神面を狭くすると、退屈を招き入れるという欠点がある。退屈を払いのけたいばかりに、何にでも手を出し、娯楽や社交や奢侈、賭け事や飲酒などを試みるが、それらは損失や破滅、あらゆる種類の不幸を招くだけで、退屈は間接的にあらゆる不幸の源泉となる。「閑暇に憩うのはむずかしい」。

これに対して、「外的」制約をとことん課すことが、人間の幸福に役立つどころか不可欠なのは、幸福な人たちの描写を企てる唯一の文学ジャンルである田園詩が、いつも根本的に極めて限られた状況と環境における幸福な人たちを描写するのをみても、明らかだ。こうした幸福感の基底には、いわゆる風俗画[14]をみて自然に心がなごむときの心地よさもある。したがって、なるたけ「簡素」な境遇、かてて加えて「単調」な生き方をすれば、生きることそのもの、ひいては牛の本質である負担を最小限にしか

13　一九二～一九三頁参照。

感じないから、退屈が生じない限り、幸福でいられる。それは波も立てず渦も巻かず、さらさらと小川のように流れてゆく生き方である。

7

私たちの幸・不幸という点で最終的に大切なのは、意識はいかなる気持ちで満たされているのか、意識はいかなる問題にかかずらっているのかということである。この点で、知的能力の持ち主であれば、純粋に知的な仕事のほうが、成功と失敗が絶えまなく交替し、それにショックや心労を伴う実生活よりも、全般的に見てずっと多くの成果を成しとげることができるだろう。もちろん、そのためには圧倒的な精神的資質が必要である。それから、これに関して注意すべきなのは、外部へ向かって積極的に活動する生活のために、研究が妨げられ、注意が他へ逸れて、研究に必要な落ち着きと集中力が精神から奪われること、また他面では、持続的な精神活動のために、現実生活の慌ただしい営みに処する能力が多かれ少なかれ失われることだ。だから、なにやら精力的な実際的活動を必要とする事態が生じた場合には、精神活動を一時すっかり停止するのが得策である。

8

申し分なく思慮深い生活を送り、自己の経験からそこにふくまれる教訓のすべてを引き出すためには、しばしば回想し、自己の体験・行動・経験ならびにその際に感じたことを総括的に再検討し、自己の以前の判断を現在の判断と比較し、企図や努力と、成果ならびにそこから得た満足とを比較してみなければならない。これは、いわば経験が講師をつとめる個人指導特別講義の復習である。また自己の経験を本文とみなし、思索と知識をこの本文に対する注とみなすこともできる。経験が乏しく、思索と知識

14 風俗画は社会の各階層の日常生活を主題とした絵画。古代エジプト、ローマから見られるが、それ以後はキリスト教美術におされて衰退した。ルネサンスに人間中心的な世界観の確立とともに風俗画も復活し、とくにドイツやネーデルランドを中心に発展、市民社会の発達した一七世紀オランダで、フェルメールやハルスら優れた画家が輩出して、近代絵画の発展に大きく貢献した。一九世紀には、印象派の画家たちが風俗画を数多く描いている。

が豊富だと、各ページに本文が二行、注釈が四十行ある版のようだし、経験が豊富でも、思索と知識が乏しいと、注のないビボンティウム版[15]のようなもので、多くの箇所が理解されないまま放置されることになる。

ピュタゴラスが言う「毎晩、寝る前に一日にしたことを吟味する」習慣も、ここで述べた勧告をねらいとしている。過去をじっくり嚙みしめることなく、仕事や遊興に忙殺され、もっと正確に言うと、常にせかせかと機械的に生きていると、透徹した思慮深さが失われてゆく。心持ちが混沌としてきて、思考は一種の支離滅裂状態になり、会話はじきに脈絡がなく断片的で、いわばこま切れ状態になる。外的な騒々しさ、すなわち、外部から与えられる印象の量が増すほど、ますます精神の内なる活動が少なくなり、こうしたカオス状態はいっそうひどくなる。

時が経ち、私たちに影響をおよぼしていた境遇や環境が過去のものとなると、当時の境遇や環境が醸し出した気分や感情を呼び戻して再生することはできないと言い添えておこう。だが、当時の境遇や環境が惹起した私たち自身の「表明」は、思い起こすことができる。こうした表明は、気分や感情の所産・表出・尺度である。だから、こうした記念すべき時点の表明は、記憶するというより、むしろ記録して大事に取っておくとよいだろう。これには日記がたいへん有益だ。

9

自分に満足し、自分自身がすべてであり、「わがものは、すべてわが身にそなえている」と言うことができるなら、それは確かに幸福にもっとも役立つ特性だと言えよう。だから、「幸福は自己に満足する人のものである」というアリストテレスの名言は、何度くりかえしてもよいであろう。また本書の題辞として掲げたシャンフォールの金言が、絶妙な言い回しで述べているのも、本質的に同じ考えである。というのも、一面では、いささか確実に頼れる者は、自分をおいて他になく、また他面では、おつき合いに伴う苦労や不利益、危険や腹立ちは無数にあって、避けることができないからだ。

15　ビボンティウムはドイツのバヴァリア王国の町ツヴァイブリュッケンのラテン名。一八世紀に同地で出版された古典書籍をさす。

幸福への道として、上流社会の贅沢三昧（英語のhigh life）ほど間違っているものはない。それは私たちの惨めな生存を愉悦・享楽・逸楽の連続に変えることを目的としており、そんなことをすれば、必ずや失望させられるからである。また、こういう生活は互いに嘘をつくようになるのがお定まりで、その点でも幻滅を免れない。[16]

およそ人づき合いなるものは、まず第一に、必然的に互いに同調し節度を守ることを要求する。したがって、その範囲が広ければ広いほど、味気ないものになる。だれもが完全に「自分自身である」ことが許されるのは、独りでいるときだけだ。自由でいられるのは独りでいるときだけなのだから、およそ孤独を愛さない人は、自由をも愛さない人なのだろう。人づき合いに義務は切っても切れないつきものだ。人づき合いは、自己の個性が強ければ強いほど、それだけつらい犠牲を強いる。したがって、各人が自分自身のそなえる価値に正比例して、孤独から逃れたり、孤独に耐えたり、孤独を愛したりする。なぜなら、孤独のなかにあるとき、みじめな者は自分のみじめさを、偉大な知者は自分の大いなる知を、要するに、だれもがありのままの自分を感じるからである。また人間は、自然のランキングリストで上位に立つ者ほど孤独、それも本質的に、不可避的に孤独である。精神の孤独に応じて肉体も孤独なら、つまり心身ともに孤高を持するなら、その人にとって恵みとなる。そうでない場合には、その人とは異質な連中が十重二十重《とえはたえ》に押し寄せてきて、邪魔するどころか敵対し、彼から彼自身を奪い去り、それに代わる埋め合わせは何ひとつ与えてくれない。次に自然は、モラルや知性における、きわめて大きな差異を人間相互の間に設けたが、社会はこうした差異には少しも注意を払わない。社会は、全員を同等にあつかうどころか、こうした差異の代わりに身分・位階という人為的な差異と階層を設ける。この順位制はきわめてしばしば、自然のランキングリストとまったく逆になっている。この人為的序列によれば、自然が低位に置いた者がたいそう高位につき、自然が高位に置いた少数の者は貧乏くじを引く。だから、この少数の者は社交の集いから遠ざかるのが常で、いかなる集いも頭数が多くなれば、凡庸が優勢になる。優れた頭脳の持ち主がつき合いに嫌気がさすのは、自分と他の人々とでは、能力に差異があれば、したがって（社会的）業績に差異があるにもかかわらず、権利は平等であり、したがって

16　（原注）私たちの身体が衣服に覆われているように、私たちの精神は嘘の外皮に覆われている。言辞・行動、態度全体が嘘をつく。こうした外皮を通してようやく、ときおり私たちの真の志向を察知できるが、それは衣服を通して身体の形を推測できるようなものである。

諸々の要求も同等であるせいだ。いわゆる上流社会は、ありとあらゆる特典をよしとするのに、精神的特典だけは認めず、それどころか禁制品あつかいする。いわゆる上流社会は、あらゆる愚行や愚かさ、間違いやへまに対して無限の忍耐を示すことを義務づける。だが、ありのままの本人がその身にそなえた美点・長所は平身低頭して許しを乞い、さもなければ身を隠さねばならない。精神的卓越性は、意志の手助けなく、存在するだけで、相手を傷つけるからである。したがって、上流社会と呼ばれる社会は、私たちが褒めることも愛することもできない人間の見本だという欠点をもつばかりでなく、私たちがおのれの本性にふさわしく、ありのままであることも認めてくれない。むしろ上流社会では他人と食い違わないように萎縮し、おのれを枉《ま》げることを余儀なくされる。機知にあふれる弁舌や着想は、機知にあふれる人々の集いにのみふさわしく、凡人の集いでは完全に嫌われる。すなわち、凡人の集いで好かれるためには、平凡で偏狭な人間であることが必要不可欠なのだ。だからこうした集いでは、他の連中と似たり寄ったりの人間になるために、著しく自己を否定し、おのれの四分の三を捨てねばならない。その代わり、そうすれば他の人たちのお仲間になれる。しかし、本人にそなわる価値が多ければ多いほど、利益は損失を補償せず、おのれに不利な取引になることがますますはっきりしてくる。なぜ不利かといえば、世間の人々はたいてい支払能力がないからである。すなわち、かれらとの交際から生じる退屈や苦労や不愉快な出来事の埋め合わせとなるもの、そして多くの価値をそなえた人物が、みずからに課す自己否定の埋め合わせとなるものを一切持ち合わせていない。したがって、大部分のつき合いは、つき合いをやめて、代わりに孤独を手に入れたほうが有利な取引になる。のみならず社交界は、真の卓越性、すなわち精神的卓越性にがまんできず、また、この容易に得がたい真の卓越性に代わるもの、すなわち伝統的に上流階級の間に伝わり、恣意的な取り決めに基づく因襲的な偽《にせ》の卓越性、スローガンのように変わりやすい卓越性を勝手に採用している。それがエチケット、お上品（bon ton）、上流風（fashionableness）と呼ばれるものだ。けれども、この偽の卓越性は真の卓越性と衝突すると、その弱点を露呈する。おまけに「お上品がしゃしゃり出ると、良識は引っ込む」。

そもそも人間は、自分自身を相手にしたときだけ、「完璧な調和」に達することができる。友人とも恋人とも「完璧な調和」に達することはできない。個性や気分の相違は、たとえわずかではあっても、必ずや不調和を招くからだ。だから、心の真の深い平和と完全な心の安らぎ、健康に次いで最も貴重な地上の財宝は、孤独のなかにしかなく、持続的気分としては、徹底した隠棲のうちにしか見出すことができない。偉大で豊かな自我の持ち主は、そうした場合、このみじめな地上で見出しうる、もっとも幸福な状態を享受するだろう。率直に言えば、友情や恋愛や結婚がどんなに緊密に人間同士を結びつけていても、誰もが「腹蔵なく」相手にしているのは結局、自分自身だけであり、そのほかはせいぜい自分の子供ぐらいであろう。

客観的・主観的条件ゆえに人と接触する必要が少なければ少ないほど、それだけ具合がよい。孤独と寂寞《せきばく》のおかげで、人と接触する一切の災厄を感受できるとまではいかなくても、ともかく一目で見渡せる。これに対して、賑々《にぎにぎ》しい人づき合いは「油断がならない」。気晴らしや報告や会食などという見せかけの背後に、大きな災厄、しばしば救いがたい災厄が潜んでいる。孤独は、幸福ならびに心の安らぎの源泉なのだから、若いころ「孤独に耐えることを習得する」のを旨とすべきであろう。

さて、以上述べたことから、自分だけを頼りにし、自分にとって自分自身が一切合財《いっさいがっさい》である人間が最良の状態であると推論される。のみならずキケロは、「完全に自分だけに左右され、自分自身に全幅の信頼を置く者が、完全に幸福でないはずがない」

と言っている。そのうえ、自分自身のなかに有するものが多ければ多いほど、その人にとって、他人はそれだけ重きをなさなくなる。価値と豊かさを内面にそなえた人は他人との連帯を得るために多大な犠牲を払ったり、ましてや著しく自己を否認したりしないが、それは自分ひとりで満ち足りた心境にあるからだ。凡人は、これと反対の気持ちから社交的になり、調子を合わせる。凡人は、自分自身に耐えるよりも他人に耐えるほうが楽だからである。おまけに世間では、真に価値あるものは顧みられず、無価値なものが尊重される。品位ある優れた人物がみな隠棲してしまうのは、それを証明するものであり、それに伴う結果である。以上のことから、りっぱな天分に恵まれた人物の場合、ひたすら自己の自由を保持または拡大するために、必要とあれば自己の欲求を制限し、したがって浮世の抜き差しならぬ対人関係の問題はなるたけ手短に切り上げるのが、真の処世哲学ということになるだろう。

また他方において、人間が社交的になるのは、孤独に耐えられないからであり、孤独のなかの自分自身に耐えられないからだ。内面の空疎さと倦怠が社交や異郷、旅へと駆り立てる。そういう人の精神には、みずから運動を付与する弾力性が欠けている。だからワインを飲んでその力を高めようとし、こうして大酒飲みになる者は多い。まさにそれゆえに、たえず外部からの刺激が必要になる。それももっとも強烈な刺激、すなわち自分と同類による刺激が必要になる。こうした刺激がなければ、精神は自分の重みに耐えかねてつぶれてしまい、重苦しい無気力に沈んでいく。同様に、こうした人は各自が人間なるもののちっぽけな断片にすぎず、それゆえ完全な人間らしい意識がいくらか芽生えるために、おおいに他人に補ってもらわねばならないと言えよう。これに対して、断片ではなく一単位をなす一人前の人、際立った人物は、それゆえ自足している。この意味で通例の社交は、すべてのホルンがひとつの音だけを出し、すべてがぴたりと合わさってはじめて音楽が生まれる、あのロシアの吹奏楽にたとえられる。すなわち、大部分の人の感覚と精神は、この単音のホルンのように単調だ。かれらの多くは見た目からして、常にひとつの考えしかもたず、それ以外のことは考えることができないかのようだ。ここから、かれらがなぜかくも面白みに欠けるのか、また、なぜかくも社交好きで、群れで行動するのが大好きなのかという「ヒトの群棲本能」の説明がつく。かれらはみな、自分の本性である単調さに耐えられないのだ。「あらゆる愚かさはおのれの愚かさに嫌気がさして苦しむ」。集まって、ひとつにまとまってはじめて、なにやらものになる——あのホルン奏者のように。これに対して、才知に富む人間は、独りで演奏会を行う名匠、あるいはピアノにたとえられる。つまり、ピアノがそれだけで小オーケストラをなすように、名匠は小宇宙であり、前記の人たちが全員協力してようやく成し得たことを、彼はおのれの意識ひとつで、単独で表現する。ピアノと同様に、名匠はシンフォニーの構成員ではなく、ひとり孤高を持し、独奏向きだ。名匠が前記の人たちと共演するときは、ピアノのように伴奏つき主旋律としての、あるいは声楽の音頭《おんど》取りとしての共演しかありえない。

他方、社交好きな人は、交際相手の質が芳しくない場合には、量によって多少補う必要があるという原則を前述の比喩から引き出すことができる。才知に富む人ならただ独りでも、交際相手とするに不足はない。だが凡庸な連中しか見当たらなければ、——前述の吹奏楽から類推して——多様性と協力から何かが生じるように、かなり大勢の凡庸な相手と交際すればよい。神よ、それに必要な忍耐を授け給え。

さて、何か崇高な理想をめざして、比較的優秀な人たちが集まって団体を結成した場合、その結末はどうなるだろう。まるで害虫のようにうじゃうじゃと至るところでのさばり、あらゆるものを覆いつくし、自分の退屈や事情によっては欠乏をまぎらそうと、たえず何にでも無差別に手を出す例の愚民の幾人かが、この団体へもぐりこんだり、強引に押し入ったりして、まもなく全体をめちゃめちゃにするか、または当初の意図とはほぼ反対のものに変えてしまうと、ほとんど相場が決まっている。これも前述した人間の内的空疎さと貧しさが招いたものと言わねばならない。

ところで社交とは、極寒のなかで人々が押し合いへし合いして体を暖めるように、人々が互いに触れ合うことで精神の温もりを求めるものとみなすことができる。けれども、みずから精神の温もりをおおいにもつ人は、このような集団をつくる必要がない。拙著『余禄と補遺』第二巻の最後の章に、この趣旨で私がつくった寓話がある。[17] 以上述べたところによると、人の社交性はその人がもつ知性の価値とほぼ反比例する。「きわめて非社交的な人」というだけでもう、おおよそ「優れた特性の持ち主」ということになる。

つまり孤独は、知的水準の高い人にとって二重の利点がある。第一の利点は、自分自身のみを相手にしていること、第二の利点は、他人と一緒にいないことだ。およそ交際というものがどれほど多くの義務や苦労、危険までも伴うのかを考慮すれば、この第二の利点は高く評価されることだろう。「私たちの不都合はすべて、独りでいることができないために起こる」とラ・ブリュイエール[18]は言っている。私たちが接触する人間の大多数はモラル面でいかがわしく、知性面で鈍い、さもなければ頓珍漢《とんちんかん》なので、人づき合いには危険な、いや、むしろ有害な傾向がつきものだ。非社交的な人はこうしたつき合いを必要としない。自分自身の内に社交を必要としないほど多くをそなえているのは、たいそう幸せなことだ。なぜなら、私たちの苦悩のほとんどすべてが社交から生じるものであり、健康に次いで、もっとも本質的な幸福の要素である心の安らぎは、社交によって危うくされるため、著しく孤独でなければ、心安らかであり続けることはできないからである。心の安らぎという幸福にあずかるために、キニク学派の人たちはいっさいの財産を断念した。同じ意図から社交を断念する人は、もっとも賢明な策を選んだといえる。ベルナルダン・ド・サン＝ピエール[19]は「食餌《しょくじ》

17　『余禄と補遺』第三一章「比喩と喩え話と寓話」第三九六節に登場する「ヤマアラシの比喩」をさす。ヤマアラシの一群がある寒い冬の日に、寒さをしのごうと体を寄せ合っていた。しかし互いの体の針が痛くて、体を離す。寒さに震えてまた体を寄せ合うと、また針が突き刺さる。こうして寒さと痛さの間を行ったり来たりしながら、最後にやっと我慢できるお互いの適当な間隔を見出した。

18　ジャン・ド・ラ・ブリュイエール（一六四五〜九六）フランスのモラリスト。箴言集『人さまざま』で当時の世相・人物を深い省察と鋭い批評をこめて描写。

をひかえると、肉体の健康が得られ、人づき合いをひかえると、心の安らぎが得られる」と述べたが、適切かつ名言である。したがって早くから孤独になじみ、孤独を愛するようになった人は、金鉱を手に入れたようなものだ。だが、決してこれはだれにでもできることではない。というのも、当初は必要に迫られて集まった人々も、必要性がなくなると、今度は退屈だから集まるようになるからである。だれもが、自分の目から見ると、自分が比類なく重要な、かけがえのない存在であり、それにふさわしい環境は孤独だけだが、世間の群衆によって、一歩踏み出すたびに無残にも否認され、取るに足らぬ存在に矮小化されてしまう。もしも必要に迫られることもなく、退屈もしなければ、だれもがずっと独りきりでいることだろう。この意味で、孤独とは人間各自の自然状態であり、各人を最初の人間アダムとして、各人の本性にふさわしい本源的な幸福へ立ち返らせるものである。

ところで、かのアダムには父も母もなかった！　したがって別な意味で、すなわち私たち人間はこの世に生まれたとき、独りではなく、両親や兄弟姉妹、つまり血縁に基づく共同体のなかにいたという意味で、孤独は人間にとって自然なものではない。したがって孤独を愛する気持ちは、本源的な傾向として存在するのではなく、経験と熟慮の結果として後から生じるものだと言える。しかもそれは自己の精神的能力の発達に応じて、また同時に年齢が上がるにつれて生じるものだが、全般的にみると、各人の群棲本能は年齢と反比例する。幼児はほんの数分でも独りぼっちにされると、不安のあまり泣き叫ぶ。少年にとって独りでいることは、重罰になる。青年はとかく集まりたがる。そうした青年たちのなかでも高潔で見識の高い者だけは早くも時折、孤独を求めるが、それでも一日じゅう独りで過ごすのはまだむずかしい。ところが壮年になると、これが容易になり、だいぶ独りで過ごせるようになる。年をとればとるほど、独りでいるのが平気になる。たいそう高齢になり、同世代の人々はあの世へ旅立ち、今やぽつんと取り残され、人生の享楽を半ば超脱《ちょうだつ》し、半ば卒業せざるを得なくなると、孤独が十八番《おはこ》となる。しかしながら個々人においては常に、その人の知性が高いほど、孤立・孤独の傾向が強まる。なぜなら前述したように、この傾向は、人間のやむにやまれぬ欲求によって直接的に呼び起こされた純粋に自然な傾向ではなく、

19　ベルナルダン・ド・サン＝ピエール（一七三七～一八一四）フランスの小説家・博物学者。モーリシャス島を舞台に自然と純愛を描いた小説『ポールとヴィルジニー』が代表作。その異国趣味はロマン派へ受け継がれる。

むしろそれまでの経験と、経験に対する省察の結果であり、とりわけ大部分の人間は道徳的にも知的にもみじめな状態にあると達観した結果にすぎないからである。個々人における不完全なモラルと不完全な知性が手を組んで共謀し、たいていの人間同士の交際を鼻持ちならない耐え難いものにする、きわめて厭わしい現象がいろいろと生じるが、これは人間のみじめさのなかでも最悪のものだ。こういうわけで、世間にはかなり悪質なものがたくさんあるが、今も昔も最悪なのが社交界である。社交好きなフランス人ヴォルテールでさえ、「この地上には、口をきく価値すらない人間どもがうようよしている」と言わずにいられなかった。孤独を強く愛してやまぬ柔和なペトラルカも、自分のこうした傾向を擁護するのに、同じ論拠を打ち出している。

孤独な生き方を　私はいつも求めてきました
（小川や野や森に　尋ねてごらんなさい）
鈍物《どんぶつ》を避けてきたのです
かれらを通じて光明への道を選ぶことなどできません

『ソネット』二二一

同じ趣旨でペトラルカは、その好著『孤独な生活について』でこのテーマを詳論しており、ツィンメルマン[20]の孤独に関する有名な書もこれを手本にしていると思われる。こうした非社交性の本源が副次的・間接的なものにすぎないことをシャンフォールは、「孤独に暮らす人のことを、『人づき合いが嫌いな人』と言うことがたびたびある。それは夜、ボンディの森[21]を歩きたがらない人を、『散歩嫌いの人』と言うようなものである」と皮肉たっぷりに表現する。[22]また柔和なキリスト教徒アンゲルス・シレジウス[23]も、独特の口調と神話風の言葉でまったく同じことを語っている。

ヘロデ王は敵　ヨセフは分別

20　ローベルト・フォン・ツィンメルマン（一八二四～九八）オーストリアの哲学者・美学者。プラハ、ウィーン大学教授。ヘルバルト学派に属し、原子論を導入した。
21　（原注）ボンディの森はパリ近くにあり、物騒な場所とされている。
22　（原注）同じ趣旨でサアディーも『薔薇の園』で「このときから私たちは社交に別れを告げて孤立の道を志した。安全は孤独に宿るものだから」と述べている。

神はヨセフに夢で（お告げで）その危険を知らせる
ベツレヘムは俗世界　エジプトは孤独
逃げよ　逃れよ　さもなければ苦悩のために死ぬであろう[24]

同じ趣旨でジョルダーノ・ブルーノ[25]は、「地上で天上的生活を享受しようとする多くの人たちは異口同音に、『ごらんなさい、私はとうに逃れて、ずっと孤独のなかにいるのです』と述べた」と発言している。またペルシア人サアディーも『薔薇の園』で「ダマスカスの友人たちにうんざりし、動物たちとのつき合いを求めてエルサレムに近い荒野に引っ込んだ」と自分について報告している。要するに、プロメテウスが上質の粘土でつくった人間[26]はみな、同じ趣旨のことを語っている。こういう優れた人たちは凡人と交際して、何の楽しみを得られるのだろう？　優れた人たちが凡人との連帯を築く何らかのつながりを持とうとすれば、自分たちの本性のもっとも高尚ではない下位の部分、すなわち、日常的で通俗的で下世話な面を仲介にするしかなく、いっぽう凡人は優れた人たちの水準まで自らを高めることはできず、かれらを自分たちの水準まで引き下ろすしかなく、それをねらうだろうから。それゆえ孤立・孤独の傾向を培《つちか》いはぐくむのは、貴族的感情だ。下種《げす》はみな、気の毒なほど群れをなしたがる。これに対して、高貴な性質の人間は、他の人と接しても喜びをおぼえず、社交よりもますます孤独を好み、齢《よわい》を重ねるにつれて次第に、稀有の例外は別として、この世は孤独か凡俗かを選ぶしかないと悟る点に、なによりもその高貴さが浮かび上がる。こういうと、なんと苛酷なことかと思われるかもしれないが、アンゲルス・シレジウスでさえ、キリスト教徒らしい柔和さと愛の持ち主でありながら、やはり次のように言わずにいられなかった。

23　アンゲルス・シレジウス（一六二四〜七七）「シレジアの使者」の意で本名はヨハン・シェフラー。ドイツの神秘的宗教詩人。

24　マタイ福音書第二章参照。ヘロデ王は紀元前一世紀のユダヤの王。イエスがユダヤのベツレヘムで生まれたとき、主の使いがマリアの夫であるヨセフの夢にあらわれて「起きて幼子と母を伴い、エジプトへ逃れよ。ヘロデが幼子を探して殺そうとしているから」と言った。

25　ジョルダーノ・ブルーノ（一五八四〜一六〇〇）ルネサンス期イタリアの哲学者。著『無限、宇宙と諸世界について』他。

26　プロメテウスはギリシア神話のティタン神族のひとりで、粘土から人間をつくったとされる。ここで「上質の粘土でつくった人間」とは優れた人間の意。

孤独は必要です　凡俗になってはいけません
そうすれば　どこにいようとも　無人の荒野にいることができます

ましてて偉大な知者に関しては、全人類の真の師ともいうべき人がそうむやみと他の人々の仲間入りをする気になれないのは、教育者が彼のまわりでがやがや騒ぎ立てる児童の群れの遊戯に加わりたいと思わないのと同様であり、おそらく自然なことであろう。他の人々を迷妄の大海から真理へ向かわせ、粗暴と凡俗の暗い深淵から光明へ、人間形成と教化をめざして引き上げるためにこの世に生まれた偉大な知者は、かれらと交わって暮らす必要があるとはいえ、本来かれらの同類ではないため、若いときから自分とかれらとの著しい相違を感じ、齢を重ねるにつれて、しだいにそれをはっきり認識するようになる。そうなると、他人と精神的な距離ばかりでなく、肉体的にも距離をおき、世間一般の凡俗から多少とも抜きん出た人物以外は近づけないように配慮する。

以上述べたことから分かるように、孤独を愛する気持ちは、本源的な本能として直接的にあらわれるものではなく、間接的に生じ、とりわけ高貴な精神の持ち主において、あとから次第に成長するものだ。人間に生来そなわっている群棲本能に打ち勝つことが必要で、時としてメフィストフェレスの耳打ちのような反撃にあう。すなわち

いつまでも悲嘆にくれるのは　およしなさい
生命をハゲタカにガツガツ喰わせるようなものですよ
どんなに劣悪な手合いでも　つき合ってみれば　自分もやっぱり人の子で
人様《ひとさま》あってのものだねと　しみじみ思い知らされます
ゲーテ『ファウスト』第一部一六三五〜一六三八

孤独はあらゆる卓越した知者の宿命である。知者はこうした孤独にときおり嘆息することはあっても、退屈と孤独という二つの災厄のうち、軽い災厄である孤独を常に選ぶだろう。齢を重ねるにつれて、「賢くあろうとする勇気」は、ますます容易かつ自然になって、六十代になると、孤独への衝動は真に必然的で本能的なものになる。いまやあらゆる要因が手を結び、孤独を促進するからだ。もっとも強力な群居性への

欲求、好色と性衝動はもはや活動を停止し、高齢による性の超越がいわば自足感の基礎になり、自足感はしだいに群棲本能そのものを吸収し、数知れぬ思い違いや愚行から解放される。アクティブな活動からは、たいてい手を引いていて、もはや何も期待せず、もはや計画も目論みもない。同世代の人々はもはやこの世にいない。異質な世代に囲まれて客観的にも本質的にも独りだ。そのうえ時間の経つのがどんどん早くなっており、精神的にはまだまだ時を活用したい。頭脳が能力を保ってさえいれば、これまでに得たたくさんの知識や経験、徐々に入念に練り上げられた思想や全力で鍛え上げた熟練の技のおかげで、今や、どんな種類の研究も、以前より面白くなったし、楽にできる。数々の結論に達し、自分の卓越性が十分に感じられる。以前には曖昧模《あいまいも》糊《こ》としていた数知れぬ事柄も、今でははっきり見て取れる。世間の人は概して「つき合いが深くなると良さが分かる」という部類に属さないので、長年の経験から、世間の人に多くを期待することもない。むしろ、よほどの幸運は別として、「触らぬ神に崇りなし」ともいうべき人間性の欠点見本にしか出くわさないと分かっている。だからもはや、ざらにある思い違いにはおちいらない。だれを見ても、ほどなくどういう人間かが分かり、親しい交わりを結びたいと望むことはめったにない。そのうえ、とりわけ若いときから孤独になじんでいる場合には、他の人々から離れて自分自身を友とする習慣も加わり、第二の天性となる。したがって以前には、群棲本能と闘ってようやく勝ち得た孤独を愛する気持ちが、今や理屈抜きの、ごく自然なものになる。水を得た魚のように、孤独のなかにいる。だから卓越性ゆえに他の人々とは似ても似つかず、孤立せざるを得ない個性の持ち主は、他の人々から離れていることが彼の本質であり、そのために、若いころは意気消沈することがあっても、高齢になると気が楽になる。

だれもがその知的能力の程度に応じて、高齢のこうした現実的利点に浴する。とりわけ、ずば抜けた頭脳の持ち主がこの利点に浴するのは言うまでもないが、わずかではあっても、おそらくだれもが経験することであろう。高齢になっても昔のまま大の社交好きなのは、きわめて貧弱で凡俗な素質の持ち主だけである。そういう人は、以前は重宝《ちょうほう》がられたのだろうが、今となってはもはや社交に適さず、相手に厄介をかけてしまい、大目に見てもらうのが精一杯だろう。

私たちの年齢と社交性の度合いは互いに反比例するという前述の関係には、目的論的側面もある。人間は若ければ若いほど、あらゆる点で学ばねばならないことがそれだけたくさんある。そこで自然は、だれもが自分と同類の人たちと交際しながら相互教育を授かるように定めた。人づき合いは、この点で大いなるベル・ランカスター法式教育機関[27]と呼ぶことができる。いっぽう書物や学校は、自然の立てた構想から逸れた機関なので、人為的教育機関と言える。だから若ければ若いほど、熱心にこの自然が定めた相互教育機関に通うのは、たいそう目的にかなっている。

ホラティウスは、「どの面からみても完璧な幸福というものはない」(『カルミナ』二の一六の二七〜)と言い、インドの諺によれば、「茎のないハスはない」と言う。実際、孤独にもたくさんの長所と並んで、小さな短所や難儀がある。けれどもこの短所と難儀は、社交の短所や難儀にくらべれば、ささいなものだ。だから、かなりの天分の持ち主なら、世人と折り合うよりも、おつき合いをせずにすむほうが常に楽だろう。——ところで、この短所のなかにひとつ、他の短所よりも自覚しにくい短所がある。すなわち、ずっと家にこもり続けていると、身体が外部の影響に対して敏感になって、少し冷たい風にあたっただけで病気にかかりやすくなるように、ずっと隠棲して孤独でいると、気持ちが敏感になって、何でもない出来事や言葉に、それどころか単なる顔の表情にさえも、不安になったり、感情を害したり、傷ついたりする。

いっぽう、いつも喧噪《けんそう》のなかにいる人は、そんなことはまったく気にとめない。

さて、世人に対する正当な不満から孤独の世界へ退いたが、とりわけ年が若いために、孤独のわびしさに長く耐えられないという方には、自分の孤独の一部を社交へ持ち込むこと、つまり人づきあいにおいても、ある程度まで孤高を持する修業をお薦めしたい。したがって、自分の考えをすぐに他人に話したり、他人の言うことを真に受けたりせずに、むしろ道徳的にも知的にも他人の言うことにはあまり期待せず、他人の意見などどこ吹く風という姿勢をくずさないようになさい。それが常に称賛すべき寛大さを発揮するもっとも確実な手段である。そうすれば、身は他人の真っただ中にありながら、完全にお仲間になるわけではなく、他人を見るにしても純客観的な態度がとれる。すると相手とあまりにも緊密な接触はしないで済み、そのおかげで汚《けが》されたり傷つけられたりすることもない。モラティン[28]の喜劇『カフェー、あるいは新喜劇』は、なかでも特に第一幕第二場・三場のドン・ペドロの性格は、このようにおつ

27　ベル・ランカスター法とは一八世紀の末にスコットランドの宣教師アンドリュー・ベル（一七五三〜一八三二）とイギリスの教育学者ジョゼフ・ランカスター（一七七八〜一八三八）が提唱した相互教育法。学校で生徒が相互に教え合う。助教法とも呼ばれる。

き合いを控えたり、いわば身を守るための砦《とりで》を設けたりするさまを生き生きと描き出し、読みごたえがある。この意味で人づきあいは火にたとえることができる。利口な人は、しかるべき距離を置いて火にあたり、愚か者のように火中に手を突っ込んだりしない。愚か者は、手を突っ込んで火傷をしてから、寒々とした孤独へ逃げ込み、火が赤々と燃えているのを嘆くのだ。

10

妬みは人間に自然な情だ。にもかかわらず妬みは悪習であり、同時に不幸である。[29] これに嫉みを幸福の敵とみなし、この悪魔の息の根を止める努力をすべきであろう。これについてセネカは、「比較したりしないで、自分が有するものを喜びましょう。他人のほうが自分よりも幸福だといって苦しむ人は、決して幸福にはなれません」と美しい表現で私たちを導き、さらに「自分の前に大勢いるのを目にしたら、自分の後ろに大勢いることを考えなさい」と述べる。つまり、自分より好調な者よりも、自分より不調な者をより頻繁にながめればよいわけだ。さらに、現実の災厄が生じた場合にもっとも有効な慰めは——これは妬みと同じ源泉から流れ出るものではあるが——自分の苦悩よりももっと大きな苦悩をながめることであり、その次に、自分と同じ境遇にある人たち、すなわち災厄を共にした人たちと交わることである。

妬みの能動的側面、つまり妬む側についてはこれぐらいにしておこう。妬みの受動的側面、すなわち妬まれる側については、妬みはいかなる憎しみよりも宥和しがたいものであることに言及せねばならない。だから、たえず躍起になって妬みをかきたてたりしないほうがよかろう。妬みをかきたてるという享楽は、他の享楽と同様に、危険な結果をともなうものなので、むしろあきらめたほうが良いだろう。

貴族には三種類ある。その一、生まれながらの位階による貴族。その二、お金にものを言わせる富裕階級、成金貴族。その三、精神の貴族。本来、精神の貴族がもっと

28　フェルナンデス・デ・モラティン（一七六〇〜一八二八）スペインの劇作家。一八世紀後半から一九世紀初めにかけての新古典主義を代表する作家のひとり。代表作『娘たちの「はい」』。

29　（原注）人間の嫉妬というものは、その人がいかに自分自身を不幸と思っているかの表われであり、他人の行状にたえず注意を払うのは、その人がいかに自分自身に退屈しているかの表われである。

も高貴であり、閑暇をたっぷり持てさえすれば、精神の貴族と認められる。すでにフリードリヒ大王は、「卓越した知者は君主と同列である」と言ったではないか。大臣や将軍が重臣の卓で食事をするのに、ヴォルテールが君主や王子ばかりの連なる卓につくように言われたのを不快に思った侍従長にむかって、大王が放った言葉である。

この三種の貴族は、いずれもこれを妬む人たちの群れに取り囲まれている。群れに属する人たちは、こうした貴族に属する人たちのだれに対しても、心ひそかに腹を立てていて、恐れるに足らぬ相手と思えば、あの手この手で「君は私たち以上の人間ではない」ということを分からせようと躍起になる。しかし、こうした画策はとりもなおさず、かれらが実は相手の優越を確信していることを露呈する。これに対して妬まれている人のとるべき対策は、こうした群れに属する人たちをいっさい近づけないようにし、できるだけ接触を避けて、幅広の溝でかれらを切り離しておくことである。それが無理なら、かれらの画策に泰然自若《たいぜんじじゃく》としていればよい。そうすれば、かれらは画策の原因である相手の優越を承服せざるをえず、画策が無効になる。これは実際、普遍的に用いられている対策だ。これに対して、三種の貴族のいずれかに属する者は、他の二種に属する人たちとも、たいてい嫉みもなく、うまく折り合ってゆくが、それは各自が自分の長所・利点と相手の長所・利点とを比較考量するためである。

11

計画は実行にうつす前に、じっくりと何度も熟考しなさい。あらゆる点を徹底的に考え尽くしたあとでも、究明もしくは予見しえない状況、全体の計算を狂わせるような状況が依然として残っているかもしれないので、人間の認識の不十分という点でなお幾らか譲歩なさい。このように熟慮すると、常に消極面に重きを置くことになり、重要な事柄には必要のないかぎり、いっさい触れないほうがよいと思うようになる。「安らかにあるものに波風を立てるべきではない（寝た子を起こすな）」（サッルスティウス[30]）。

けれども、ひとたび決心して着手した以上、今やすべて成るようにしか成らず、結

30　ガイウス・サッルスティウス・クリスプス（前八六～前三五）ローマの政治家・歴史家。著『カティリーナの陰謀』他。

果を待つほかない。そうであってみれば、すでに実行にうつしたことをたえず考え直し、ひょっとすると起こりうる危険をあれこれ何度も案じて、びくびくしてはいけない。むしろ、なにもかも事前にじっくり検討したのだからとひと安心して納得し、今はこの案件をきれいさっぱり払いのけて、頭のなかのこれに関する引き出しにはそっくりそのまま鍵をかけてしまおう。イタリアの諺「馬をしっかり車につなぎ、それから走らせなさい」もそう忠告している。ゲーテはこれを「しっかり鞍を置きなさい。そうすれば安心して乗り回せます」と意訳した。ちなみに、ゲーテが「箴言風」という見出しのもとに掲げた金言の大部分は、イタリアの諺の意訳である。

それでも悪い結果が生ずるのは、人間界の事柄はみな偶然の支配下にあり、誤謬を免れないためである。賢者のなかの賢者ソクラテスが一身上のことを正しく処理するためというよりはむしろ、せめて過ちを避けるために、ダイモニオンの警告[31]を必要としたのは、それが人知のおよばぬものであることの証拠である。それゆえ、私たちの遭遇する不幸はすべて、少なくともなんらかの点において私たち自身に咎《とが》があるという、歴代の法王のだれかが発したといわれる名言は、ほとんど大部分の場合あてはまるが、万事、無条件に真実というわけではない。さらに、世間の人が自分の不幸をできるかぎり包み隠そうとして、なるべく満足そうな顔つきを装うのも、こうした心情がおおいに関与しているらしい。つまり、かれらは苦しそうな顔つきをすれば、痛くもない腹を探られるのではないかと懸念しているのである。

12

すでに不幸な事件が起きてしまった場合、したがって今さらどうにもならない場合、こんなにならなくても済んだかもしれない、ましてや、どうすれば未然に防げただろうなどと考えないようにしたほうがいい。そんなことをすれば、かえって耐え難いまでに苦痛が増大し、自分で自分を苦しめることになるからだ。むしろダビデ王[32]のように振る舞いなさい。ダビデ王は息子が病に伏しているあいだ、休む間もなくエホバに

31 ダイモニオンはソクラテスの態度決定においておおむね禁止の形であらわれる内的な神の声。心の奥からの警告。

32 ダビデは、前一〇世紀頃のイスラエル王国第二代の王。全イスラエルを統一し、エルサレムに都を定め、近隣諸国を征服併合。すべての王の模範とされる。

懇願し哀願したが、息子が亡くなると、態度を一変し、もうそのことは考えなかったという。しかし、とても軽い気持ちにはなれないという人は、出来事のすべては必然的に起きるのであって、逃れ得ぬものであるという大いなる真理を悟ることで、宿命論の立場に逃れるようにすればよい。

とはいうものの、この原則は一面的だ。たしかに災難に遭ったとき、この原則にしたがえば直接的に気持ちは軽くなり落ち着くが、たいてい不幸の責任の少なくとも一部は自分自身の油断や無鉄砲さにあるなら、どうすればこれを予防できたかを苦い思いで反芻《はんすう》し熟考すると、賢くなり向上する。つまり、将来のために有益な自戒となる。明らかに自分が間違いをしでかした場合、自己弁護したり、言い繕ったり、たいしたことではないと思いたがるのが常だが、そうではなく、潔《いさぎよ》く間違いをみとめ、ありのままにはっきりと見極めて、今後はこういった間違いを避けようと固く決心すべきだ。むろん、痛恨の思いをみずからに課すことになるが、「人は痛い目にあってこそ、学ぶもの」（メナンドロス[33]）である。

13

幸・不幸に関しては、あらゆる点で、想像力の手綱を握っておかねばならない。したがって何よりもまず空中楼閣を築かないようになさい。なにしろ空中楼閣は建てたらすぐに、ため息をつきながら取り壊すはめになるので、犠牲が大きすぎる。しかし、それにもまして、ひょっとしたら起きるかもしれないというだけの災難をあれこれ思い描いて、びくびくしないようになさい。まったくの杞憂や途方もない的外れだったなら、そうした夢から醒めると、すべてまやかしだったと分かり、現実のほうがましだと、ほっとするだろうし、場合によってはそこから、起きるかもしれないけれども今ははるかな彼方にある災難にも心せよ、という警告を引き出すことだろう。しかし私たちの想像力は、こうした災難に対してはなかなか働かず、暇にまかせて楽しい空中楼閣を築くのが関の山である。悪夢の素材となるのは、はるか彼方にあるが多少と

33　メナンドロス（前三四二〜前二九一）古代ギリシア（ヘレニズム期）の喜劇作家。日常生活に関する鋭い観察や心理分析から「友のものは皆のもの」「才子薄命」など多くの諺が生まれたとされる。

も私たちを脅かす災難だ。想像力はこうした災難を巨大化し、その可能性を実際よりもずっと身近なものにし、とてつもなく恐ろしいものに描き出す。こうした悪夢は楽しい夢想とちがって、夢から醒めても、すぐには払いのけることができない。楽しい夢想はほどなく現実によって覆され、そこはかとない可能性のなかになおも淡い希望を宿しておくのが精一杯である。ところが陰鬱な空想（英語の blue devils 鬱状態）に浸ると、なかなか消えてくれないビジョンにつきまとわれる。事が起こる可能性は、概して頑として揺るがぬものなのに、可能性の度合いを測る物差しを当てることが常にできるわけではないからだ。すると、可能性が高まって蓋然性へと転じやすく、私たちは不安のとりこになってしまう。だから、幸・不幸に関しては、事態を認識力と判断力でながめ、したがって感情を交えずに冷静に熟考し、観念的・抽象的にとらえて対処すべきである。こういう場合、想像力を持ち込んではいけない。なぜなら想像力は、判断力がないばかりでなく、無益な、しばしばひどい拷問のような心象ばかりをありありと思い浮かべさせるからだ。

夜は特にこの原則を厳守すべきだ。私たちは暗闇に怯え、いたる所にお化けがいるように思うが、想念が不明瞭だとこれと似たようなことが生じる。不確かなものはおしなべて、不安を生むからである。だから晩になって気がゆるみ、理性と判断力が主観的な暗闇に覆われて、知性は疲れて落ち着きを失い、物事をとことん突きつめて考えることができなくなると、心に浮かぶものは、ことに個人的事情に関するものであれば、ややもすれば危険な外観をとり、お化けの姿になる。これがもっともはなはだしいのは、夜分、床についたときである。そういうとき、気はすっかりゆるみ、そのため判断力はもはやその任に堪えず、しかし想像力はなおも活発に働いている。すると、ありとあらゆるものが夜陰の色調を帯びてくる。だから寝入る前や、夜中に目を覚ましたとき、私たちの想念はたいてい夢とほとんど同じように、ひどく歪んだ倒錯したものに満ちている。さらに、一身上の事柄に関するものなら、それらはふつう暗《あん》鬱《うつ》きわまりない恐ろしい姿をとる。こうしたお化けはみな朝になると、夢と同じく消えてしまう。「潤色された夜、純白の昼」というスペインの諺は、これを意味している。

しかしまた灯りがともる宵の口も、分別は肉眼と同じく、昼間ほどはっきり見通せない。だからこの時刻は、深刻な問題、とくに不快な問題を熟慮するのに適さない。これには朝が最適で、朝は一般に精神的な仕事にせよ、肉体的な仕事にせよ、あらゆる仕事に例外なく適している。朝は一日のうちで青春時代に相当し、なにもかも朗らかで、すがすがしく軽やかだ。力がみなぎり、能力をすべて思いのままに駆使できる。朝寝坊してこうした時間を割愛したり、ふさわしくない活動やおしゃべりで空費したりせずに、朝は人生のエキスと心得て、いわば神聖視すべきだ。これに対して、晩は一日のうちで晩年にあたる。晩になると、無気力になり、不注意になって口が軽くなる。毎日が小さな一生なのだ。朝の目覚めは小さな誕生にあたり、夜の眠りは小さな死にあたり、これと共に一生を終える。つまり晩に眠りにつくことで毎日、死を迎え、毎朝目覚めることで新たな誕生を迎える。毎日のこうした小さな一生をまっとうするには、面倒で難儀な起床を出生の苦しみとみなせばよい。

総じて健康状態、睡眠、食事、気温、天候、環境やその他たくさんの外的条件が私たちの気分に大きな影響を与え、また、気分は私たちの思想に大きな影響をもたらす。だから、ある問題に対する見解ばかりでなく、仕事をする能力も、大きく時間や場所に支配されている。だからこそ

本気になるのはきわめて稀だから

それを心してとらえなさい

ゲーテ「総告白」

私たちは客観的構想や独創的な思想は果たして生まれるのだろうか、いつ生まれるのだろうかと心待ちにするが、あせってはいけない。一身上の問題の徹底的熟考でさえ、あらかじめ熟考する時期を決め、心構えができていても、いざとなると、うまくいくとは限らない。熟考もまた、みずから好機を選んでいるのだ。その時がきたら、ふさわしい思考の流れがひとりでに活性化するので、私たちは興味津々でそれについていけばよい。

以前にこうむった不正や損害や損失、侮辱や冷遇や無礼などを新たに生々しく思い浮かべると、ずっと眠っていた不興や怒り、あらゆる憎悪の感情がかきたてられ、心に濁りが生じるので、想像力の手綱を締めることをお勧めしたい。なぜなら、新プラトン派のプロクロス[34]が教示する巧みな比喩によれば、どんな町にも高貴で傑出した人間の他に、あらゆる種類の愚民が住んでいるのと同様に、どんな人にも、どんなに高貴で気高い人物にも、人間性、いや、獣性のまったく下等で下劣な面が素質としてそなわっているからである。この愚民を興奮させて暴動を起こさせてはならず、見るからに厭わしい姿をしているので、窓から顔を出させてもならない。前述した空想の産物は暴動の扇動者にあたる。人や物事から受けたごく些細な不興を絶えず思いつめ、どぎつい色彩を与えて巨大化して思い描くと、度を失うほどの怪物に膨れ上がるのも、この部類である。不快なものはみな、なるべく軽く受け流せるように、むしろきわめて散文的かつ冷静に解釈なさい。

目のすぐ近くにかざした小さな物体が視野を狭め、外界を覆い隠してしまうように、「ごく身近な」人間や物事は、いかに無価値で取るに足らぬものであっても、過分な注意を引き、私たちの頭をあれこれ悩ませ、おまけにしばしば喜ばしくないやり方で重要な考えや案件を押しのける。そうならないように対処すべきであろう。

14

自分が持っていないものを見ると、ともすれば、「あれが私のものだったら、どんなだろう?」という考えが頭をもたげてきて、ないものねだりをしてしまう。そうではなく、自分が持っているものに対して、「これが私のものでなかったら、どんなだろう?」としばしば自問してみよう。つまり財産や健康、友人や恋人、妻や子、馬や犬、何であれ、自分が持っているものを仮に失った場合を思い浮かべ、時おりそうした角度で自分をながめるように努めよう。たいてい失ってはじめて、そのものの価値がわかるからである。しかるに、ここで推奨した見かたをすると、第一に、それを持っていること自体が今までよりも直接的に幸福に感じられ、第二に、なんとしても喪失を予防しようとするだろう。すなわち、財産を危険にさらさない、友人を怒らせない、妻の貞節を誘惑にさらさない、子供の健康に目を配る、という風になる。

暗澹《あんたん》たる現状を晴れやかにしようとして、有利な可能性を当て推量し、さまざまな非現実的な期待をかけることがよくある。だが、こうした期待はいずれも幻滅をはらみ、過酷な現実にぶつかると、案の定、幻滅を免れない。むしろ、たくさんある不利な可能性に気を回したほうがよいだろう。一面ではその防止措置を講ずることになり、

34　プロクロス（四一〇?～四八五）ギリシアの哲学者。新プラトン主義の後期の代表的人物。初期のスコラ学者と呼ばれ、古代と中世をつなぐ思想家。著『神学綱要』他。

他面ではそうした不利な可能性が現実のものにならずにすめば、望外の喜びにもなり、多少の不安に耐えた後では、必ず著しく朗らかになるからだ。そのうえさらに、ひょっとしたら遭遇するかもしれない大きな災難をときおり、ありありと思い浮かべると、ためになる。そうすれば、あとで実際に災難に遭遇しても、ずっと小さな災難なら楽に耐えることができるし、また脳裏に描いていたほどの大きな災難に遭遇せずに済んだと回想して、心が慰められるからだ。とはいえ、この原則のために、前項にあげた原則をゆるがせにしてはならない。

15

私たちに関する問題や出来事は、まったくばらばらに、無秩序に、おそろしくちぐはぐで相互の関係もなく、要するに私たちの問題であるという以外、何の共通性もなく現われ錯綜しているのだから、それらに思考・配慮を適合させようとすれば、思考・配慮も支離滅裂なものにならざるをえない。したがって、ひとつのことを企てたら、他の一切を度外視し、払いのけねばならない。そうすれば余事に頓着せず、事をひとつずつその場その場で処理し、享受し、耐えることができる。いわば思考の引き出しのひとつを開けたら、その間は他の引き出しを閉めたままにしておきなさい。そうすれば、重くのしかかる心配事がひとつあるために、現在のささやかな楽しみがみな害《そこな》われて、すっかり落ち着きをなくしたり、ひとつの熟慮が他の熟慮を押しのけたり、一大事に気を取られ、たくさんの小事をおろそかにしたりするようなことはなくなる。とくに優れた高尚な見かたのできる人物が、身辺問題や些事《さじ》にすっかり心を奪われて、優れた高尚な見かたをする余地を完全に失うことがあってはならない。それでは、まったくもって「生活に追われて、生きる目的がだいなし」（ユウェナリス[35]『風刺詩集』八の八四）になってしまうだろう。

このように自分をある方向へ誘導し、また方向転換させるには、他の多くの場合と同じく、自制を要することは言うまでもない。いかなる人生でも気ままに過ごせるわけではなく、だれもが外部からの多大な強制を忍ばねばならないが、円を中心のいちばん近くで切り取ると、その小円はその百倍も大きな円周を描く円の相似形であるの

35　八五頁注5参照。

と同様に、所を得た小さな自制は、後に外部から来る数多《あまた》の強制の予防になると考えて、自制心を強めるとよい。外部からの強制を躱《かわ》すには、自制がいちばんだ。「すべてのものを自分に従わせたければ、まず自分自身を理性に従わせなさい」というセネカの箴言は、これを意味している。自制なら、いつでも自在にできるし、最悪の場合や自分のいちばんの泣き所に対しては、いくぶん手加減できる。これに反して外部からの強制は情け容赦なく無慈悲なので、自制して外部からの強制に先手を打つのが賢明である。

16

あらゆる望ましいもののうち、個々人が手にできるのはこのうえなく微小な一部だが、多くの災厄はだれの身にもふりかかることを常に肝に銘じて、願い事にはゴールを設定し、欲望を慎み、怒りを抑えること、すなわち、一言でいうと「節制と忍耐」が原則である。これを守らなければ、富があっても権力があっても、わが身のみじめさを如何《いかん》ともしがたい。ホラティウスの次の言葉も、節制と忍耐を目標にしている。

仕事の合間にたえず書を読み　賢人たちに尋ねてごらん
飽くことなき欲望や　あだな望みや恐れに苦しむことなく
心も軽く　暮らすには
どうすればよいのかと

『書簡詩』一の一八の九五〜九九

17

「生命は動きに在る」というアリストテレスの言葉はあきらかにその通りである。したがって、肉体的な生命は不断の運動をその本質とし、不断の運動によってのみ存続するのと同じように、内面的・精神的な生命もたえず活動を求めている。行為か思考か、何かに従事することを求めている。その証拠に、人間はこれといってすることがなく、ぼんやりしているとき、すぐに手や何かの道具でこつこつたたくような動作をする。つまり私たちは本質的に憩いなき生を営んでいる。だから何もしないでいると、おそろしい退屈に見舞われ、まもなく我慢できなくなる。そこでこうした衝動を調整すればよく、その人なりのやり方でかなえれば、より満足が得られる。つまり、何かをする、できれば何かを成し遂げる、せめて何かを学ぶといった活動は、人間の幸福に欠かせない。人の能力は用いられることを求めてやまず、人はそうした成果をなんとか見たいと願う。しかしながら、この点で最大の満足が得られるのは、何かを「作る」こと、仕上げることだ。籠《かご》でもいい、本でもいい。ひとつの作品が自分の手で日々、成長し、ついに完成したのを見ると、直接的な幸せが味わえる。芸術作品や著作はこうした働きをする。単なる手仕事でもよいのだが、言うまでもなく、高尚な種類の作品であればあるほど、高次の楽しみが味わえる。意義深く偉大でまとまりのある作品を生みだす能力を自覚した天分豊かな人物は、この点でもっとも幸福である。それによって彼の生活全体に高次の関心が行き渡り、他の人の生活にはない一種のスパイスが添えられるからである。だからこういう生活にくらべれば、他の人の生活はまったく味気ない。つまり、天分豊かな人物にとって、この人生、この世界は、みなと共通の質量的・物的関心のほかに、もうひとつの高次の関心、すなわち形相的・理念的関心の的となる。天分豊かな人物はその生活全体が作品の素材を蔵するため、個人的必要性が満たされて一息つける余裕ができるとすぐ、素材収集に生涯せっせと従事する。さらに、彼の知性は、いわば二面性をもつ。一面は他のすべての人と同じように、一般的観点（意志と関連する問題）に向けられた知性であり、もう一面は物事を純客観的に把握する知性である。かくして他の人たちは単に役者なのに対し、こうした人は観察者であると同時に役者であるという二重生活を送る。

ともあれ、各自が能力にしたがって何かすればよい。計画的活動がないと、つまり何やら仕事をしていないと、そのことが私たちにいかに不利に働くかは、長期の漫遊をしてみるとわかる。仕事らしい仕事もなく、いわば自分にしっくりくる自然な生活地盤から引き抜かれるため、時折かなり不幸な気持ちになる。モグラが土を掘らずにはいられないように、人間はあれこれ骨を折り、抵抗し闘わずにはいられないものなのだ。「いつも同じ楽しみで十分」とすると、いつしか停滞を招き、人間はそうした停滞に耐えられない。行動する際の物的障害であれ、学習・研究における精神的障害であれ、障害を克服するとき、人間は生を満喫し、障害と闘って勝つことで幸せになる。そうした機会がないと、できる限りの方策を講じて機会をつくろうとする。ただもう静止状態に耐えがたく、これにけりをつけようとして、個性の赴くところにしたがい、狩りをしたり、剣玉《けんだま》遊びをしたり、本性の無意識の欲求にあやつられて、喧嘩をしたり、陰謀をたくらんだり、詐欺や多種多様な悪事に手を染めたりする。まことに「閑暇に憩うのはむずかしい」。

18

「想像力が描き出したイメージ」ではなく、明確に考え抜かれた「概念」を努力目標にすべきだ。だが、たいていこの逆が行われている。つまり、詳細に検討を進めていくと、最終決定に決着をつけるのは、たいてい概念や判断ではなく、想像力が描き出したイメージであり、二者択一に立たされると、イメージが代表し代弁するのがわかる。ヴォルテールだったかディドロだったか、それも何という小説だったかもはや覚えていないが、主人公のヘラクレスのような青年が人生の岐路に立つと、美徳は常に彼の年老いた家庭教師の姿であらわれて、左手にタバコ入れ、右手には嗅ぎタバコをひとつまみ持って教訓めいたことを言い、他方、悪徳は母の侍女の姿であらわれるのであった。

とくに若いころ、幸福の目標は幾つかのイメージの形をとって眼前にちらつき、半生どころか一生、変わらぬことも多い。こうしたイメージは結局、私たちをからかう幽霊のようなものだ。やっと手に入れたと思っても、跡形もなく消えてしまい、約束は何ひとつ果たされないという目にあわされるのだから。家庭生活・市民生活・社会生活・田園生活の個々のシーン、住まい・環境・勲章・表敬のイメージはこの類《たぐい》である。「どの道化にもお気に入りの道化杖がある」[36]。恋人の面影もこの類であることが多い。私たちの身にこうしたことが起こるのは、おそらく自然のなりゆきだろう。直観的なものは直接的であるがゆえに、概念、すなわち抽象的な考えよりも直接的に意志に働きかけるからだ。ほかならぬリアリティーは個々のものにあるのだが、概念、すなわち抽象的な考えは、個々のものを抜きにして普遍性を示すだけなので、意志に間接的にしか働きかけることができない。それでも概念だけは言明を裏切らない。それゆえ概念だけを信用するのが、教養というものだ。ただし概念は、時としてイメージ

36 (原注) ドイツの諺。道化杖(権標)とは宮廷に仕えていた道化師が持っていた棒で、先端に頭巾をかぶった人面がついている。

による解説や言い換えを必要とし、条件つきである。[37]

19

前項の原則はもっと一般的な原則、すなわち、いかなる場合であれ、眼前の直観的なものから受ける印象にふりまわされるなという原則に包摂される。こうした印象は、単なる思索や既知の事柄とは比べものにならないほど強烈だ。素材・内容はたいそう貧弱なことが多いため、強烈な印象を受けるのは素材・内容のせいではない。外観、すなわち直観性と直接性のせいである。直観性と直接性は心をわしづかみにし、心の安らぎを妨げたり、決意を揺るがしたりする。眼前にあるもの、直観的なものは一目でさっと全体を見渡せるため、いつも一気に強烈な影響を与えるからだ。これに対して、思想や論拠は時間と心の安らぎを必要とし、少しずつじっくり検討されねばならず、それゆえ、いつでもそっくりそのまま、ありありと思い浮かべることができるわけではない。したがって快いものは、熟慮の結果いったんはあきらめても、それを目《ま》のあたりにすると、やはり心惹かれる。同じように、お門違いもはなはだしい批評に気を悪くし、軽蔑すべきと分かっている侮辱にも立腹する。また、「危険性なし」とする十の論拠があっても、現実に危なっかしそうな外観を目のあたりにすると、外観がものを言うという具合である。こうしたすべてに、私たちの本質がそもそも理性的ではないことが顕著にあらわれている。なお女性は、しばしばこの種の印象に圧倒される。また男性でも、こうした印象の影響に悩まされないほど、理性の勝った人物はほとんどいない。

ところで、考えるだけでは印象を完全に圧倒できないなら、それと反対の印象によって中和させるのが、最上の策である。たとえば侮辱されたという印象を受けたら、自分を高く評価してくれる人物を訪問すればよく、危機が迫っているという印象を受けたら、危機に立ち向かう動きを実際に観察すればよい。ライプニッツ[38]の話では、あるイタリア人は拷問にかけられているあいだ、「白状すれば絞首台送りになるぞ」と、かねての計画どおり絞首台の形を一瞬のゆるみもなく脳裏に描き続け、拷問の苦しみ

37　概念は私たちに普遍的なものを示すが、時としてイメージや直観的なものの助けを求めることも私たちにとって有益である。あまり厳格すぎてもいけない。矛盾するように思われるかもしれないが、少しばかり寛容さをもってイメージや直観的なものを受け入れることも必要である。

に耐えたという。彼はときおり「見えるぞ」と叫んだが、その言葉はこうした意味だったと後に説明している。

自分を取り巻くすべての人が自分とは意見を異にし、その異なった意見にしたがって行動するとき、自分はかれらの誤りを確信していても、動揺せずにいるのは、ここで考察した理由から、至難の業である。迫害されて、ゆゆしきお忍びの旅をする逃走中の国王は、しまいに自分が国王であることを疑いかねないが、そうならないように、信頼できる随伴者が国王と二人きりのときに絶対服従の忠節を尽くしてくれることは、国王にとってほとんど必要不可欠の励ましとなるにちがいない。

20

「健康」は、私たちの幸福にとって第一の最も重要なものであり、大きな価値をもつことについては第二章で力説しておいたので、ここでは健康維持について幾つか一般的なことを挙げておこう。

健康なときは、全身および身体の各部をおおいに働かせて負荷をかけ、いかなる不都合な影響にも抵抗できる習慣をつけて鍛えなさい。けれども、全身または局部に病的な状態があらわれたら、ただちに反対の方法をとって、病んだ身体や局部をなんとしても大事にして、いたわるのがよい。衰弱した病身は、鍛錬に堪えないものだから。

強く使うと、筋肉は強くなるが、神経は弱くなる。だから筋肉は適度に働かせて鍛えればよいが、神経は酷使しないように用心なさい。すなわち、目をあまりにも明るい光、とくに反射光にさらしたり、薄暗がりで目をこらしたり、極度に小さなものを長時間見続けたりしないように、耳には極度の騒音を聞かせないように、ことに脳はあまりにも長時間、あるいは不適切な時間にむりやり働かせないように用心すべきである。したがって、消化作用のあいだは脳を休息させなさい。脳のなかで観念をつくりあげるその同じ生命力が、消化作用のあいだは胃や腸のなかでせっせと働いて糜《び》汁《じゅう》や乳糜《にゅうび》[39]をつくっているからだ。また、筋肉をおおいに働かせているあいだも、その後も、脳を休息させなさい。なぜなら、脳の運動神経に対する関係と、脳の感覚神

38 ゴットフリート・ヴィルヘルム・ライプニッツ（一六四六〜一七一六）ドイツの哲学者・数学者。

39 糜汁《びじゅう》は胃内消化で食物が半流動体になったもの。乳糜《にゅうび》は小腸内ででき、腸壁から吸収された脂肪滴を多量に含み、乳白色を呈するリンパ液。

経に対する関係は似ていて、手足を負傷した際に感じる痛みは、本当は脳に中枢があるように、歩行や活動をしているのは、脚や腕ではなく、本当は脳だからである。詳しく言うと、脳のなかでも、延髄・脊髄《せきずい》を介して手足の神経を刺激し、手足を運動させる部位である。したがって、脚や腕に感じる疲労も、脳に中枢があり、脳から出発する随意筋が疲労しているにすぎない。これに対して、心臓のような不随意筋は、疲労を感じることがない。脳に強度の筋肉活動と精神的集中をむりやり同時に行わせたり、双方を続けざまに強要したりすると、脳を害するのは明らかだ。しかしながら散策の開始時や、概してちょっとした散歩のとき、しばしば精神活動の高揚を感じることは争い得ない。なぜなら、こういう場合には前述した脳の部位の疲労はまだあらわれておらず、他面、こうした軽度の筋肉活動によって呼吸が増し、酸素の供給がよくなって動脈の血液が脳へ上昇するのを促すからである。

とりわけ脳には、熟考に必要な睡眠を十分に与えるとよい。人間にとって睡眠とは、時計にぜんまいを巻くようなものだ。脳がよく発達して活動的であればあるほど、それだけ多く眠ることが必要になる。しかしながら度を越すと、時間の空費になる。長時間眠ると、眠りはそれだけ浅くなるからだ。とりわけ思考は、脳の有機的な働きにほかならず、したがって働かせたら休ませるという点で、他のすべての有機的活動と類似していることを十分に理解していただきたい。過度に働かせると目を害うように、脳をも害う。「胃が食物を消化するように、脳は考える」と言われるが、その通りだ。非物質的で単一の、本質的に常に思索するがゆえに倦むことを知らぬ心が脳に宿り、それは外界のものをいっさい必要としないという謬見《びゅうけん》が、多くの人に不合理な行動をとらせ、精神力を鈍らせてしまった。たとえばフリードリヒ大王は、睡眠の習慣を完全にやめようと試みたことがある。いやしくも哲学教授たる者なら、教理問答向きになりかねない迷信じみた空論によって、このような実害すら伴う謬見の後押しはしないだろう。

精神的能力を完全に生理的機能とみなし、この考えにしたがって精神的能力をあつかい、いたわり、おおいに働かせ、また、すべての肉体的疾患・支障・不調は、どの部分でも精神を冒すものだと考える習慣をつけるとよい。このために最適なのは、カバニス[40]が著した『人間の肉体と精神との関係』である。

大人物・大学者のなかにも、晩年には精神が弱体化し、幼児化し、狂気におちいった者までいるが、その原因は私がここで提示した忠告をおろそかにしたせいである。

たとえばウォルター・スコット、ワーズワース、サウジー[41]など一九世紀のイギリスの有名な詩人たちが六十代で精神活動が鈍くなって働かなくなり、痴愚とさえなりはてたことは、疑いもなく、かれらが皆、高額の報酬に心をそそられ、著述を生業《なりわい》としたこと、つまりお金のために書いたということで説明がつく。お金に惑わされて、つい無理をする。ペガサス[42]を軛《くびき》につなぎ、詩神ミューズを鞭で駆り立てる者は、美と愛の女神ヴィーナスに滅私奉公した者と同じように、その償いをさせられることだろう[43]。カントも有名になった後、晩年に働きすぎで、第二の幼年期ともいうべき最後の四年間を誘発したのではないかと私は疑っている。これに対して、ヴァイマール宮廷のお偉方、ゲーテやヴィーラント[44]やクネーベル[45]は報酬につられる物書きではなかったため、高齢、きわめて高齢になっても活発な精神活動を行い、知力が衰えることはなかった。ヴォルテールもそうだ。

一年の十二カ月はそれぞれ私たちの健康、身体全般の状態、いや精神状態に対しても独特で直接的な――すなわち天候とは無関係な――影響をおよぼしている。

C. 他人に対する態度について

21

「慎重」と「寛容」をたっぷり持ち合わせていると、世の中を渡るのに役立つ。慎重

---

40 ピエール・ジャン・ジョルジュ・カバニス（一七五七〜一八〇八）フランスの哲学者・心理学者・医学者。意識を無意識、半意識、明意識に分け、それらが脳髄の作用に依存することを臨床的かつ生理学的事実によって証明しようとした。生理学的心理学の創始者のひとり。

41 ローベルト・サウジー（一七七四〜一八四三）イギリスの桂冠詩人。ワーズワースらとともに湖畔詩人と呼ばれる。詩集『サラバ』、伝記『ネルソン伝』など。

42 天馬ペガサスは詩文の象徴。詩作することを「ペガサスを駆る」と言う。

43「美と愛の女神ヴィーナスに滅私奉公する」とは愛欲のとりこになり、放蕩の限りをつくすことを指し、「その償いをさせられる」とは梅毒に感染することを指す。

44 クリストフ・マルティン・ヴィーラント（一七三三〜一八一三）ドイツ啓蒙主義の代表的小説家。『アガトン物語』は後の心理小説、教養小説の先駆的作品。叙事詩『オーベロン』はウェーバーによってオペラ化された。ヴァイマールのアマーリエ大公妃に皇子たちの教師として招かれる。

45 カール・ルートヴィヒ・フォン・クネーベル（一七四四〜一八三四）詩人・翻訳家。

であれば、損害・損失を免れ、寛容であれば、諍《いさか》いやもめ事を免れる。

世人と交わって生きていかざるを得ないなら、個性は自然が定め与えたものである以上、どんなに劣悪で憐れむべき愚かしい個性であっても、絶対に排撃してはいけない。むしろ個性は永遠の形而上的原理ゆえに、こうでしかありえない不可変のものと受け止めるべきで、ひどい場合には「こういう変わり者もいるのだ」[46]と思えばよい。そう考えないと、まちがった行動をし、生死を賭けた闘いを挑むことになる。なぜなら本来の個性、すなわち、その道義性・認識能力・気質・人相などは、だれも変えることができないからである。相手の本質を徹底的に弾劾するとしたら、相手は私たちを不倶戴天《ふぐたいてん》の敵とみて闘うしかない。相手が現在のこの不可変的な在り方とは違った人間になるという条件下でしか、私たちが相手の生存権を認めようとしないからである。したがって、世人と交わって生きてゆくには、だれに対しても、どんなに突飛な個性であろうとも、その持ち前の個性をそのまま認める必要があり、個性をその特性に応じて利用することを心がけさえすればよく、個性が変わることを期待したり、個性そのままの在り方をやみくもに弾劾したりしてはいけない。これが「共存共栄」というスローガンの真の意味である。この言葉は正当であるとはいえ、この課題をこなすのは容易ではない。したがって、多くの個性に接することをいつまでも避けていられる人は幸福だといえよう。

それはさておき、人に対して耐え忍ぶことを学ぶには、無生物を手がかりに忍耐を養うとよい。無生物は力学的ないしその他の物質的必然性によって私たちの行為に頑強に抵抗しており、私たちは日々、学ぶ機会がある。次に、こうして獲得した忍耐を人間に転用して習得すればよい。すなわち、邪魔になる人がいても、それはその人の本性から発する必然性によるものであって、無生物の作用の苛烈な必然性とまったく同じであると考える習慣をつけよう。だから人の行為に腹を立てるのは、行く手に転がっている石に腹を立てるのと同じように愚かしいことだ。「私は彼を変えるつもりはない。まあ、彼を利用してやろう」と思うのがいちばん賢明というケースが少なくない。

46 （原注）ゲーテ『ファウスト』第一部三四八三行。

22

人間相互の精神と心情の同質性・異質性が、会話にたちどころに現われるのは驚くべきことだ。どんな些細なことにも、それが感じられる。珍しいことや当たり障りのないことが話題でも、本質的に異質な者同士だと、こちらの片言隻句《へんげんせっく》が多かれ少なかれ相手は不満で、立腹することも少なくない。これに対して、同質の者同士では、何事もすぐにいわば調和を感じ、同質性が大きければ、ほどなく完全な和声、いや、斉唱へと融《と》け合う。このことから第一に、凡庸な人たちは、なぜ、かくも社交的で、どこへ行っても易々と良きお仲間を――実に適切な愛すべき実直な人々を見出すのかということの説明がつく。非凡な人たちは、この逆の結果になる。それも傑出していればいるほど、はなはだしい。だから非凡な人は孤立した存在になり、どんなに微小でも[47]、何かしら自分との共通点を他者のなかにときおり見出しただけで、本当に嬉しく思うものだ。なぜなら、人はごく微小な共通点においてしか、相手と分かり合えないのだから[48]。したがって真の知者は、ワシのように独り高所に生息せざるをえない。

第二にここから、志を同じくする者はまるで互いに磁石に引かれるかのように、たちまち集まることが理解できる。似通った心と心は、遠くから挨拶を交わす。こうした機会は、志の低い者や才能の乏しい者のあいだでもっとも頻繁に見受けられる。それはただ、こうした人間は数え切れないほどいるのに対し、善良で卓越した人間は稀であり、稀者《まれもの》と呼ばれるほどだからである。したがって、たとえば実利を目的とする大きな共同体にかなりの悪党が二人いるような場合、まるで識別標識でもつけているかのように、互いにすぐにそれと感づいて、まもなく二人一緒になって乱用や裏切りをたくらむようになる。同様に、きわめて思慮分別のある機知に富む人物ばかりから成る大きな団体——ありえないことだが——に、二人だけ愚か者が居合わせるというケースを想定してみよう。その場合、その二人は互いに共感をおぼえ、まもなく二人

47　原文の〈Fiber〉は筋肉線維、植物繊維など有機体を構成するごく小さなものを指すが、ショーペンハウアーはここでは「微小なもの」の比喩として用いている。

48　「なぜなら各人が相手に対して自分が対峙しうる小さな点においてのみ、相手と対峙しうるからである」が原意。すなわち「私」は相手に対して、相手は「私」に対して小さな共通点を持つことが鍵となる。相手とコミュニケーションをとり、理解し合うためには、相手となんらかの共通点がなければならない。凡人はたやすく相手との共通点を見出すことができるが、非凡な人ほど他の人との共通点を見出すことがむずかしくなる。

とも心中ひそかに、少なくとも一人だけは物分かりのよい人間がいたと喜ぶだろう。特に道徳的にも知的にも劣った二人の人間が初対面で互いにそれと感づき、懸命に親しくなろうとして、親しげに喜ばしげに挨拶を交わして、旧知の間柄のようにいそいそと迎え合うさまは、実に見ものである。その様子は、仏陀《ぶっだ》の輪廻説《りんねせつ》にしたがって、二人は前世でも友人同士だったと見なしたくなるほど際立っている。

しかしながら人間同士、おおいに合致している場合であっても、隔たりが生じたり、おそらくは一時的な不調和が生じたりするものだが、それは現在の気分の相違によるものだ。現在の気分というものは、各自の現在の境遇・仕事・環境や身体の具合、その時その時の思考過程などに応じて、ほとんど一人一人異なっている。そのためどんなに相和《あいわ》する間柄でも不協和音が生じる。こうした障害を除くのに必要な修正を絶えずおこなって、いわば音律を調整できるとしたら、それはきわめて高い教養のなせる業《わざ》であろう。危険や希望やニュースや珍しい光景、芝居や音楽やその他の何やら客観的なものが、みなに同時に平等に働きかけるとすぐ、多人数の集いでも、みながくつろいで活発に語り合い、心から関心を示すようになることから、打ち解けた交わりには気分の一致がいかに大きな働きをするかが分かる。すなわち、こうしたものはいっさいの個人的興味を圧倒し、気分の全般的一致を生む。このような客観的働きかけがない場合には、たいてい主観的な働きかけが講じられ、そのため、酒類は集いに連帯感をもたらす常套手段となる。紅茶やコーヒーもこうした目的に役立つ。

いかなる結びつきであれ、一時的な気分の相違から不和に陥りやすいことを考えると、追憶はこうしたことや、類似の一過性の不具合に影響されないため、追憶のなかではだれもが理想化され、ときにはほとんど浄化された姿になるのは、ある程度無理からぬことである。追憶はカメラ・オブスクラのような働きをする。追憶はすべてのものを圧縮し、原物よりはるかに美しい像を生む。人からそんな風に見られる特典に浴したければ、自分がその場にいなければよく、それだけである程度、目的が達せられる。理想化の働きをする追憶は、完成するのに長い時間を要するけれども、すぐに仕事に取りかかるからだ。だから知人や良友の前にはかなり間《ま》をおいて姿をあらわすのが、賢明だとさえ言える。そうすれば、次に顔を合わせたときに、追憶がすでに作用していたことに気づくだろう。

23

何人たりとも、「自分自身を上回る」見かたはできない。私がここで言おうとしているのは、人はみな、他人を見ても、自分自身が実際にそうであるような人間以上の人間は見えてこないということである。なぜなら自分自身の知力を基準に、他人を把握し理解するしかないからだ。知力が最劣等の部類に属する者は、いかなる知的天分であれ、どんなに偉大な天才であれ、どこ吹く風である。知的天分の持ち主を見ても、その個性のもっとも低劣な部分、すなわち全部の弱点、気質や性格の欠陥しか認識しないだろう。彼にとって、知的天分の持ち主はこうした弱点や欠陥の寄せ集めとなる。彼にとって高い知的能力の持ち主は、目の見えない人にとっての色彩のようなものである。いかなる知者も、知力なき者の目には見えないからだ。およそ価値評価というものは、評価する側の認識領域で重んじられた価値の産物である。その結果、だれかと話をするとき、相手と自分との差異をなくすわけだが、自分が相手よりも優れている点はすべて消失するばかりか、そのために必要とされた自己否認には相手にまったく気づいてもらえないことになる。さて、大部分の人間は、実に低劣な志向と乏しい才能の持ち主であり、したがってまったくひどいということを思えば、かれらと話をするために、その間《かん》だけは（電荷の一様な分布と同じように）へりくだるしかないと悟るだろう。そうすると「へりくだる」という表現の本当の意味と、その適切なゆえんが根本的に理解できるだろう。しかしながら、自己の本性の恥部を介してしか、意思疎通できないようなお相手はみな避けたい気持ちにもなるだろう。また愚物・鈍物に対して、自己の分別を示す道はたったひとつしかなく、それはそういう人たちとはしゃべらないことだと悟るだろう。だがそうすると、社交の集いに出ても、ときおり、身体の萎えた人ばかりの舞踏会に来た踊り手が、はてさてだれと踊ればよいのやらと戸惑うのと同じ気持ちになることだろう。

24

私が百人にひとりの選ばれた人として尊敬するのは、何か待たねばならないとき、すなわち、これといってすることもなく、ぽつねんと座っているときに、ステッキやナイフやフォーク、その他何であれ、そのときちょうど手にしているもので拍子をとるようにトントン、カタカタ音をたてない人である。彼はおそらく思索をめぐらせている。ところが多くの人を観察すると、考え事ではなく、見ることに心を奪われている。この目的に役立つ葉巻が手元にない場合には、ガタガタ音をさせて自分の存在を自覚しようとする。かれらが周りで起きるすべての事象に対して、絶えず全身が目、全身が耳になっているのも、これと同じ理由である。

25

ラ・ロシュフーコーは、ある人をたいそう尊敬すると同時に激しく恋するのはむずかしいと述べているが、その通りである。したがって恋愛か尊敬か、そのどちらの対象になろうと努めるのか、私たちには選択の自由があるといえるだろう。[49]恋愛は常に利己的なものだ。どんなふうに利己的なのかは千差万別だが、ともかく利己的である。しかも、どのようにして愛を手に入れるかといえば、必ずしも自慢できるようなものばかりではない。大体において他人の知性や心情にほとんど期待しなければ、それも馬鹿にして大目に見るのではなく、うわべだけでなく本心から期待しなければ、それだけ好かれるだろう。この前提に加えて、もうひとつの前提、エルヴェシウス[50]の「楽しみに必要な知性の程度を見れば、どの程度の知性の持ち主なのか、かなり正確に測れる」という、たいそう真実味あふれる箴言を思い起こせば、これら二つの前提から、恋愛と尊敬のどちらの対象になろうと努めるべきか、おのずと結論が出るであろう。

これに対して、人を敬う場合は事情が逆になる。意志に反して尊敬せざるを得ないため、たいてい表《おもて》にあらわれない。だから尊敬されるほうが、私たちは内心はるかに大きな満足をおぼえる。尊敬は私たち自身の価値と結びついている。このことはそのまま恋愛にあてはまるわけではない。恋愛は主観的、尊敬は客観的なものだからだ。もちろん恋愛のほうが実益がある。

49　恋愛は直感や本能、性衝動に訴えるものであるのに対し、尊敬は知性に訴えるものである。

50　クロード＝アドリアン・エルヴェシウス（一七一五〜七一）フランスの哲学者・啓蒙思想家。『精神論』他。

26

たいていの人間はきわめて主観的で、根本において自分自身にしか興味がない。その結果、どんな話を聞いても、すぐさま自分のことを考え、また、たまたま何か自分の個人的なことと少しでも関係のあることを聞くと、それにすっかり注意を奪われ、そのため話の客観的テーマを理解する力はもはや残っていない。さらにいかなる論拠でも、自分の利害や虚栄心がこれに反対するやいなや、まったく聞く耳をもたない。とにかくすぐ気が散って、すぐ傷つき、侮辱されたと感じて気分を害するので、どんな話題でも客観的に話し合うには、目の前にいる相手の大事な繊細な自我に、話す内容がもしかしたら何か不利な面で触れはしないかと、どんなに細心の注意を払っても払い過ぎることはない。まったくこの自我だけがかれらにとって重要であって、それ以外のものはどうでもよいからである。相手の話が真実で正鵠を射ているとか、見事で洗練されていて機知に富んでいるとかいうことを解する心もセンスも持ち合わせていないくせに、どんなに微かで遠回しであっても、狭小な自尊心を傷つけそうな事柄や、このうえなく貴重な自我になにやら不利な影響をおよぼしそうな事柄に対しては、繊細きわまりない鋭敏な反応をする。その傷つきやすさときたら、うっかり小犬の前足をちょこっと踏んでしまい、キャンキャン悲鳴を聞かされるようなものだ。あるいは、ほんのちょっとでも触れないように細心の注意を払わねばならない傷だらけ瘤《こぶ》だらけの患者にたとえることもできよう。ところが、こういうことがはなはだしくなると、相手方が会話の最中に知力や理解力を露わにしたとか、十分に包み隠していなかったというだけで、それをとりもなおさず侮辱と感じる人もいる。もっとも当座はそれを表《おもて》に出さない。すると、こういった経験のない相手方は、あとになってから、自分はいったいどうしてあの人の恨みや憎しみを買ったのだろうと考え込み、思い悩むが、思い当たる節がない。しかしいっぽう、こうした人たちはその主観性ゆえに、嬉しがらせて味方につけるのも容易である。だから、かれらの判断は買収されたものであり、所属している党派や階級に有利な意見表明であり、客観的かつ公正な判断ではない。こうしたことはみな、かれらの意志が認識をはるかに凌駕し、わずかばかりの知性は完全に意志に仕えていて、一瞬たりとも意志から逃れられないことに拠る。

　人間の憐れむべき主観性はなんでも自分に結びつけ、いかなる思想であれ、ただちに一直線に自分に帰着させるが、それを大がかりに示すのが占星術である。占星術は広大な天体の運行をみすぼらしい自我へ関係づけ、天空の彗星を地上の争いやくだらぬ事件と結びつける。だが、こうしたことはいつの時代も行われ、すでに最古の時代にも行われていた。

27

間違ったことが民衆の間や上流社会でも語られ、書物に書かれて堂々と取り上げられ、せめて論駁《ろんばく》ぐらいはと思っても、それもない場合に、絶望的になって「この件はこれで決着ということになってしまうのか」などと考えるのはよくない。そうではなく、問題は後から徐々にじっくり検討され、解明され、熟考され、討論され、たいてい結局は正しい判断が下されるのだから、問題のむずかしさに匹敵するだけの時間がたてば、かつて明断な頭脳の持ち主がただちに見て取ったことを、ついにはほとんどみなが理解するようになると心得て、みずからを慰めればよい。もちろんその間《かん》は、辛抱しなければならない。愚昧《ぐまい》な人たちのあいだにひとり正しく洞察する人物がいるのは、教会の尖塔や時計台などに取り付けられた塔の時計がどれもこれも間違った時間に合わせてある町に、正確な時計をもつ人がひとりだけいるようなものだ。その人だけは、正しい時刻を知っている。だが、それが彼にとって何の役に立つのだろう。世間の人はみな、間違った時間をさす町の時計に合わせて暮らしている。それどころか、彼の時計だけは真実の時刻を告げているのを知っている人たちまでが、町の時計に合わせて暮らしている。

28

人間は甘やかすとつけあがるという点で、子供のようなものだ。だから相手の言いなりになって甘い顔をし過ぎてはいけない。たいてい借金を断っても友を失うことはないが、金を貸すと、とかく友を失いやすい。同様に毅然《きぜん》として相手を構いすぎずにいれば、そうそう友を失うことはないが、親切すぎて察しが良すぎると、相手は傲慢で鼻持ちのならない振る舞いをするようになり、そのために絶交にいたる。特に相手から必要とされているという考えに人間はまったく弱い。そんな考えにぴたりと離れずついてくるのが、不遜と尊大である。自分とおつき合いしてくれる、しばしば口をきいてくれる、打ち解けた様子で話してくれるというだけで、ある程度、自分は相手にとって必要な人間なのだという考えを起こす人がいる。そうなるとすぐに、自分のすることも相手は大目に見てくれるに違いないと考えて、礼儀の範囲を広げようとする。だから何らかの親密な交際に向く人物はきわめて少数だし、本性の卑しい者とは親しくならないように、特に用心したほうがよい。そういう人は、彼が私を必要とする以上に、私は彼を必要としているという思いにとらわれると、たちまち、私に何かを奪われたような気がして、失ったものを取り戻し仕返ししようとするだろう。[51]人づき合いで自分が優位に立つには、まったく他人を必要としないこと、そしてそれを態度でわからせることだ。それゆえ相手が男性であれ女性であれ、相手がいなくても結構やっていけるということを、ときおり相手に感じさせるのが得策である。そうすれば友情は堅固なものとなる。それどころか、たいていの人間に対しては、ときおりごく微量の軽視をさりげなく会話に混ぜても構わない。「人を重んじない者は、重んじられる」というイタリアの絶妙な諺があるほどで、相手はそれだけ友情に重きをおくようになる。だが、ある人が私たちにとって事実たいそう価値がある場合、その人に対しては、それをまるで犯罪のように隠しておかねばならない。これは喜ばしいことではないが、事実である。犬でさえ親切にしすぎると、なかなかおとなしくしていないものだ。まして人間は言うまでもない。

29

高潔で優れた才能をもつ人は、特に若いころは人を見る目がなく、処世術に著しく欠けることが知らぬ間に表《おもて》に出てしまうために、騙《だま》されやすく、また惑わされることも多い。これに対して、乏しい才能と獣的本能で生きる人は、ずっと早く巧みに世間に順応できる。その原因はどこにあるかといえば、経験がないと、先天的なもので判断せねばならず、いかなる経験といえども、先天的なものに匹敵しえないからである。つまり凡人の場合には、自我がこの先天的判断をしてくれるが、高潔で優秀な人の場

51　彼が必要とする以上に、私が彼を必要としているというのは、彼の思い込みであり、幻想にすぎない。私をぜひとも必要としているのは、彼のほうであるにもかかわらず、それを自覚できず、私にないがしろにされたように感じ、彼の存在の大きさをなんとかして思い知らせようとする。

合、そうはいかない。すなわち、高潔で優秀な人は高潔で優秀であるがゆえに、他の人間とは断然異なる。だからそういう人は自己の思考・行為を規準にして他人の思考・行為を予測すると、目算がはずれてしまう。

ところで全般的に見て、人間にどの程度期待してよいのかということを、つまり人間のおよそ六分の五までは道徳的・知性的観点において、やむをえず連絡をとるのでないかぎり、あらかじめ避け、できるかぎり接触圏外におくほうがよい者たちであることを、高潔で優秀な人も後天的に、すなわち他人から教えられ、みずから経験して学んでゆく。それでもなお人間の了見の狭さやあさましさについては、いつになっても十分には知りえず、生きているかぎり、これについての理解を拡充・補完してゆかねばならない。しかもそのあいだ、たびたび見込み違いをしては、損害をこうむる。また、実際に与えられた教訓を肝に銘じたあとでも、たまたま未知の人たちの集まりに迷い込むと、かれらがみな、話しぶりも顔つきも、理性的で正直で誠実で尊敬に値し、徳も高く、そのうえ利口で機知に富んでいるように見えて、不思議な気がすることがある。けれどもこんなことに惑わされてはいけない。これは単に、大自然の成すわざは、へぼ文士とは違うせいである。へぼ文士はならず者や愚か者を描くとき、筆運びがぎごちなく、わざとらしいために、いわばどの登場人物の背後にも作者がいて、登場人物の考え方や台詞をたえず否認し、「こいつはならず者だ。こいつは愚か者だ。こいつの言うことを真に受けるな」と警告の叫び声をあげているのが見える。これに対して大自然の成すわざは、シェークスピアやゲーテのようだ。作中のどの人物も、たとえ悪魔でも、そこに立って語っているあいだは、あくまで正しい。どの登場人物もたいそう客観的に把握されているので、私たちはそれぞれの人物の利害に引き込まれ、共感せざるを得ない。どの人物も大自然の営為と同じく、内的原理から展開され、そのために登場人物の言動は自然で、したがって必然的なものとして現われるからである。

だから角をつけた悪魔や、鈴つき三角帽をかぶった道化が世間を闊歩《かっぽ》しているなどと期待する人がいるとしたら、そういう人はたえず食い物にされ、弄《もてあそ》ばれることだろう。おまけに世の人は交際するときには、月や背中の曲がった人のように、いつも一面しか見せない[52]。そのうえだれもが、物真似よろしく自分の人相を仮面につくりか

52　月は自転周期と公転周期が同じなので、地球にいつも同じ面しか見せず、私たちは常に月の半面しか見ることができない。人間も同様に、欠点があっても、他人には一面しか見せない。すなわち表《おもて》の明るい美しい面のみ見せて、裏の暗い面は見せない。

えるという、生まれながらの才能をもつ。当人の本来あるべき姿を精確にあらわした仮面だ。しかも当人の個性専用にあつらえた仮面なので、どこもかしこも当人にぴったり合って、人を欺く効果は絶大である。だれかに取り入ろうとするたびに、この仮面をかぶる。「どんなに性悪でも、尻尾を振らない犬はいない」というすばらしいイタリアの諺を肝に銘じて、これを蠟引《ろうび》き布でできた仮面とみなして重んじないほうがよい。

いずれにせよ、知り合ったばかりの人間をとてもよい人と思い込んだりしないように、細心の注意を払ったほうがよい。さもないと、ほとんどの場合に失望させられ、きまり悪い思いをしたり、それどころか損害をこうむったりするだろう。

この点で、「人間の性格は些細なことからも読み取れる」というセネカの言葉は顧慮に値する。気を張っていないときの些細な出来事にこそ、その人の性格があらわれるものだ。しばしば、取るに足らぬ行為やちょっとした態度に、他人をいっさい顧みない極度のエゴイズムを容易にうかがうことができ、後に大きな問題にぶつかったとき、仮面をつけていても、そのエゴイズムがおのずからあらわれる。こうした機会をのがしてはいけない。日常生活の小さな出来事や対人関係、「法は些事《さじ》をとりあげない」という原則のあてはまる事態において、傍若無人のふるまいをし、自己の利益と便宜のみをはかって他人に不利益をもたらしたり、みなのために在るものをわが物としたりするような人は、心に正義など少しも宿していないばかりか、法律や権力の抑えがなければ、たちまち大きな問題でも悪党ぶりを発揮すると確信し、そういう人をみだりに信用してはいけない。臆面もなくクラブの規約をやぶる者は、身を危険にさらさずに済むなら、たちまち国の法をもやぶるであろう。[53]

赦《ゆる》して忘れ去るのは、自分の得た貴重な経験を窓から投げ捨てるようなものだ。私たちが連絡をとり、おつき合いしている相手が、不愉快な、または癪《しゃく》にさわる振る舞いにおよんだ場合、今後も頻繁に同じ振る舞い、さらに輪をかけた振る舞いをされても、それに甘んじようと思うほど大切な相手かどうかを自問しさえすればよい。それほど大切な相手なら、何を言ってもほとんど役に立たないので、とやかく言うまい。それたしなめるか否かは別として、事を水に流すしかないが、しかしそれは相手にもう一度やってくれと頼んだも同然だと覚悟したほうがよい。それほど大切な相手でなけれ

53　（原注）大部分の人間のなかで善が悪を凌駕するなら、恐れよりも、正義・公正・感恩・誠実・愛・思いやりを当てにしてもよいだろう。しかし実情はその反対なので、こうしたものは当てにしないほうがよい。

ば、即刻かつ永久に、そのご友人と縁を切らねばならず、召使なら解雇せねばならない。なぜなら、相手が今は誠心誠意、それとは反対のことを誓っていても、いざとなれば、まったく同じことや実によく似たことを、またやるに決まっているからである。人はあらゆることを忘れることができるが、自分自身だけは、自分の本質だけは忘れることができない。すなわち性格は、まったく修正がきかないものである。人間のあらゆる行動は内面的な原理から流れ出るもので、そのために人間は同じ状況にあれば、常に同じことをし、それより他に仕様がないのだ。私の懸賞受賞論文「意志の自由について」を読んで、迷妄から脱却していただきたい。だから、ひとたび縁を切った友人と仲直りすると、それが弱みになる。そのご友人は機会さえあれば、破局を招いた行為をそっくりそのまま、いや、もっと厚かましく、自分が相手にとってなくてはならぬ存在だということを心中ひそかに意識しながら、繰り返すだろうから、そのとき、この弱みの償いをさせられることになる。解雇した召使をまた雇い入れた場合も、同様である。これと同じ理由で、相手が前と違う状況にあっても、以前と同じ行動をとるだろうと期待してはいけない。むしろ人間は、利害関係が変われば、それに応じて考え方や態度もすばやく変えてゆく。人間の意図的行為はきわめて短期の振出手形のようなものであり、この手形の支払を拒絶させないためには、自分自身がそれを上回る短期支払の態度にでなければならない。

したがって、ある人を違う立場に移すことを考えている場合に、その人は違う立場なら、どういう行動をとるかを知りたければ、これに関しては、本人の約束や誓いの言葉を当てにしてはならない。たとえそれが誠心誠意、発した言葉であっても、本人もどんなであるか分からない事を話題にしているのだから。だからもっぱら、本人が足を踏み入れることになる状況や、その状況と本人の性格との相克葛藤を顧慮して行動を予測しなければならない。

そもそも、たいていの人間のたいそう嘆かわしい真の姿について、必要不可欠のはっきりした徹底的な理解を得るために、文学にあらわれた人間の行動・態度を実生活の人間の行動・態度の注釈として用い、またその逆に後者を前者の注釈として用いれば、たいそうためになる。これは、自分のことも他人のことも思い違いをしなくなるのに、たいそう役立つ。けれども、実生活や文学において並々ならぬ下劣さや愚かさの特徴を目にとめたときは、それを不快や癪《しゃく》の種とするのではなく、人類の性格学に対する新たな寄与とみなして記憶し、単に認識の材料とすればよい。そうすれば大体において、鉱物学者が目にとめた特徴的な鉱物標本を考察するように、それを考察することになるだろう。

もちろん例外はある。想像を絶するような素晴らしい例外もあり、個人差はとてつもなく大きい。だが全体としてみると、前述したように、世間はひどい状態にある。野蛮な者は喰い合い、野蛮でない者は騙《だま》し合う。これを世の習いという。対外的・対内的な人為的機構と権力手段をそなえた国家は、人間のとめどない不正に制限を加える予防措置以外の何であろう。歴史を通観すれば、どの国王も地位を固め、国土の繁栄をいくばくか謳歌すると、すぐにこの繁栄を利用して、強盗団さながらの軍隊を率いて隣国に襲いかかっているではないか。ほとんどすべての戦争は根本において、集団による強盗行為ではないのか。遠い古代は言うまでもなく、中世になってからも一部では、戦敗者は戦勝者の奴隷になった。要するに、敗者は勝者のために働かねばならなかった。被占領国に課される軍税を払う者は、やはり勝者のために働かねばならない。つまり以前に働いた収益を差し出すわけだ。「すべての戦争は強奪行為である」とヴォルテールは述べているが、ドイツ人はこの言葉を肝に銘じておくべきだ。

30

人間の性格に、放置・放任しておいてもよい性格というものはない。どんな性格も概念や規準による指南が必要である。さて、この指南を徹底して、生まれつきの本性ではなく、理性的な熟慮から現れ出た正真正銘の後天的・人為的な性格をつくろうとしても、

本性は熊手《くまで》で追い払っても
やっぱり戻ってくる

ホラティウス『書簡詩』一の一〇の二四

というホラティウスの言葉の正しさが、じきに立証されるだろう。つまり他人に対する態度・行動のルールはよく分かるし、みずから発見し、適切に言い表すこともできるのに、実生活ではすぐルール違反をしてしまう。けれども、だからといって落胆し、実生活で抽象的なルールや規準にしたがった行動指南はむりなので、感情のおもむく

ままにするのがいちばんだなどと考えてはいけない。そうではなく、この点は実践向きのあらゆる理論的規則や指図と同じである。第一に、ルールを理解すること、第二に、それを実践し習得することである。第一のものは理性で即座に得られ、第二のものは訓練して徐々に身につく。生徒は楽器の鳴らし方を教わり、剣のかわし方や突き方を教わる。どんなに一生懸命でも、すぐ間違える。すばやく譜面を読み、激しく闘いながらルールを守るなんて、ほとんど不可能に思える。それでも、つまずいたり転んだり起き上がったりしながら練習することで次第に習得してゆく。ラテン語を書いたり話したりするときの文法規則も同様である。不調法な人が廷臣になり、短気な人が上品な社交家になり、開けっぴろげな人が無口になり、高潔な人が皮肉屋になるのも同様である。けれども、長く習慣づけることで自分を訓練しても、それは常に外部から強制されたものであり、本性はこの強制に対する抵抗を決して止めない。本性がときおり思いがけず強制を突き破ってあらわれる。およそ抽象的規準にしたがった行動と、本源的な生得の傾向から発する行動との関係は、たとえば時計のように人間がこしらえた製品と、生きた有機体との関係のようなものである。人間がこしらえた製品では、形と運動が異質な素材にむりやり押しつけられているのに対し、生きた有機体では、形と素材は浸透し合い、ひとつになっている。したがって、後天的に獲得された性格と、生得の性格との関係をみれば、皇帝ナポレオンの「自然でないものはみな、不完全である」[54]という名言はいよいよ揺るぎないものとなる。総じて、この言葉は物質的なものであれ、精神的なものであれ、すべてにあてはまる規則であり、私が思い当たる唯一の例外は、鉱物学者がよく知る天然砂金石で、これは人工砂金石ともいうべき装飾用金梨子地《きんなしじ》ガラスにかなわない。

それゆえここで、何事によらず気取ったりしないように警告しておこう。気取りはいつも相手に軽蔑の念を起させる。第一に、気取りは欺瞞《ぎまん》である。欺瞞自体、恐れに基づくものなので臆病者のすることだ。第二に、気取りは、実際の自分ではない人間に見られたい、したがって実際の自分よりも良く見られたいために、自分で自分に永劫の罰の判決を下すようなものである。なんらかの特性を気取り、それを自慢するのは、そうした特性を持たないことを自白するようなものだ。勇気とか学識とか知力とか機知とか、女性にもてるとか富とか高貴の出とか、その他何であれ、法螺《ほら》を吹くの

54　（原注）『セント＝ヘレナ覚書～ナポレオン回想録』（一八一七）より。

は、まさしくその話題にしていることで何かが欠けているからだと推論できる。なぜなら、ある特質を本当に完全にそなえた人なら、それを並べ立てて気取ろうなどと思いもしないどころか、それにまったく頓着しないからだ。「ガチャガチャ音をたてる蹄鉄《ていてつ》は、釘が抜けている」というスペインの諺も、この趣旨である。もちろん、私たちの本性にそなわる多くの悪しき面や獣性は、包み隠しておく必要があるため、初めに述べたように、自制の手綱を無条件にゆるめて、ありのままの自分を丸出しにしてはならない。だがこれは単に、現実に存在しているものを隠蔽するという消極性を正当化するものであり、現実に存在しないものを存在するように見せかけるという積極性を正当化するものではない。

また、本人もまだ何を気取りたいのか、はっきりしないときでさえ、気取りは人目にふれるものだということを心得ておいたほうがいい。最後に、気取りはそう長く持ちこたえられるものではなく、仮面はいつか剝《は》げ落ちる。「仮面を長くかぶっていることはできない。役に扮しても、たちまち自分自身の本性に立ち返る」(セネカ)。

31

人は自分の体の重みを背負っているが、他人の体を動かそうとするときとはちがって、それを感じない。これと同様に、自分自身の欠点や悪徳には気づかず、他人の欠点や悪徳にばかり目がいく。

その代わり、だれもが他人を鏡とすれば、そこには自分のもつ悪徳や欠点や悪習や、ありとあらゆる嫌悪すべき点がはっきりと映っている。だがたいていの場合、自分が映っているとは知らず、別の犬がいると思って鏡に向かって吠えたてる犬のような振る舞いをする。

他人を鏡とすれば、他人を酷評する人は、自己矯正につとめることになるであろう。他人の外にあらわれた態度、そもそも他人の行状に心中ひそかに注意深く「鋭い批評」をくわえる傾向や習慣がある人は、かくも頻繁に厳しく非難していることを自分はしないようにする公正さか、せめて誇りと自尊心くらいは持ち合せているだろうから、そうすることで自己矯正につとめ、自分に磨きをかけることになる。大目にみる人については、これと反対のことがあてはまる。つまり、「これくらいの勝手は許してもらって、同じく他人にも許してあげよう」(ホラティウス)ということだ。福音書は他人の目にある塵《ちり》と自分の目にある梁《はり》について、すばらしい教訓を与えている。[55]だが目の性質からすると、どうしても外を見て、自分自身は見えないということになるため、他人の欠点に気づいて非難するのは、自分の欠点を悟るための実に適切な手段である。自己矯正には鏡がいる。

文体や書体についてもこの原則があてはまる。文体や書体における新手の愚行を非難するどころか称賛する者は、それを真似する。だからドイツではどんな愚行もたちまち広まる。ドイツ人はたいそう寛容で、これには定評がある。「これくらいの勝手は許してもらって、同じく他人にも許してあげよう」がドイツ人のモットーだ。

32

高潔な人は若いころ、本質的かつ決定的な人間関係やそこから生じる人間同士の絆《きずな》は、「観念的」なつながり、すなわち、志向や考え方や趣味や知力などの類似に基づく絆だと思っている。だが後になると、それは「実際的」なつながり、すなわち、なんらかの物質的な利害に支えられたつながりであることに気づく。この実際的なつながりが、ほとんどすべてのつながりの根底になっている。それどころか大多数の人間は、それ以外の関係がまったく分かっていない。したがって、どんな人も、職務や仕事や国籍や家族を基準に捉えられる。そもそも因襲によって与えられた地位や役割である。人はこうした基準にしたがって分類され、工場製品のように取り扱われる。これに対して、その人独自の在り方、すなわち個人的特性による人間としての在り方は、ほんの気まぐれに、したがって例外的に話題にのぼるだけで、みなを特に刺激するものでないかぎり即座に、たいてい聞き流され、顧みられない。その人独自の在り方を重く見る人であればあるほど、このような地位や役割を基準にした分類・序列はいよいよ気に食わず、そうした方面から身を退《ひ》こうと思うようになる。けれどもこれは、困苦と欲求がつきもののこの世では、どこへ行っても、困苦と欲求に対処する手段こそ重要で、それゆえ一般に広く行われていることをふまえた分類・序列である。

55　マタイ伝第七章「人をさばくことについて」参照。「……なぜあなたは、兄弟の目の中にある塵には目をつけても、自分の目の中の梁には気がつかないのですか……まず自分の目から梁を取りのけなさい。そうすれば、はっきり見えて、兄弟の目からも塵を取り除くことができます」。

33

銀の代わりに紙幣が出回るように、世間では真の尊敬と真の友情の代わりに、尊敬と友情の外面的誇示や、できるかぎり自然に見えるように模した身振りが広まっている。そのいっぽうで、実際に真の尊敬と真の友情に値する人物は、はたして存在するのだろうかという問題は放置される。いずれにせよ私は、そうした百の誇示や身振りよりも、正直な犬が尻尾を振ることに多くの意義を認めたい。

嘘いつわりなき真の友情は、他人の幸・不幸に対する、利害をまったく超越した純客観的な強い関心を前提としている。そしてこの関心はさらに、自分が本当に友と一心同体になることを前提としている。だが、人間の本性であるエゴイズムがその大きな妨げとなるため、真の友情は、おとぎ話か、どこかに実在しているかもしれない巨大なウミヘビの類《たぐい》である。しかしながら、人間相互のつながりの中には、主として千差万別のひそかなエゴイスティックな動機を基礎としているとはいえ、この嘘いつわりなき真の友情をちょっぴり交えて純化され、不完全なものばかりから成るこの世で、多少とも友情の名を冠してもよいような絆もある。親しい知人の大部分が私たちのいないところで陰口をきいているのを耳にしたら、もはや私たちはかれらと口をきかなくなってしまうだろうが、真の友情はそうした日常的なつながりをはるかに超越している。

友が真の友かどうか試すのに、真剣な助力と大きな犠牲を要する事態に次ぐ絶好のチャンスは、自分がたった今みまわれた不幸を友に報告する瞬間である。すなわち、そこで友の顔に心からの純粋な真の悲しみが現われることもあれば、落ち着き払った冷静さや、チラリとよぎる付随的な表情から、「親友が苦境にあると、何やらまんざらでもないという思いがいつも込み上げてくる」というラ・ロシュフーコーの有名な言葉を確証することもあるだろう。通常のいわゆる友人は、こうした機会にしばしば、一瞬フッと心地よげな微笑が浮かぶのをおさえきれない。自分が最近みまわれた少なからぬ苦境を語り聞かせたり、何か個人的な弱みを包み隠さず打ち開けたりしたときほど確実に、相手の機嫌がよくなることはないほどである――人間の本性の特徴がなんとよく出ていることか。

みながら認めたがらないことだが、疎遠になり、長期にわたって顔を合わせなければ、いかなる友情も損なわれる。会わずにいると、たとえ最愛の友であっても、月日の流れとともにいつしか抽象的に概念化されて涸《か》れてゆき、友に寄せる関心は、ますます単に分別に従ったしきたりめいたものになってゆく。心から湧き上がる生き生きした関心は、たとえそれがペットであっても、目の前にいるものに注がれる。人間の本性はかくも感覚的なものだ。ここでも

現在というものは　強大な女神です

『タッソー』第四幕第四場

というゲーテの言葉は真実だと分かる。

家に自由に出入りしている家族ぐるみの友人（Hausfreund 家の友）という言葉があるが、そういう人は主人と親しいというよりも家と親しいのであって、人になつく犬よりも、家になつく猫に似ているので、たいていの場合、そう呼ばれて当然であろう。

友・味方は率直を自称し、敵もまた率直である。だから非難されても、「良薬は口に苦し」として、おのれを知るのに役立てればよい。

苦境にも変わらぬ友は、まれなのだろうか？　とんでもない。友になったと思ったら、すでに苦境にあって、こちらが金を差し出すことを望む御仁《ごじん》もいる。[56]

34

才気と分別を見せるのが、人づき合いで人気を得る術策と思い込んでいる者がいるとしたら、その人はなんとひょっこであることか。むしろ才気と分別は、圧倒的多数の人間の憎しみと恨みをかきたてる。憎しみと恨みを抱く者は、その原因である相手の才気と分別を非難する資格がなく、憎しみと恨みを自分自身に対しても隠しておくので、それだけにいっそう憎しみと恨みが激しくなる。詳しいいきさつは次の通りだ。人は話し相手が知的におおいに優れていることに気づき、それを感じ取ると、相手もまたそれだけ自分の知的劣勢に気づき、それを感じ取っているだろうと、明確には意

56　ドイツの諺「苦境にも変わらぬ友はきわめてまれである」をふまえた皮肉。経済的苦境にあると、「友」は去る。財があると、「友」はたくさんできる。かれらは、こちらが「良き友」として救いの手を差し伸べることを望んでいる。

識しなくても、心中ひそかに推量する。この省略三段論法[57]がこのうえなく激しい憎しみと恨み、内心の怒りをかきたてる。だからグラシアン[58]が、「人気者でいる唯一の策は、もっとも愚かな動物の毛皮を着ることだ」と言っているのは、もっともである。才気と分別を白日のもとにさらせば、他のすべての人に向かって、その無能と愚かさを間接的に非難することになってしまうからである。おまけに卑しい本性の持ち主は、自分とは反対の人物を見ると、心穏やかではいられない。この騒擾のかくれた火付け役が嫉妬だ。というのも日々、目にするように、自尊心を満足させることは世人にとって何よりの楽しみであり、それは他人と自分をくらべることによってのみ可能だからである。

だが人間は、どんな長所よりも知的長所を誇りとする。人間が動物にまさるゆえんは、まさにこの知的長所にある。[59]だから、この天からの授かりもので決定的な優越性を見せつける、それも第三者の前で見せつけるのは、大胆きわまりない。すると相手は、仕返しできるものならしてみろと挑発されたような気持ちになり、たいてい、その人を侮辱することで仕返しする機会をねらうようになる。それによって相手は知性の領域から、万人に平等な意志の領域へ足を踏み出す。したがって、社会では身分や富は常に尊敬を当てにしてよいのに対し、知的長所は決してこうしたことを期待できない。いちばんお手柔らかなのは、知的長所を見て見ぬふりをする場合である。知的長所は通例、何やら厚かましいものと見なされ、持っているだけでも許し難いのに、生意気にもひけらかすとは何事かという目でみられる。誰もが、知的長所をそなえた人物に何か他の方法で屈辱をくわえてやろうとひそかにもくろみ、ひたすら機会をう

57　省略三段論法とは結論もしくは大前提、小前提のいずれかを略した三段論法をいう。「われ思う、故にわれあり」はその一例。アリストテレスの論理学にあっては修辞学の三段論法とされ、蓋然的前提よりなり、説得のために用いられた。アリストテレスにおいては必ずしも省略を要しなかったが、のちそれが転じて、議論を簡潔にするためや表現をつよめるためにも用いられるようになった。

58　バルタザール・グラシアン（一六〇一～五八）スペインの哲学者。著『神託、賢く生きる知恵』。この書は処世術をアフォリズム風にまとめたもので、ショーペンハウアーはドイツ語に訳している。訳書はショーペンハウアーの没後一八六二年に刊行された。

59　（原注）人間そのものが意志なので、意志は人間が自分で自分に与えたものと言うことができるが、知性は天からの授かりものだ。すなわち、知性とは永遠の神秘的な運命が授けた必然的なものであり、母親はその必然性の手先にすぎない。

かがうようになる。へりくだった態度でしつこくせがんでも、知的優越に対する許しを得られることはほとんどない。サアディーはその著『薔薇の園』で、「利口な人は利口でない人を厭《いと》うが、利口でない人は利口な人をその百倍も激しく嫌悪するのだと心得ておきなさい」と言っている。

これとは逆に、知的「劣位」は正真正銘の推薦状になる。身体が暖《だん》を求めるように、精神は心地よい優越感を求めるからだ。したがって、誰もが本能的に暖炉や日向《ひなた》に近づくように、心地よい優越感を与えてくれそうな相手に近づく。すると、そのお相手は、男性なら知的特性の点で、女性なら美しさの点で、自分よりも断然劣る者のみということになる。むろん少なからぬ相手に対して自分のほうが偽ることなく劣っていることを示すのは、なかなか困難である。これに対して、十人並みの器量の少女がおそろしく不器量な少女に、いかに心からの親しみをもって近づいていくかをご覧いただきたい。男性は自分より背の高い男性と並ぶよりは、背の低い男性と並ぶほうがたしかに気持ちがよいけれども、男性の場合には、身体的長所はあまり問題にならない。したがって、男性の間ではもっとも愚かで無知な者が、女性の間ではもっとも醜い者が一般に人気があり、引く手あまたである。こうした人たちは「きわめて善良な心の持ち主」と評判になりやすい。誰もが自分自身と他人に対して、相手を好きになった口実がいるからだ。

こういうわけで、いかなる種類のものであれ、知性の優越という特性は、その人物をたいそう孤立させる。知性の優越は嫌われ、憎まれる。その人物にさまざまな欠点をなすりつけ、その口実にする。[60]女性の間では美貌がこれと同じ作用をもたらす。たいへんな美少女には同性の友人がおらず、同性の同伴者すらいない。美女は貴婦人の付添役[61]など志願しないほうがいい。美女が前に進み出ただけで、未来の女主人と期待

60　(原注) 世の立身出世においては、友好関係や仲間意識が断然、主要手段となる。だが優れた能力の持ち主は誇り高く、そのために能力の劣った者にこびへつらうことがほとんどできず、ましてや能力の劣った者の前では、その優れた能力を包み隠し、否認すべきだということになる。いっぽう、ひたすら自分の能力の乏しさを意識すると、これと反対の作用をする。この意識は謙虚さ、人づきあいのよさ、愛想よさ、劣悪な者に対する敬意ともみごとに調和し、友もできれば、ひいき筋もできる。

以上のことは国務ばかりでなく、名誉職や顕職、学問の世界での名声にもあてはまる。例えば、アカデミーにおいても愛すべき凡庸な人物が常にトップに立ち、功績ある者は遅く入会したり、まったく入会しなかったりする。何事もおしなべてそうである。

した貴婦人の顔がみるみる曇ってしまうからだ。貴婦人は自分のためであれ、娘たちのためであれ、引き立て役にならない女性などまったく不必要なのだから。——これに対して位階の特典は、これと反対の関係になる。なぜならこちらは、個人的長所のようにコントラストと差異による作用ではなく、周囲の色彩が視覚におよぼす作用と同じく、反射による作用だからである。

35

私たちが他人を信頼するとき、怠惰や身勝手さや虚栄心が大きく関与していることが非常に多い。自分で調べ、注意深く見守り、実行するよりも、他人にまかせたいときは怠惰が関与し、自分の心にかかる事柄を黙っていられず、つい他人に打ち明けるときは身勝手さが関与し、自慢するときは虚栄心が関与している。にもかかわらず、信頼されたことを相手が光栄に思うことを要求する。

これに反して「信頼してくれない」といって腹を立てるのは筋違いであろう。不信感には、「信頼がおける」ということに対する賛辞が含まれているからだ。つまり

「信頼がおける」というのは、存在そのものが疑わしい、きわめて稀な事柄であると率直に公言しているようなものだからである。

36

「礼」は、中国のきわめて重要な徳であり、拙著『倫理学』にそのひとつの根拠を挙げておいた。もうひとつの根拠は次のとおりである。礼とは、道徳的にも知的にも見るにしのびない互いの性質を互いに見なかったことにし、それ以上は踏み込まないという暗黙の協定である。この協定により、こうした性質はいくぶん表《おもて》に出にくくなり、当事者双方の利益になる。

礼をわきまえるのは賢く、したがって礼を失するのは愚かだ。不必要に悪乗りして敵をつくるのは、わが家に放火するような狂気の沙汰である。礼は学習用の模造貨幣

61　貴婦人の付添役とは、上流社会の女性のお相手をするために雇われた教養ある女性をさす。貴婦人・令嬢のために書物を朗読したり、旅のお伴をつとめたりする。

のように、あきらかに贋金なので、これを倹約するのは無思慮、出し惜しみしないのが分別の証《あかし》となる。どの国民も手紙の末尾は、「あなたのもっとも忠実な僕《しもべ》より」という句で結ぶ。ドイツ人だけはこの「僕《しもべ》」という語を差し控えている。あまりにも嘘くさいせいだろうか。——だが実利を犠牲にしてまで礼を尽くすのは、学習用の模造貨幣の代わりに本物の金貨を差し出すようなものだ。

蠟《ろう》はもともとは堅くて扱いにくいが、少し温めるとしなやかになり、どんな形にもすることができる。同様に、多少の礼をわきまえて親切にすると、敵意に満ちた頑固者でさえ軟化して愛想よくなることがある。したがって、人間にとって礼とは、蠟にとっての熱のようなものである。

礼はむろん困難な課題である。なにしろ、ほとんどは尊敬に値しない人間なのに、みなに最高の敬意を表することを要求し、また、相手に関与せずにすめば気楽なのに、きわめて旺盛な関心を寄せているかのように装うことを要求するのだから。——礼と誇りを融和させることができたら、まさに神業《かみわざ》である。

侮辱とは、要するに軽視の表明だが、いっぽうで、自分の値打ちと尊厳を過大に思い描き、途方もない慢心を抱くようなことがなく、他方で、一般に人間は他人のことを心のなかでどうとらえ、どう考えているかがはっきりと分かったなら、たとえ侮辱されても、取り乱すようなことはずっと少なくなるだろう。たいていの人は、自分に向かって非難めいたことをチラリとほのめかされただけでも鋭敏に反応するが、その感じやすさと、仮に知人たちが自分のことを話題にしているのを立ち聞きした場合に聞かされるであろう事柄とは、なんと際立った対照をなすことだろう！

むしろ通常、相手が礼に適っていても、にこやかな仮面に過ぎないということをいつも念頭に置いたほうがよい。そうすれば仮面が少々ずれたり、ちょっとの間はがれ落ちたりしても、大騒ぎせずにすむだろう。ましてや文字どおり無礼を働く者がいたら、それは服を脱ぎ捨てて、素っ裸《すっぱだか》になったようなものである。大部分の人がそうだが、この状態ではむろん見られたものではない。

37

自分の行状について、他人を手本にしてはならない。境遇や環境や諸般の事情は決して同じではなく、性格の相違が行動にもさまざまな色調をもたらすからである。だから「二人が同じことを行っても、同じにはならない」。じっくりと綿密に考え抜いてから、自分の性格にかなった行動をとらねばならない。つまり実践においても、その人独特のものがあらわれていることが不可欠で、さもないと、その人の在り方にふさわしくない行いになってしまう。

38

他人の意見には反駁しないほうがよい。相手が信じ込んでいる不合理をいちいち説得して思いとどまらせようとしたら、メトセラ[62]のような高齢になっても、けりがつかないことを考慮したほうがよい。

また会話の際に、よかれと思ってしたことでも、相手を矯正する論評はひかえたほうがよい。相手の心を傷つけるのはたやすいが、翻意させるのは、不可能とまではいかなくても、むずかしいからである。

ばかげた内容の会話を聞かされるはめになり、癇癪《かんしゃく》が起きそうになったら、これは二人の道化が演じる喜劇の一場面だと思えばよい。効き目は折り紙つきだ。――世の人にもっとも大切なことを真剣に教えるために生まれた者が無傷ですむなら、勿怪《もっけ》の幸いと言えるだろう。

39

自分の判断を人に信用してほしければ、冷静に、激情をまじえずに話しなさい。あらゆる激しさは意志の産物であり、認識は本来冷静なものなので、相手はこちらの判断を認識ではなく、意志に基づくものと考えるからである。人間における根底は意志であり、認識は副次的なもの、付加的なものにすぎないため、相手は、意志の興奮は判断から生じたと考えるよりも、判断は興奮した意志から生じたと考えるからである。

62　メトセラは旧約聖書『創世記』第五章第二一節から第二七節に登場する人物。ノアの方舟で有名なノアの祖父にあたり、九六九歳で亡くなったとされる。メトシェラと表記することもある。

40

どんなにもっともな理由があっても、自画自賛の誘惑にのってはいけない。というのも虚栄心は実にありふれたものだが、功績は実に稀なので、間接的ではあっても自画自賛しているように見えると、たちまちだれもが、虚栄心からあのように語っているのだ、ばかばかしさを見抜くだけの分別もない虚栄心のなせる業だと断言するであろうから。――しかしながらフランシス・ベーコン[63]が「誹謗は後味を残すが、それは自画自賛についても言える」と述べ、そこから適度の自画自賛をすすめるのは、あながち不当ではあるまい。

41

相手は嘘をついているのではないかという疑念が生じたら、信じているふりをすればいい。すると相手は厚かましくなり、さらに輪をかけた嘘をつき、化けの皮がはがれるだろう。これに対して、相手が隠したがっている真相の一部をうっかり漏らしたのに気づいたら、その点については信じていないふりをし、相手がこちらの反論に挑発されて、後衛部隊を繰り出し、結局は真相をすっかり話してしまうように仕向ければよい。

42

個人的な事柄はすべて秘密とみなすべきである。親しい知人に対しても、相手が目で見て取れる以上のことは、何も知られないようにしておかねばならない。どんなに他愛のない事柄でも、相手に知られたために、時と場合によっては不利になることもあるからだ。——概して言葉に出すよりも、口を噤《つぐ》むことで分別を示したほうが得策である。沈黙は賢明さを本質とし、言明は虚栄心を本質とする。しばしば、どちらの機会も均等にある。だが私たちは、沈黙がもたらす永続的な価値よりも、言明のもた

63　フランシス・ベーコン（一五六一〜一六二六）イギリスのルネサンス時代の生んだ最大の思想家であり、デカルトとともに近世哲学の祖といわれる。著『ニュー・アトランティス』『ノーヴム・オルガーヌム（新機関）』他。

らす一時的な満足を優先させることが多い。それどころか、ちょっと独り言を言うと、ほっとして心が軽くなる。これは活発な人にありがちだが、癖になるといけないので、止めたほうがよいだろう。思索と言葉が親密になって、他人と話しているときにも、いつのまにか考えている事をそのまま声に出してしまうようになるからだ。けれども、考えることと語ることとの間に、大きな隔たりを保っておくのが賢明である。

時として私たちに関する事柄で、相手は疑念を抱くこと自体、思いもよらないのに、相手に金輪際信じてもらえないと思い込むことがあるが、ひとたび相手が疑念を抱くように仕向けると、実際に相手にもはや信じてもらえなくなる。だが相手が気づかないはずがないと独り合点して、しばしば自分の秘密をばらすのは、眩暈《めまい》に襲われて、高所から身投げするようなものだ。すなわち、ここにしっかりと立っていることはできないが、ここに立つ苦しみはあまりにも大きいので、いっそ早く切り上げたほうがましだと思ってしまうのだ。こうした思い込みにとらわれると、いわば眩暈を起こすことになる。

他方、世人は、ふだん特別な頭の冴えをみせない人でも、他人の一身上の事柄になると、数値をひとつ与えられただけで、どんなに込み入った課題でも解き明かす優秀な代数学者のようになると心得ておいたほうがよい。たとえば、以前にあった出来事を関係人物のいっさいの名前、その他の特徴的説明を省いて話して聞かせるときには、たとえどんなに些細なことでも、何か明確な個々の状況、たとえば場所や日時や付随的な人物の名前、その他何か間接的にでも関係あることを話に持ち込まないように用心したほうがよい。なぜなら、明確な数値を与えられた代数学者が頭の冴えを発揮して課題を解くように、世人はそれを手がかりに、たちまち他のいっさいを探り出してしまうからである。つまり、非常に強い好奇心にかられると、意志が知性に拍車を加え、それによって知性は駆り立てられ、どんなに途中の計算が長くても、解答に到達する。換言すれば、世人は「普遍的」真理に対しては鈍感で無関心なのに、個々の真理には執心する。

実際こうしたことのために、処世術を説くすべての人が多種多様な論拠をあげて切々と「沈黙」を説いてきた。だから、このへんで打ち切りにしてもよいのだが、あまり知られてはいないけれども、特に説得力のあるアラビアの格言を、二三記しておきたい。

「敵に知られたくないことは、味方に告げるな」

「秘密を口外しなければ、秘密は私の捕虜である。秘密をうっかり洩《も》らせば、私が秘密の捕虜となる」
「沈黙の木には平和の実がなる」

43

だまし取られたお金ほど、有益に使ったお金はない。それと引き換えに、とりもなおさず知恵を手に入れたことになるからである。

44

だれに対しても、なるべく悪意を抱かないようになさい。けれども人の性格は変わらぬものだということを常に確信し、各人の行動に十分に注意を払って記憶にとどめ、少なくとも私たちに関するかぎり、それによってその人の価値を見定め、それに応じてその人に対する私たちの態度行動を調整すればよい。人のよからぬ特徴を一時でも忘れるのは、苦労して得たお金を投げ捨てるようなものだが、こうすれば、愚かしい狎《な》れあいや無意味な交友を前もってふせぐことができる。「愛してはならぬ、憎んでもならぬ」には、あらゆる処世術の半分がふくまれ、「何も言うな、何も信じるな」には、残りの半分がふくまれている。とはいえ、こうした原則や次項以下に掲げる原則を必要とするような世間には、背を向けたくなるであろう。

45

怒りや憎しみを言葉や表情にみせるのは、無益で、危険で、愚かで、滑稽で、下品だ。怒りや憎しみは、決して行動以外のもので示してはいけない。言葉や表情にみせることをより完全に避けるなら、それだけより完全に行動で示すことができるだろう。――冷静沈着な人間だけが怒りを行動によって効果的にあらわす。[64]

46

世慣れた人々は「メリハリをつけずに話す」という古来の原則を重んじるが、その狙《ねら》いは、何を話したのか探り当てるのを他人の分別に任せることにある。分別はゆっくりと働くため、分別が仕事を終えないうちに、事はもう済んでいる。ところが「メリハリをつけて話す」と、感情に語りかけることになり、何もかもそれと逆になる。相手によっては、丁寧な物腰と愛想のよい口調でのぞめば、実に無作法なことを言っても、直接の危険はない。

D. 世相や運命に対する態度について

47

人間の生活はいかなる形をとっても、常に同じ要素でできている。だからあばら家でも宮廷でも、修道院でも軍隊でも、どこで生活を送ろうと、本質的に同じである。遭遇する出来事や冒険や幸・不幸がいかに多種多様であっても、それはお菓子が多種多様であるようなものだ。形も色もさまざまな、たくさんのお菓子があるが、どれもみな、こね粉から練り上げられて出来ている。甲がたまたま遭遇する出来事は、甲が話すのを聞いて乙が想像するよりも、かつて乙にふりかかった出来事にずっとよく似ている。また私たちの人生の出来事は、万華鏡に映じた像と同様である。回すたびに何やら違うものが見えるが、目の前にあるのは、本当はいつも同じものなのだ。

48

「世界を支配する力は三つある。それは賢さと強さと運である」と古人はいみじくも

64　原文を直訳すると「冷血動物だけが有毒である」。ショーペンハウアーはここでは動物界から人間界に置き換えて比喩的に表現している。「感情の爆発は役に立たず、冷静な頭脳がものを言う。侮辱されても逆上せず、冷静でいられる人が真に大きな力を持ち、有毒とも言えるほど破壊的な効き目のある行動を起こすことができる」という意。

言っている。いちばん物を言うのは、最後にあげた運ではないかと私は思う。換言すれば、人生航路は舟の運行にたとえることができる。運、すなわち幸運・不運は急速に私たちをはるか前へ押し進めたり、はるか後ろへ押し戻したりして、いわば風の役割をする。これに引き換え、私たちのたゆまぬ努力はわずかなことしかできず、いわば櫂《かい》の役割をしている。長時間せっせと漕いで、いくらか前へ進んでも、一陣の突風でそのぶん押し戻されてしまう。ところが順風であれば、櫂が要らないほど前へ進む。「汝《なんじ》の息子に幸運を授けて、海中へ投ぜよ」というスペインの諺は、幸運のこの力を比類なくみごとに言い表している。

偶然はたしかに邪悪な力であり、なるべくこの邪悪な力に事をゆだねないほうがよい。けれども、あらゆる寄贈主のなかで唯一、贈り物をしながら、しかも同時にはっきりと「お前たちには贈り物を要求する権利など、まったくないのだぞ。お前たちが贈り物を授かるのは、決してお前たちがそれにふさわしいからではなく、ひとえにわしの好意と慈悲に拠るのだぞ。だからこそお前たちは、今後も身に余る贈り物を恭しく受け取る僥倖《ぎょうこう》を待ち望んでもよいのだぞ」ということを思い知らせるもの、それが偶然である。偶然はまた、偶然が示す好意と慈悲にくらべれば、人間のあらゆる功績など、まったく無力で無価値だと分からせる至妙《しみょう》の技に通じている。

自己の人生航路をふりかえり、その「迷宮のように錯綜した道程[65]」を見渡すと、必ずや取り逃がした幾多の幸運や、みずから招いた幾多の不運に気づくだろう。そうすると、とかく自分を極端に責めてしまう。だが私たちの人生航路は決して、もっぱら私たちが自分でこしらえたものではなく、二つの要因、すなわち数多《あまた》の出来事と、私たち自身が下した数多の決定から生じたものであり、この両者はたえず入り混じり、互いに修正し合っている。これに加えて、出来事の面でも決定の面でも、私たちの視野は常にきわめて狭い。ずっと前から自分の決定を預言したり、ましてや出来事を予見したりすることはできない。いずれにせよ本当に分かっているのは、現在の出来事と現在の決意だけである。それゆえ、目標がまだはるか彼方にあるあいだは、目標めがけてまっしぐらに舵《かじ》をとることができず、推測にしたがって近似的にそちらへ方向を向けるしかなく、しばしば巧みに困難を切り抜けながらジグザグに進まねばならない。つまり、うまく大目標に近づけることを期待しながら、常に現在の状況に応じて

65　(原注) ゲーテ『ファウスト』第一部口上、一四行参照。

決定を下すのが精一杯である。こういうわけで、たいていの場合、出来事と私たちの根本的な意図とは、それぞれ別の側へ引っ張る二つの力にたとえることができ、ここから生じた対角線が私たちの人生航路である。

テレンティウス[66]は

人生は骰子《さいころ》遊びのようなもの
賽《さい》をふった結果がいちばんの望み通りでなかったら
偶然の仕業《しわざ》に対処するあの手この手が要るのです

と言っているが、一種の双六《すごろく》遊びを念頭においていたにちがいない。もっと簡単に、「運命がトランプのカードを切り、私たちが勝負する」と言えるかもしれない。だが、この点で私の今の考察を言い表すとしたら、次の比喩がもっとも適切だろう。すなわち人生はチェスのようなものだ。計画を構想しても、チェスなら相手方が、人生なら運命が、いかなる手を打つかによって制約される。そのため、計画はたいてい大きく修正されて、実現されるときは、わずかな根本的特徴をかろうじてとどめるにすぎない。

ところで人生航路には、以上述べてきた事柄すべてを越えるものがある。それは、私たちはしばしば自分が思っている以上に愚かだという、ありふれた、あまりにも頻繁に確認される真実である。これとは反対に、しばしば自分が思っていた以上に賢いと発見することもあるが、発見そのものがそうした経験をした人にかぎられるし、それもずっと後になってようやく気づく。頭脳よりももっと賢い何かが私たちのなかに宿っている。つまり、私たちは人生航路の大きな流れにおいて大切な行動に出るとき、これは正しいという明確な認識にしたがって行動するというよりは、内なる衝動にしたがって、言うなれば、私たちの本質のもっとも深遠な根底からわき起こる本能にしたがって行動する。あとになってから、明確だが貧弱な、後天的に得たというよりは受け売りの概念、一般原則や他人の範例などにしたがって自分の行動を咎《とが》めるけれども、「一事をもって万事を測ってはならない[67]」ということを篤《とく》と吟味したりはしない。

66　プブリウス・テレンティウス・アフェル（前一九五／一八五～前一五九）共和制ローマの喜劇作家。著『自虐者』『アンドロス島の女』『ボルミオ』他。

ともすれば、自分自身に対して不当な判断を下しかねない。けれども、だれが正しかったかは最後に判明するものであり、主観的かつ客観的に問題を判断する資格を得るのは、運よく長寿をまっとうした者だけである。

この内なる衝動は、人生に一貫した色調と統一性あるドラマをもたらし、目が覚めると忘れられてしまう預言めいた夢想という、無意識の導きのもとにあるのかもしれない。いっぽう、頭脳が生み出す意識はしばしば不安定で思い違いをし、不調をきたしやすく、人生にこうした一貫した色調と統一性あるドラマをもたらすことができない。こうした無意識の導きのために、たとえば、ある種の大事業を天命とする人物は、若いころからその天命を心中ひそかに感じ、ミツバチが巣を築くように着実に目標めざして努力する。これこそ、各人の利益になるように各人が有するもの、バルタザール・グラシアンが「大いなる判断力」と名づけたものである。それは自己自身を庇護・監督する本能的な大いなるものであり、これがないと、人間は破滅してしまう。「抽象的な原則」にしたがって行動するのはむずかしく、多くの訓練を経てようやくうまくいく。しかも訓練を積んだからといって、いつもうまくいくとはかぎらない。また、原則そのものが十分でないことも多い。これに対して人間だれしも、なんらかの「生得の具体的原則」があって、この原則はその人のあらゆる思考・感情・意欲の総決算なので、血液と体液のなかに潜んでいる。たいてい抽象的な形ではこの原則を識別できず、一生をふりかえって初めて、自分が常にこの原則を守ってきたこと、目に見えぬ糸に引かれるように、この原則に惹きつけられていたことに気づく。それがいかなる原則なのかによって、人は幸福へ、あるいは不幸へと導かれることになる。

49

時の作用と物事の変わりやすさをたえず念頭におき、何事も、現在起こっていることを見たら、ただちにその反対のことを想像すればよい。すなわち、幸福であれば不幸を、友情には敵意を、晴天には荒天を、愛には憎しみを、信頼して打ち明ける場合には裏切られて後悔する場面を、またその反対であれば逆の場面を、ありありと思い浮かべるとよい。そうすれば、常に思慮深くいられるし、たやすく騙《だま》されることもな

67（原注）ゲーテの詩「心にとめておくべきこと」より引用。

いだろうから、これが真の処世術の涸《か》れることのない源泉となるだろう。もっとも、たいていの場合、そうすることで時の作用がもたらすものを先取りしているにすぎない。

ところで、あらゆる洞察のなかで、物事の無常・転変を正しく見積ることほど、経験を必要とする洞察はないかもしれない。いかなる状態であれ、存続している間は必然性があり、完全な権利をそなえているので、どの年も、どの月も、どの日も未来永劫、存在理由を保とうとするかのように見える。だが、実際に存在理由を保つものは皆無で、転変だけが不変である。賢者とは、見かけだけの安定に欺かれず、しかも、さしあたり変転が起こりそうな方向を予見する人をいう。これに反して物事の一時的状態や進行方向をたいてい持続的なものとみなす人間は、結果を目の前にしているのに、原因を理解していない。だが原因は未来の変化の萌芽をはらむのに対し、結果は単に原因ゆえに存在し、なんら未来の変化の萌芽をはらまない。それなのに人間は結果にすがり、自分の知らない原因がこうした結果を生み出すことができたのだから、この結果を維持することもできるだろうと決めてかかる。すると、判断を誤るときはいつも、みながいっせいに判断を誤るという利点[68]があり、その結果、ふりかかる災厄も、常に全員にふりかかる。いっぽう思慮深い人が判断を誤ると、災厄をこうむったうえに孤立無援になる。——ついでながら、ここに述べたことは、過誤は常に帰結から理由を推論するために生じるという私の命題を裏付けるものでもある（『意志と表象としての世界』第一巻参照）。

しかし「時を待たずに先回りする」といっても、これは時の作用を予見して理論的にのみなすべきであって、実践的になすべきではない。すなわち、時の経過によってようやくもたらされるものを、時を待たずに要求してはならない。そんなことをする者は、時ほど悪辣で鐚《びた》一文負けない高利貸しはいないこと、時は前貸しを迫られると、どんなユダヤ人よりもきびしい利息を取り立てることを思い知らされるだろう。たとえば生《せい》石灰と熱とで木を育てれば、数日以内に葉と花と実をつけるまでに成長させることができるが、そのあと木は死んでしまう。——青二才が今すぐ成人男子並みの生殖力を、たとえ数週間の間だけでも発揮しようと考えたり、三〇歳になればりっぱに

68「ゆゆしき」利点、「厄介な」利点。ショーペンハウアーは「みながいっせいに判断を誤るとはなんとおめでたいことか」と皮肉っている。

やってのけられることを一九歳でやろうとしたりすれば、時はおそらく前貸ししてくれるだろうが、その人間のこれからの数年間の精力の一部、いや生命そのものの一部が利息になる。――病気によっては、ちゃんと根本的に治すには自然の経過にまかせるしかないものもある。時がたてば、病はひとりでに消滅し、痕跡をとどめない。ところが今すぐ、せめて今だけでも健康になりたいと望むなら、ここでも時は前貸ししてくれるにちがいない。病は退散するだろうが、それに対する利息として一生、虚弱と慢性疾患を背負いこむことになるだろう。

戦時や不穏な時代に直ちに、よりによって今すぐ、お金が要るなら、地所や国債を価値の三分の一、もしくはそれ以下の値で売るしかない。時の権利を正当に取り扱えば、すなわち、数年じっと待つ気になりさえすれば、その価値がそっくり手に入るのに、時に前貸ししてくれと迫る。――また大きな旅行にはお金が要る。一、二年たてば、それだけの金額を所得から貯金できるのに、待とうとせず、借りたり、一時的に資本から引き出したりする。すなわち、時に前貸ししてもらう。こういう場合、時の取り立てる利息は金庫のなかに生じた破綻、もはや逃れられない慢性的で増えるいっぽうの赤字である。――時は高利貸しであるというのは、こういう意味だ。待つことのできない人はみな、この高利貸しの犠牲になる。悠然と過ぎゆく時の歩みを早めようとするのは、おそろしく高くつくくわだてである。だから時に利息を支払うはめにならないよう用心なさい。

50

日常生活において、たびたび顕著にあらわれる凡人と利口者との特徴的な差異は、起こり得る危険を熟考する際に、凡人はすでに「起きた」類《たぐい》のことばかりを常に尋ね考慮するのに対し、利口者はこれから「起きるかもしれない」ことを熟慮し、その際にスペインの諺にある通り、「この一年の間に起きていないことがあれば、それは数分以内に起きる」ということを考慮に入れる点だ。「どういうことが起きる可能性があるか」を概観するには思考力が必要だが、「現実に何が起きたか」を概観するには感覚だけでよいのだから、ここで取り上げた凡人と利口者の差異が自然であるのは言うまでもない。

ところで、「悪しき魔神に生贄《いけにえ》をささげよ」を私たちの格言にしようではないか。

災厄の可能性を封じるためにはある程度、手間ひまかけて出費して、不便さや回りくどさ、不自由をしのぶことを恐れてはいけない。そうすれば、大きな災厄であればあるほど、それに見舞われる可能性は小さく縁遠くなり、非現実的なものになるだろう。この原則をもっとも明瞭に例示するのが、保険料だ。保険料はすべての人が公然と悪しき魔神の祭壇にささげる生贄である。

51

どんな出来事にもいきなり大喜びしたり、わめき悲しんだりしないほうがいい。一面では、何事も変化の可能性があり、今この瞬間にも変わるかもしれないからであり、他面では、自分にとって何が有利か、何が不利かの判断に欺かれることがあるからだ。そのために、かつて嘆き悲しんだ出来事があとになってみると、自分にとって真に最善のものだったり、大歓声をあげた出来事が最大の苦悩の源になったりするのをほとんどだれもが経験している。シェークスピアは、これに対する望ましい心のもちようを見事に表現している。

喜びや悲しみが急変するのを　嫌と言うほど味わってきた
もはや喜びであれ　悲しみであれ　一目みただけで
たちまち女々しく心を奪われたりはしない
『終わりよければすべてよし』第三幕第二場

概して、どんな災難にも落ち着きを失わない人は、人生において起こりうる災厄がいかに大がかりで多種多様であるかを心得た人物であり、そのため今起きている災難を、これから起こりうる災難のごく小部分とみなす。これはストア主義の考え方だが、これにしたがって、決して人間の置かれた状況を忘れずに、人間存在というものはそもそもいかに悲しく惨めな運命であり、いかに無数の災厄にさらされているかを常に肝に銘じておくべきだ。この洞察を感銘新たなものにするには、どこでも自分の周囲に目をやりさえすればよい。どこにいようと、何ひとつ払いのけることのできない惨めで不毛な生存をめぐる、この奮闘と足掻《あが》きと苦悶がほどなく目にとまるだろう。すると、自己の要求を引き下げ、不完全な事態・状況でも順応することを学び、災難を常に予期し、回避したり耐え忍んだりすることだろう。なぜなら、大小さまざまな災難こそ、人生の基本要素だからである。この点は常に心にとめておいたほうがいい。けれども、ベリズフォード[69]が言うように、「不平家」になって、年がら年中「人生の不運」を大声で嘆き悲しみ、顔をしかめ、ましてや「ノミに食われたと神に助けを求める」のではなく、「慎重な人」になって、人災であれ天災であれ、先手を打って予防して、注意力を研ぎ澄まし、利口なキツネのように、大小のあらゆる不運をきちんと回避できるようにするとよい。

災難をあらかじめ起こりうるものとみなし、いわば覚悟ができていれば、災難がふりかかっても、さほど耐え難いものではなくなる。その主な理由は、災難が起こる前に、単なる可能性として落ち着いてよく考えておくと、災難の全貌をあらゆる側面からはっきりと概観することになり、そうすることで、少なくとも一目で見渡せる限定的なものだと分かるため、いざ現実に災難がふりかかったとき、それが実際の深刻さ以上の印象を与えることがないからであろう。ところが、こうしたことをせずに、心の準備ができていないまま災難にあうと、愕然《がくぜん》として、とっさに災難の大きさを正確に測ることができない。すると、災難は全貌の知れぬものとなり、そのためにともすれば測り知れぬもの、少なくとも実際よりずっと大きなものに見えてくる。同様に、不確かで曖昧だと、どんな危険も実際より大きく思われる。さらにまた、起こるかもしれないと前もって見越していた災難がふりかかっても、さほど耐え難いと思わないのは、同時に慰めるときの理由や除去対策もよく考えており、少なくとも脳裏に描き慣れているためであることは言うまでもない。

しかし何にもまして、身にふりかかる災難に落ち着いて耐える力を与えるのは、私が懸賞受賞論文「意志の自由について」において究極の根拠から演繹し確言した真理、すなわち「生起するものはすべて、大事から小事にいたるまで、必然的に生起する」という真理を確信することだ。なぜなら人間は、不可避的・必然的事象にほどなく順応することができ、この真理を知ると、何事も、縁もゆかりもない偶然によって引き起こされたことでさえ、熟知した原則にしたがって完全な予想のもとに起きたことと同様に、必然的なものであると見なすようになるからである。これについては、拙著『意志と表象としての世界』第一巻の、不可避的・必然的なものであることを悟れば

69　ジェイムズ・ベリズフォード（一七六四～一八四〇）イギリスの著述家。

心穏やかになると述べたくだりを参照していただきたい。これに徹すると、なによりもまず自分にできることは喜んでするようになり、それから、耐えねばならないことには自発的に耐えるようになる。

私たちを年がら年中、悩ませている小さな災難は、幸せに浸って大きな災難に耐える力がすっかり衰えてしまわないように、私たちを訓練するためにあると見なしてよい。日常的な厄介事や、度量の狭さからくる人間関係の軋轢《あつれき》、不快な些事《さじ》、他人の無作法な言動、口さがないおしゃべりなどといった事柄に対しては不死身でなければならない。すなわち、こうしたことにまったく動じてはならず、ましてや真剣に考えて思い煩ったりしてはならない。こうしたことはいっさい自分に近づけないようにし、邪魔な道の小石をけとばすように突き放しなさい。決してこれを心の内へ取り込んで、熟考・反芻《はんすう》してはならない。

52

一般に世人が運命と呼ぶものは、たいてい自分の愚行にすぎない。だから、賢慮《けんりょ》、すなわち「知恵を働かせる」ことを薦めるホメロスのあのみごとな章句（『イリアス』二三の三一三〜）[70]をどんなに心に刻んでも、十分ということはない。極悪非道の振る舞いはあの世に行ってから償いをさせられるが、愚行は——ときおり大目に見てもらえることがあるとはいえ——この世にいるうちに償いをさせられるからである。

憤怒の形相ではなく、怜悧《れいり》な顔つきの人間のほうが、恐ろしく危険に見える。——たしかに人間の頭脳は、ライオンの爪にもまさる恐ろしい武器だ。

酸いも甘いも嚙《か》み分けて、現世をあますところなく享受する人とは、決して優柔不断に陥ったり、あせったりしない人のことであろう。

70　「あらゆる知恵をしぼり出して働かすがいい、競技の賞品がするりと逃げていかないようにな。木こりでさえも、馬鹿力より知恵を働かすほうが、ずっとよい仕事をする。また舵《かじ》取りは、知恵を働かせて、葡萄酒色の海の上を、風にどれほどもまれていようと、速い船を正しくはしらせてゆくものだ」（呉茂一訳）参照。

53

さて、知恵に次いでは勇気が、幸福にとってきわめて大切な特性である。ただし知恵も勇気も自然に生じるわけではなく、知恵は母から、勇気は父から受け継がれる。けれども決心し、実行することで、この身にそなわる知恵と勇気を助長できる。「非情にも賽《さい》が投じられる」[71]この世を生き抜くには断固たる気概を持ち、運命に対しては甲冑で身を固め、人間に対しては武装せねばならない。生きることそのものが闘いであり、一歩一歩に攻撃が加えられるのだから。ヴォルテールはいみじくも「この世で先へ進むには、抜き身の剣を携えていなければならない。そして武器を手にしたまま、あの世へ行くのだ」と述べている。だから、雲が垂れこめたとか、ましてや地平線に雲が見えたとかいうだけで、たちまち萎縮し、怖気《おじけ》づいて嘆くのは臆病者だ。むしろ

わざわいを避けるな、ひたすら雄々しく立ち向かえ

ウェルギリウス[72]『アエネーイス』六の九五

をモットーにせよ。天空に一片の青空が見えるかぎり、天候に絶望してはならないように、危険な事態でも結末がまだ不確かで、好転する可能性がまだあるかぎり、臆することなく、ひたすら抵抗することを考えよ。それどころか

世界が崩れ落ちても
その残骸が命中しても　なおも彼は怯《ひる》まない

ホラティウス『カルミナ』三の三の七～

と言えるほどになってほしい。人生そのものは、ましてや人生の財宝は、臆病風に吹かれて震えて萎縮するほど畏れ多いものではない。

71（原注）ドイツの作家・劇作家フリードリヒ・フォン・シラー（一七五九～一八〇五）の詩「戦い」より引用。

72 プブリウス・ウェルギリウス・マロ（前七〇～前一九）古代ローマの詩人。『アエネーイス』はラテン叙事詩の最高傑作とされる。他に『牧歌』『農耕詩』など。

だから勇者として生きよ
運命の打撃に猛《たけ》き胸をはれ
ホラティウス『風刺詩』二の二の一三五〜

とはいえ、勇気は蛮勇と化すこともあるため、これも行きすぎかもしれない。そのうえさらに、ある程度の畏怖がこの世で生き延びるのには必要不可欠である。臆病とは、それが度を越えたものである。これについてはフランシス・ベーコンが〈terror Panicus（いわれなき突然の恐怖）〉という語の語源的説明のなかで、きわめて適切に述べている。ベーコンの説明は、プルタルコス[73]から伝えられてきた昔ながらの説明をはるかに凌《しの》ぐものだ。すなわち、ベーコンはこの語を大自然の擬人化であるパーン[74]に由来するものとして、次のように語る。「森羅万象の本源的な力は、生きとし生けるすべてのものに恐怖と不安を吹き込んだ。恐怖と不安は襲いかかる災厄を避け、これを撃退することで、万物の生命と活動を維持させる役目を果たす。けれども、その際に森羅万象の本源的な力は加減を知らず、常にこうした有益な恐怖に虚妄の恐怖を混ぜ合わせる。その結果、（万物を内側から見ることができるなら）万物は、いわれなき突然の恐怖に満ちている。とりわけ人間特有のものはそうである」。なお、「いわれなき突然の恐怖」は、みずからの原因をはっきりと意識せず、原因を熟知しているというよりも、当然のこととして決めてかかり、それどころか切羽詰《せっぱつ》まると、恐怖そのものを恐怖の原因として主張する点を特徴とする。

73　一三五頁注19参照。

74　パーンはギリシア神話に登場する牧神。下半身はヤギで頭には角を有する森林・牧羊の神。アシの茎で作った笛を巧みに吹いたという。また岩場に隠れていて旅人を驚かしたという話からパニックという語が生まれたと言われる。

第六章　年齢による違いについて

ヴォルテールの名言がある。

年の分だけ知恵がないと
年の分だけ厄介事を背負いこむ
シャトレ公爵夫人に捧げるスタンス三の三[1]

それゆえこの幸福論的考察の末尾に、年齢が私たちにもたらす変化を一瞥するのは適切であろう。
全生涯を通じて私たちが保持するのは、常に「現在」だけであり、決してそれ以上のものを保持することはない。同じ「現在」でありながら、どこが違ってくるのかといえば、初めは眼前に長い未来が広がり、終わりが近づくと、私たちの背後に長い過去があること、さらに、私たちの性格は変わらなくても、気質は読者もご存じのようにいくぶん変化を遂げ、そのために「現在」は、そのつど違う色調を帯びることだけである。

私は主著『意志と表象としての世界』第二巻第三一章において、幼年期のふるまいは、「欲望」よりもはるかに「認識」によるものであること、またそれはなぜかということを論じた。人生のはじめの四分の一を占め、後になってみると、失われた楽園のように思われる幼年期の至福は、まさしくこの点を基盤としている。幼年期には、人とのつながりが少なく、欲求もわずかなので、意志を刺激されることがほとんどなく、したがって営みの大部分は「認識」に吸収される。——知性は、七歳にして完全な大きさに達する頭脳と同じく、成熟とまではいかなくても、早く成長し、すべてが新奇なものの魅力で彩られた、みずみずしく息づく全世界に絶えず糧《かて》を求める。その

1　エミリー・ド・シャトレ（一七〇六〜四八）フランスの哲学者・物理学者・著述家。女性科学者のさきがけとして知られる。スタンスは同型の詩節からなる宗教的・教訓的・悲劇的叙情詩。

ため、幼年期には絶えず詩が生まれる。つまり、あらゆる芸術の本質と同じく詩の本質は、プラトン的なイデア[2]を把握すること、すなわち個々のものに潜む、本質的であるがゆえに種全体に共通するものを捉えることにある。それによって個々の事物はその種を代表するものとなり、一事が万事に通ずるものとなる。

　ところで、幼年期はどんな場面であれ、いつもそのつど、個人的な対象や出来事にばかり惹かれ、しかもそれは刹那的願望の興味を引くものばかりのように見えるけれども、根本的に見るとそうではない。つまり人生並びにその重要性が、まだ真新しく新鮮な状態のまま、反復によって印象が薄らぐことなく、眼前にある。子供っぽい活動の真っ最中に、たえず、ひそかに、はっきりした意図のないまま、個々の場面や出来事を手がかりに、人生の本質そのものを、その形と表現の根本類型を把握する働きが営まれる。スピノザ[3]の表現を借りれば、あらゆる事物と人物を「永遠の相のもとに」見る。若ければ若いほど、個々のものは種全体を代表するものとなる。この傾向は年々、減退してゆく。青春期と老年期で事態の私たちに与える印象が大きく違ってくるのは、このせいである。だから幼年期や少年期の経験や交友は、後になってそれ以後のあらゆる認識・経験の固定的類型と分類項目、いわばカテゴリーというべきものになる。常にはっきり意識しているわけでなくても、これ以後のものはすべてこのカテゴリーにまとめられる。したがってこのようにして早くも幼年期に世界観の堅固な基盤ができ、ひいては世界観の深浅も決まってくる。世界観は後になって実行され完成されるわけだが、世界観の本質的な部分は変わらない。この純客観的な、それゆえに詩的な見方は、幼年期の本質をなし、意志がまだエネルギーを全開にして現われていないことで助長される。こうしたものの見かたゆえに、子供時代の振る舞いは、欲望よりもはるかに純粋認識によるものとなる。真剣に見つめるまなざしは子供たちによく見られ、ラファエロは天使、とくに「システィーナの聖母」の天使を描くとき、このまなざしをたいそう適切に用いた。[4] こういうわけで、実際、幼年期の心は至福に

2　プラトンによれば、イデアは時空を越えた、非物体的な、永遠の実在であり、真実在（オントース・オン）ともいわれる。イデアは、感覚的知覚の対象ではなく、理性的認識の対象であり、感覚的世界の個物はイデアを原形とするその模像であって、イデアを分有するものである。これがプラトンのイデア論と呼ばれるもので、その思想は後世に大きな影響をおよぼした。

3　バールフ・デ・スピノザ（一六三二〜七七）オランダの哲学者。汎神論を唱えた。世界はすべて神の因果的必然下にあるが、ただこれを「永遠の相のもとに」洞察する直観にのみ真の自由と善・愛があるとした。著『エチカ』『知性改善論』など。

満ち、その思い出にはいつも憧れが伴う。

さて、私たちはこのように真剣にまず事物の「直観的」理解に専念するが、他方で、教育は私たちに「概念」を教え込もうと努める。しかし概念は真に本質的なものを与えてくれない。むしろ本質的なもの、すなわち、すべての認識の基礎をなす真の実質は、世界の「直観的」把握にある。けれども、この直観的把握は自分で獲得するほかなく、いかなる方法によっても「教え込む」ことはできない。だから道徳的価値と同様に、知的価値も、外部から私たちの内部に入ってきたものではなく、私たち自身の本質的深みから発したものだ。だからペスタロッチの教育術も、生まれながら間抜けな人間を思索型の人間にすることはできない。断じてできない。間抜けは間抜けとして生まれ、間抜けとして一生を終える。

前述した、外界に対する最初の直観的な意味深い把握ということから、なぜ幼年期の周囲の状況や経験はしっかりと記憶に刻まれるのかが説明できる。つまり幼年期には、周囲の状況や経験と未分化のまま、それらに浸っており、その際、私たちの気を散らすものは何ひとつなかった。眼前にあるものを、あたかもそれがその種の唯一のものであるかのように、いや、そもそもそれが唯一の存在であるかのように見ていた。

しかし後にたくさんの対象を知ると、勇気と根気はしぼんでゆく。

さて、私が主著の同じく第二巻で述べたこと、すなわち、あらゆる事物が「客観的」に在る、つまり単に「表象」のなかに在るとき、事物の存在は実に喜ばしいが、これに対して事物が「主観的」に在る、つまり「欲望」のなかに存するとき、事物の存在には、苦痛と悲しみが強く混じっていることを思い起こせば、こうした事態の簡潔な表現として、「どんなものでも、それを『見る』ことは素晴らしいが、自分がそれで『ある』ことは恐ろしい」という命題を認めていただけるであろう。

前述したことによれば、事物は幼年期には、意志の側、「ある」側よりも、むしろ表象・客観性の側、「見る」側から知られる。この「見る」側とは事物の喜ばしい側面であり、事物の主観的で恐ろしい側面をまだ知らないので、幼い知性は、現実と人

4　ラファエロ・サンツィオ（一四八三〜一五二〇）はイタリア・ルネサンスの代表的画家のひとり。「システィーナの聖母」（一五一三〜一四）は彼の最後の聖母の絵。下部に描かれた天使は有名で、切手などにも採用されている。

5　ヨハン・ハインリヒ・ペスタロッチ（一七六四〜一八二七）スイスの教育家。ルソーの影響を受け、孤児の教育・民衆教育の改革に力を尽くす。著『隠者の夕暮れ』など。

為が見せるあらゆる形象を、どれもみな至福に満ちたものとみなす。それを「見る」のはこんなにも素敵なのだから、自分がそれで「ある」としたら、もっと素敵だろうと考える。したがってエデンの園のような世界が眼前に広がる。これが私たち全員の生まれ故郷、理想郷アルカディアだ。しばらくするとそこから現実生活への渇望、能動的・受動的行為への抑えがたい衝動が生じて、騒然たる世界へと駆り立てられる。この騒然たる世界で、事物のもうひとつの側面、「ある」という側面、すなわち、一歩進むごとに妨害される欲望の側面を知るようになる。すると次第に大きな幻滅が近づいてくる。幻滅が訪れた後を「夢みる頃は過ぎた」と言う。けれども幻滅はさらに募り、ますます完全なものとなる。したがって人生は、幼年期には遠くから見た舞台装置のようで、老年期には間近で見た舞台装置のようだと言うことができる。

最後に、幼年期の幸福に貢献するものとして、次の事情があげられる。早春にはどの葉も同じ色で、ほとんど同じ形をしているように、私たちも幼少期にはみな互いに似ていて、そのため見事に和合する。しかし思春期になると、相違が出はじめ、円の半径が大きくなればなるほど大きく広がるように、私たちの相違も大きく広がってゆく。

さて、後半生にくらべて実に多くの長所をもつ前半生の残りの部分、すなわち青年期についてだが、人生において私たちは幸福に出会うはずだという確固たる前提のもとに幸福を追い求めることが、青年期をどんよりした不幸なものにしている。幸福を追い求めると、期待はたえず裏切られ、期待が裏切られると不満が生じる。夢見た漠たる幸福のまやかしのイメージが移り気な姿をとって目の前を去来すると、私たちはその原像を追い求めるが、得られるよしもない。だから青年期には、いかなる状況、いかなる環境に対しても、たいてい不満を抱いている。それは、いたるところで遭遇する人生の空疎さと惨めさを、状況と環境のせいにするからであり、まったく別なものを期待したあげくの果てに、人生の空疎さや惨めさを今や初めて知ったからである。――世界には努力して得るべきものがたくさんあるという妄想を根絶する早期教育を青年たちに授けることができたら、たいそう有益だろう。だがたいていは、現実を通して人生を知るより先に、文学を通して人生を知るため、実際はこの逆のことが行われている。文学によって描き出されたシーンが、眼前で、私たち自身の青春の曙光のなかで燦然《さんぜん》と輝く。すると、こうしたシーンが現実化されるのを見たい――虹をつかみたいという憧れに苦しむことになる。青年は、自分の生涯が興味深い小説のような形になることを期待する。こうして、私が主著の第二巻ですでに論じた錯覚が生じる。文学に描き出されるあらゆる絵空事《えそらごと》に魅力があるのは、まさしくそれが単なる絵空事であって、現実ではないからであり、また、だからこそ私たちはそれを見ながら、純粋認識の安らぎと自足感に浸るのだ。現実化されるとは、避けがたい苦痛をひきおこす欲望でいっぱいになることを意味する。共感をおぼえる読者は、同書第二巻を繙《ひもと》いていただきたい。

したがって前半生の特色が、満たされぬ幸福への憧れであるならば、後半生の特色は、不幸に対する憂慮である。後半生ともなれば、多少ともはっきりと、あらゆる幸福は、白昼夢のようなものだが、これに対して苦悩は、実在のものだと分かるからだ。こうなると、少なくとも理性的な人物は享楽よりも、むしろ苦痛なき、不安なき状態を求める。——青年時代、ドアの呼び鈴が鳴ると、私は楽しい気持ちになった。「やっぱり来てくれた」と思うからだ。だが後年になると、同じドアの呼び鈴が鳴ると、むしろ恐怖に似た感じを抱くようになった。「やれやれ、来たか」と思うからだ。

才能ある傑出した個人は、まさに才能があって傑出しているからこそ、完全には俗世間に属していない。したがって、こういう人物はその長所の程度に応じて、多かれ少なかれ孤立し、俗世間に対して、前述した例と同様に、相反する二つの感じ方をする。すなわち、青年期にはしばしば俗世間から「見捨てられた」ように感じるが、後年になると俗世間から「のがれた」ように感じる。前者の不快感は、俗世間を知らないことに基づき、後者の快感は、俗世間を知ったことに基づく。――その結果、人生の後半は、音楽の大楽節の後半と同じく、前半に比して、ひたむきな努力が減り、心の安らぎが増える傾向がある。そもそもこれは、青年期には、世間ですばらしい幸福や享楽に出会えるはずで、これに行きあたるのがむずかしいだけだと考えているのに対して、老年期になると、世間から得られるものは何ひとつないと達観し、すっかり安らかな気持ちで、まずまずの現在を享受し、それどころか些細なことにも喜びを感じるようになるためである。

りっぱな大人が人生経験から得るのは、何よりもまず「こだわりのなさ」であり、これによって、青年や少年とは世界が違ったふうに見えてくる。少年や青年の場合には、みずから勝手につくりあげた気まぐれな思いつきや因襲的な偏見や奇妙な空想から成る幻影が真実の世界を覆ったり歪《ゆが》めたりしているのに対し、りっぱな大人は物事を理屈抜きにただ眺め、ありのまま受け取る。すなわち、経験が真っ先になしうるものは何かといえば、青年期に沈着した空想の産物や誤った概念から私たちを解放することである。こうした空想の産物や誤った概念から青少年を守れるとしたら、それは、消極的意味合い[6]しかもたない教育であっても、確かに最善の教育になるであろう。しかし、これがきわめてむずかしい。この目的のために児童の視野をはじめはできるかぎり狭くしておいて、その範囲内で明瞭な正しい概念だけを教え込み、この範囲のものをすべて正しく認識し終えたら、そこでようやく、視野をしだいに広げてゆくわけだが、曖昧なものや生半可なところ、理解の仕方がゆがんでいるところはまったく残さないように、たえず注意しなければならないだろう。その結果、事物や人間の境遇に対して児童が抱く概念はあいかわらず狭く、きわめて単純ではあるが、その代わり明瞭で正しい。したがって絶えず拡張さえすればよく、訂正する必要はない。これを青年期まで続けねばならない。この方法で特に必要なのは、小説を読むことを禁じ、小説の代わりに、たとえば『フランクリン自伝』[7]やモーリッツの『アントン・ライザー』[8]といった類《たぐい》の適切な伝記を読ませることだ。

若いころは、私たちの生涯において、将来への影響の大きい重要な出来事や人物は鳴り物入りで登場するのだろうと考える。けれども老齢になって回顧してみると、そうした出来事や人物はみな、裏口からほとんど気づかれないようにそっと忍び込んできたことがわかる。

またこれまでに考察した観点に立つと、人生を刺繍《ししゅう》した布にたとえることができる。だれもが前半生では刺繍した布の表を目にし、後半生では刺繍した布の裏を目にすることになる。裏はあまり美しくはないが、糸のつながりが分かるので、表よりもためになる。

どんな才人でも、その知的卓越性が会話において決定的な重みをもつのは、四〇歳を過ぎてからだ。すなわち、知的卓越性が年の功を上回ることはよくあるが、決してこれに取って代わることはない。他方、いかなる凡人でも年の功を積むと、相手が若

6　ここでの〈negativ（消極的意味合い）〉は「積極的に何かを与えるわけではない」という意。〈bonheur negatif（消極的幸福、すなわち安穏無事）〉、〈plaisir negatif（消極的な楽しみ、すなわち苦痛のないこと）〉とパラレルにとらえたい。

7　ベンジャミン・フランクリン（一七〇六〜九〇）アメリカ合衆国の政治家・外交官・著述家・物理学者・気象学者。避雷針の発明者として知られる。彼の自伝は幅広い読者を有する。

8　カール・フィリップ・モーリッツ（一七五六〜九三）ドイツの作家・美学者。『アントン・ライザー』は彼の自伝的小説。

ければ、相手のきわめて卓越した知力にも対抗しうる一種の重みをもつ。もっともこれは単にその人におのずからそなわる風格・人間性について言っているのであって、業績や作品について言っているのではない。

なんらかの点で優れた人、すなわち人類の六分の五を占める乏しい才能の持ち主に属さない人はみな、四〇歳を過ぎれば、人間ぎらいの徴候をのがれることはできないだろう。なぜなら、そういう人は自然の成り行きではあるが、己《おのれ》をもって相手を推しはかり、しだいに失望させられ、相手が頭脳か心情かの点で、たいていは双方とも自分に後れをとっており、相手のほうでは自分と手を切る気がないと分かってくるからだ。だから他人とかかわり合うのを避けるようになる。総じて人間はその内面的価値に応じて、孤独、すなわち自分自身と向かい合うことを好んだり嫌ったりする。カントも『判断力批判』第一部第二九節に対する一般的注解の終わり近くで、この種の人間ぎらいについて論じている。

若者がたいそう早くから人間の行状に「通暁」し、すぐさま馴染み、待ち構えていたかのように仲間入りするのは、知的にも道徳的にも悪しき徴候である。それは卑しさの先触れだ。これに対して、こうした点で勝手がわからず、どぎまぎし、不手際でとんちんかんな振る舞いをするのは、高貴な性質をほのめかすものである。

青年期特有の朗らかさや生きる勇気は、部分的には死というものが見えていないことに基づいている。山に登るとき、山の向こう側のふもとにある死は見えない。ところが山頂を踏み越えると、それまで噂に聞いていただけの死を実際に目にする。そればかりでなく、そのころになると、生命力も減退しはじめるために、生きる勇気もしぼんできて、いまや、陰鬱な深刻さが青少年特有の有頂天を押しのけ、それが容貌にも刻まれる。若いころは、人からどう言われようと、人生は無限に思え、それにしたがった時間の使い方をする。年をとればとるほど、それだけ時間を無駄にしなくなる。なぜなら後年になると、絞首台にひかれていく犯罪人が一歩一歩に込める思いに似た思いで、一日一日を過ごすようになるからだ。

人生は、青少年の立場からすると、はてしなく長い未来に思えるが、老人の立場からすると、たちまち過ぎ去ったように思える。そのため人生は、最初はオペラグラスの対物レンズを目に当てたときの事物のように見えるが、最後には接眼レンズを目に当てたときのように見える。年をとり、長生きしてようやく、人生がいかに短いかを悟る。――若いころは、時そのものがたいそうゆっくりと歩むので、人生のはじめの四分の一は、もっとも幸福であるばかりでなく、もっともゆったりと時間の流れる時期でもある。そのために、たくさんの思い出が残る。思い出話をするとなれば、だれもがこの時期について、次の第二・第三の時期を合わせた分よりも多くを語ることができるだろう。そのうえさらに、一年の春と同じように人生の春も、日が長く、ついには手持ち無沙汰なほどだ。一年の秋、人生の秋には、日は短くなるが、澄んだ穏やかな日になる。

人生が終わるとき、はたして何が残っているだろう。自分の送った一生を老齢になって眺めると、なぜ人生はかくも短いのだろう。それは、人生と追憶の短さが重なり合うせいである。つまり、取るに足らぬことはすべて、不快なこともその多くが思い出から抜け落ちるため、残っているものはほとんどない。そもそも知性はきわめて不完全なものだが、記憶も同様である。習得したことであれ、過ぎ去ったことであれ、どちらも忘却の淵に徐々に沈めたくはないというのであれば、習い覚えたことを繰り返し練習し、過去をじっくり嚙《か》みしめねばならない。取るに足らぬことは反芻《はんすう》しないのが常であり、不快なこともたいていは反芻しないけれども、こうしたことを記憶にとどめようとするなら、じっくり嚙みしめることが必要だろう。だが取るに足らぬことは、増えるいっぽうだ。はじめは重大に思えた様々なことが、頻繁に生じ、しまいに数え切れぬほどくり返されると、しだいに取るに足らぬものになってくる。若いころのことを後年のことよりもよく覚えているのは、そのためだ。長生きすればするほど、後になっても反芻に値するほど大切もしくは価値あると思える出来事は少なくなり、反芻された場合のみ、記憶にしっかりと刻まれてゆく。出来事は終わるやいなや、たちまち忘れ去られる。こうして時は、ますます何の痕跡もとどめずに過ぎてゆく。

さらに、次の事情がある。不快なことは反芻したくないし、それが自尊心を傷つけるものであれば、なおさらだ。なんの咎《とが》もなく苦悩が生じることはほとんどないため、不快なことはたいてい自尊心を傷つけるものだとさえ言える。だから多くの不快なことが同様に忘れ去られてゆく。こうして取るに足らぬことや不快なことが抜け落ちて、私たちの追憶は簡潔になってゆく。追憶の素材である人生が長ければ長いほど、追憶は相対的に簡潔になる。舟に乗って遠ざかるにつれて、岸辺にあるものはしだいに小さく、見分けがつかなくなり、もはや判別しがたいものになるが、過去の歳月ならびに当時の体験や行為も同様である。なおそのうえ、ときおり追憶と想像力は、人生の遠い過去のシーンを、まるで昨日のことのように生き生きと蘇らせる。するとそのシーンが私たちの間近に迫ってくる。現在と当時とのあいだに経過した長い年月は、このように「一目で」は見渡せないので、そのシーンと同じようにありありと思い浮かべることができず、おまけにその間《かん》に経過した年月の大部分は忘れられ、その抽象的・全般的認識だけが、単なる概念だけが残り、直観は残らないために、こうしたことが起こる。すると遠い過去のことがそれだけぽつんと、つい昨日のことのように近く思われるが、その間《かん》に経過した年月は消え失せて、全生涯が想像を絶するほど短く思われる。それどころか、ときおり老年期には、自分の過ごしてきた長い過去が、ひいては自分が老齢であることが今やほとんど嘘のように思われる。これは主として、私たちの目の前にある現在が、ともかく依然として同じ現在であるために起こる。だがこうした内面のプロセスは結局、時間の流れのなかにあるのは、私たちの本質そのものではなく、その現象にすぎないこと、また、現在とは客観と主観との接点であることに基づいている。

さて他方、青年期に、自分の前に広がる人生が果てしなく長く見えるのはなぜだろう。それは、人生にかける限りない希望を満たし実現するには、途方もない長寿をまっとうしたメトセラ[9]ですら夭折《ようせつ》したことになるほどの余地をつくっておかねばならないからである。さらに、今までに経てきたわずかな年月をその尺度にするわけだが、すべてが新奇で重大なものに思われて、後から反芻し、頻繁に思い起こすことで追憶に刻まれるため、わずかな年月の追憶はいつも素材が充実していて、長い期間のように思われるからである。

ときおり遠く離れた「土地」がなつかしくて、あの地に戻りたいと願うことがあっても、それは要するに、若くて元気だったころに過ごした土地だからであって、そこで過ごした「時」をなつかしく思っているにすぎない。こういうとき、時間は空間の仮面をかぶって私たちを欺く。その地へ旅すると、欺かれていたことに気づく。

高齢に達するには、非の打ちどころなき体質の持ち主であることが不可欠の条件で二つの生き方がある。それは二つのランプの燃え具合にたとえて説明することができる。ひとつは油が乏しくても、芯がたいそう細いために長く燃えるランプ、もうひとつは芯が太く、油もたっぷりあるために長く燃えるランプだ。油が生命力で、芯はありとあらゆるやり方でこれを使い果たす。

9　三一七頁注61参照。

生命力に関して私たちは、三六歳までは利子で生活する人にたとえることができる。今日支出した分が、明日になると、ちゃんと手元に戻ってくる。しかしそれ以降は、金利生活者が資本に手をつけた格好になる。はじめ事態の変化はまったく目につかない。支出の大部分はあいかわらず、ひとりでに戻ってくるし、些細な赤字があっても注意を払わない。けれども赤字はしだいに増えて、目立つようになり、赤字の増加額そのものが日増しに増大する。赤字の増加はますますひどくなり、赤字が止まる見込みのないまま、来る日も来る日も、今日は昨日よりも貧しくなってゆく。物体の落下と同じく、減少の速度は増すいっぽうで、ついには何も残らない。ここでたとえ話に持ち出した生命力と財産が、実際に二つとも消失するとしたら、それこそ暗澹《あんたん》たるものだ。年齢とともに所有欲が強くなるのは、ほかならぬそのためである。

これに対して、はじめのうち、すなわち成年に達するまでと、成年になってからもしばらくのあいだ私たちは、生命力の点で、利子のうちから幾ばくかを割《さ》いて資本に加えていく人によく似ている。支出した分がひとりでに戻ってくるばかりでなく、資本そのものも増える。また信頼できる後見人が行き届いた配慮をしてくれると、金銭面でも、こうした事情がときおり見られる。おお、幸多き青春よ、おお、悲しき老年よ。

　そうはいっても青年期の精力をだいじにしたほうがいい。古代ギリシアのオリンピア競技勝利者のうち、少年のころ優勝し、成人した後も優勝した者は二、三人しかいなかったとアリストテレスは言っているが、それは早期の訓練で早くから頑張るために、精力をすっかり消耗し、成人後に精力不足になるからである。筋力ですらこうなのだから、知的業績となって発現する神経組織・感受性の力はなおさらだ。生まれつき早熟な人、神童、温室育ちの純粋培養の人が少年時代に周囲を驚嘆させながら、後にただの凡人になってしまうのは、このためである。それどころか多くの学者が後年、無気力になって判断力を失うのは、年端も行かぬころから、骨の折れる古典語習得を強いられるせいかもしれない[10]。

　ほとんどすべての人の性格は、いずれかの年齢期に特に適合しているらしいということは、以前にも述べた。そのため、その人がその年齢期になると、より好ましい印

10　古典語とはラテン語、ギリシア語などを指す。ショーペンハウアーの時代には古典語習得が大学入学のための必須条件だったので、大学をめざす少年は通例一一歳くらいから古典語の学習に取り組んでいた。

象を与える。青年期には愛すべき若者だったのに、あっというまに花の盛りが過ぎてしまう人もいる。壮年期にはたくましく活動的だったのに、寄る年波のせいで何の価値もなくなる人もいる。老年期になってから、以前より経験豊かになって落ち着きが増したために穏やかになり、生涯でもっとも好印象を与える人もいる。これはフランス人によく見られる。こうしたことは、人間の性格そのものがはじめから、青年的要素、壮年的要素、老年的要素のいずれかをそなえており、それぞれの年齢期がこの要素に合致することもあれば、緩和剤として対抗的に働きかける場合もあることに基づくにちがいない。

舟に乗っていると、岸にある物の姿が後ろへ後ろへと退いて、どんどん小さくなっていくことで、自分が前進しているのに気づくが、それと同様に、自分から見て若いと感じられる人の年齢がだんだん高くなることで、自分が徐々に年老いていくのが分かる。

見聞も行動も体験も、すべてが年をとればとるほど、しだいに精神に痕跡をとどめなくなるが、その経過と理由については前述した。この意味で、十全に意識して生きるのは青年期だけで、老年期には、半分しか意識せずに生きていると主張できるだろう。年をとればとるほど、それだけ自覚なく生きる。物事は何の印象も残さず、足早に過ぎ去る。ちょうど、千回も見た芸術作品が何の感銘も与えないように。しなければならないことはしても、それをしたかどうか、後になると覚えていない。こうして完全に自覚なき状態へと突き進むにつれて、生きるということは、ますます意識にのぼらなくなるため、時の歩みも速度を増す。幼年期にはどんな対象、どんな出来事も目新しくて、何もかも意識にのぼるため、一日がはてしなく長い。これと同じことは旅行中も生じる。だから旅行中の一か月は自宅で過ごす四か月よりも長く思われる。幼年期や旅行中は物事が目新しいので、老年期や在宅時よりも時間が長く感じられるものだが、そうした場合でも「退屈に感じられる」ことが実際にはしばしばある。こうした体験が長く習慣化すると、知性がしだいに磨滅《まめつ》してきて、しだいにすべてのものが知性に働きかけずに素通りするようになる。そうなると、一日一日がどんどん取るに足らぬものになり、そのためにしだいに短くなってゆく。少年の一時間は老人の一日よりも長い。したがって人生の時間は、転がり落ちる球と同じように加速度的に進んでゆく。旋回する盤の上ではどの点も、中心から離れていればいるほど、それだけ早く走行するが、それと同様に、人間も一生の出発点から遠ざかるにつれて、時はますます早く過ぎゆく。それゆえ私たちの気持ちをそのまま尊重するなら、一年の長さは年齢を一年で割った商に反比例すると解される。たとえば一年が年齢の五分の一、つまり五歳のときには、一年が年齢の五十分の一、つまり五〇歳になったときの十倍の長さに感じられる。

こうした時間の速度の相違は、それぞれの年齢期の過ごし方全般に決定的影響をおよぼす。いかなる影響があるかと言えば、まず第一に、幼年期はほぼ十五年間にすぎないけれども、人生のうちでもっとも長く、もっとも思い出の多い時期になる。次に、全般的にみて、年齢が低いほど、退屈に支配される。児童は、遊びであれ勉強であれ、たえず気をそらせるものを必要とし、これが滞ると、たちまちおそろしい退屈に見舞われる。青年もまだ多分に退屈に支配され、空白の時間があるのを気に病む。壮年になると、退屈はしだいに消えてゆく。老人にとって時は常にあまりにも足早で、一日一日が矢のように過ぎてゆく。もちろん私は、人間のことを言っているのであって、老いぼれた獣《けだもの》のことを言っているのではない。こうして時の歩みは加速され、たいてい後年になると、退屈は姿を消す。他方で、情熱ならびにそれに伴う苦悩も沈黙する[11]ため、健康さえ保てれば、全体として人生の重荷は、青年期よりは実際に軽くなっている。だから高齢につきものの肉体的衰弱と不調があらわれる前の時期は、「男ざかり」と呼ばれる。ゆったりした気分という点から見ると、実際にその通りかもしれない。これに対して、すべてに感銘を受け、何事も生き生きと意識にのぼる青年期は、精神の受胎期、精神の花咲きそめる春という長所を失わない。つまり、深遠なる真理は直観的にしか感得できないものであり、予測しえないものである。すなわち、深遠なる真理をはじめて悟るとき、それは直《じか》に得たものであり、瞬間的な印象で呼び起こされる。それゆえ強烈で鮮やかで深遠な印象を受けるあいだでなければ、こうしたことは起こり得ない。したがってこの点で、すべては青年期をいかに活用するかにかかってくる。後年になると、私たち自身が成熟し、まとまりができて、もはや印象に身をゆだねたりしないため、他人に、いや世界に青年期よりも多く働きかけることはできても、世界が私たちに働きかけることは青年期よりも少なくなる。したがって後の年齢期は活動と業績の時期であり、これに対して、青年期は本源的な把握と認識の

11　(原注) ゲーテ『タッソー』第五幕第五場 (三四〇二〜三四〇三行) 「苦悩のなかで人間が沈黙するとき、神は私に、いかに悩んでいるかを語る術を与えた」参照。

時期である。

青年期には直観が、老年期には思索が支配的となる。それゆえ青年期は詩に向いており、老年期は哲学に向いている。実践面でも、青年期は直観と印象に左右され、老年期は思索のみに左右される。これは一部は、老年期になると、ようやく直観的事例が十分な数になって、包括されて概念化し、そのため概念は、十全な意義と内容と信用を得ると同時に、習慣化して直観の印象が和らぐことに基づいている。これに対して青年期は、とくに想像力に富んだ活発な頭脳の持ち主は、直観の印象、ひいては事物の外面の印象が圧倒的なので、世界を一個の絵姿として見る。それゆえかれらの関心は主として、その絵姿のなかで自分はどんな役割を演じ、どんな印象を与えているのかということにある。自分が内心はどんな気持ちなのかよりも、こちらに大きな関心を寄せる。このことは青年の個人的な見栄や着道楽《きどうらく》からもうかがえる。

精神力が最大のエネルギーと最高度の緊張を発揮するのは、まちがいなく青年期、おそくとも三五歳までである。その後、精神力はたいそうゆっくりとではあるが、減退してゆく。しかしそれ以後の年齢には、老齢になっても、それを埋め合わせる精神的補償がある。今こそ真に豊かな経験と学識をそなえている。物事をあらゆる側面から考察・熟考する時間と機会をもち、すべてのものを関連づけ、接点と結合箇所を見出して、今こそようやく、それらを互いに関連させて理解する。すべてが円熟してくる。それゆえ青年期に知っていたことを、今やそれよりはるかに根本的に理解し体得している。いかなる概念に対してもそれを裏づける証拠を、青年期よりもずっと多く持ち合せている。青年期にわかったつもりになっていたことが、本当にわかるのは、老年期になってからだ。さらに実際に青年期よりもはるかに多くのことを弁《わきま》えており、あらゆる方面にわたって考え抜かれた、したがって真に筋の通った洞察をわが物としている。これに対して青年期の知識はいつも欠落箇所があり、断片的である。

「長寿」の人のみが、人生の全貌と自然な経過を大観し、特に普通の人とは違って、人生の出発点側からのみならず終点側からも大観し、それによって特に人生のむなしさを十分に悟るので、人生に対する完全で適切な表象を得ることができる。いっぽう普通の人は常に、本舞台はまだこれからだなどという妄想にとらわれている。

これに対して青年期は他の年齢期よりも着想に富んでいる。だから知識はわずかでも、それを着想によって豊かにできる点で、他の年齢期よりも優れている。他方、老年期は判断力や洞察力、徹底性の面で他の年齢期よりも優れている。独自の認識や独創的な根本的見解の素材は、青年期に蒐集される。すなわち、優れた精神の持ち主は世界に貢献する使命を担い、すでに素材を青年期に蒐集している。だが自己の素材を使いこなすのは後年になってからだ。そういえば、たいてい大作家は五〇歳前後で傑作を発表しているではないか。実がなるのは樹冠が出来てからだが、それでも青年期が認識の木の根っこであることに変わりはない[12]。

歴史上のどの時代も、どんなに惨めな時代であっても、直前の時代ならびにそれよりもっと古い時代に比して、自分の時代のほうがずっと賢明だと思っているが、この点は人間のどの年齢期についても同様である。しかし、時代も人間もしばしば思い違いをしている。肉体が成長する年齢だと、精神的能力も認識も日ましに増大し、今日が昨日を見下す癖がつく。この癖がしみこむと、精神的能力が減退し始めて、今日は昨日をむしろ尊敬のまなざしで仰ぎ見なければならなくなっても、あいかわらず昨日を見下すようになる。すると、若いころの業績や判断をしばしば過小評価してしまう。とりわけ、ここで述べておかねばならないのは、人間の性格や心情と同じく、知性や頭脳も、根本的特性によれば生まれつきのものだが、知性や頭脳は決して、性格や心情ほど不変のものではなく、それどころか幾多の変化を遂げるものであり、しかも、その変化は全体として規則的に生じさえすることである。こうした変化があらわれるのは、知性がいっぽうでは肉体的基盤をもち、他方では経験的要素をもつためである。知性そのものの力はしだいに成長して頂点に達し、その後しだいに廃退して痴愚《ちぐ》にいたる。しかし他方では、すべての力を働かせ活動させる要素、すなわち、内容豊かな思索と造詣、経験、個々の知識、錬磨、ひいては円熟した洞察が量的にしだいに増大し、やがて決定的な衰弱がはじまり、ついになにもかも衰退する。このように人間は、性格や心情のように絶対不変の要素と、知性や頭脳のように、重なり合ったり対立し合ったりしながら規則的変化をする可変の要素とから成り立つため、年齢期が異なると、浮かび上がる人物像と価値の発揮の仕方が異なってくる。

広い意味で、一生のはじめの四十年は、本文を提供し、これに次ぐ三十年は、この本文に対する注釈を提供しているとも言える。注釈がつくことでようやく、本文の真

12　ここでは人間の成長を樹木の成長に見立てている。「認識の木（Baum der Erkenntnis）」は神がアダムとエヴァにその実を食べることを禁じた知恵の木のこと（聖書、『創世記』二の一七参照）。〈Frucht（実、果実）〉には「成果、所産」の意もあり、〈Krone（樹冠）〉には「頭、脳天」「最高のもの、絶頂、極致」の意もある。

の意味と関連性、ならびにその教訓とあらゆる妙味が実によく理解できる。

一生の終わりごろになると、仮面舞踏会の終わりごろに仮面がはがれるのと同じようなことが起こる。自分が一生涯、接してきた人たちが、本当はどのような人間であったのかが、今こそ明らかになる。すなわち性格は明るみに出て、所業は実を結び、仕事ぶりはしかるべき評価を受け、幻影はことごとく崩れ去ってゆく。つまり、こうなるまでに時の経過が必要だったのだ。

いちばん奇妙なことは何かと言えば、人生の終わりごろになって初めて、自分自身を、自分自身の目標と目的を、ことに世間や他人との関係において理解し認識することである。そういうとき、自分がかねて思っていたよりも低い位置に自分を置かねばならないことも確かに多いだろうが、いつもそうとは限らず、ときには思っていたよりも高い位置になることもある。それは、世間の低劣さを十分に思い描くことなく、自分の目標を世間よりも高いところに置いていたせいである。これに付随して、自分に関する様々なことがわかってくる。

通例、青年期は人生の幸福な時期、老年期は悲哀の時期と呼ばれる。情熱で幸福になれるとしたら、その通りであろう。だが青年期は、情熱ゆえに心が千々に乱れ、喜びは少なく、苦しみは多い。冷静な老年期は、情熱に煩わされたりせず、やがて静観的な色調を帯びる。すなわち自在に認識できるようになり、認識が主導権を握る。認識それ自体には苦痛がないので、意識のなかで認識が支配的になればなるほど、それだけ幸福感は増してくる。青年期には不幸な目にあっても、それに耐えるだけだが、老齢期になると、不幸な目にあわないように予防するのが上手になる。情熱は人を幸福にできないこと、老人が幾多の享楽にあずかれないからといって嘆くには当たらないことを理解するには、あらゆる享楽は消極的な性質のもの、好ましくないものであり、苦痛は積極的な性質のもの、現実のものであることを考えてみさえすればよい。おしなべて享楽とは、常に欲望を鎮《しず》めるだけのものにすぎないからである。欲望が消滅すると、享楽も消滅するわけだが、それは、食事の後はもう食べられないし、十分に眠った後はもう起きているかしかないというのと同じで、嘆かわしいことではない。プラトンは（『国家』の導入部で）、白髪の高齢になれば、それまで絶えず私たちを悩ませてきた性欲からようやく解放されるという点において、老齢の幸福をずっと正しく評価している。それどころか性欲、すなわち、このたえず取りついている悪魔《サタン》の影響下にあるかぎり、性欲が生み出す多様で際限なき妄想と、妄想から生じる興奮が人間の内面に常に軽微な狂気をはらませるのだから、人間は性欲から解放されてはじめて完全に理性的になると主張できるだろう。

さて、あらゆる個人的事情を度外視して一般的にみれば、一種のメランコリーと悲哀は青年期特有のもので、一種の晴れやかさは老年期特有のものであることは確かだ。その理由は、青年期には、前述した悪魔に支配されるどころか、こきつかわれるため、自由な時間になかなか恵まれず、同時にこの悪魔が人間に打撃を与え、人間をおびやかす災厄のほとんどすべての直接・間接の張本人であるのに対し、老年期には、長年しばられていた枷《かせ》から解放され、自由に動き回れる人間の晴れやかさがあるということに他ならない。――けれども他方で、性欲が消えた後は、生命本来の中核は食い尽くされてしまい、かろうじて生命の外殻のみが残っているとも言えよう。それどころか人生は、出だしは人間だったのに、あとになると、人間の衣装をつけたロボットで幕を閉じる喜劇のようなものだ。

ともあれ、青年期は動乱の時期であり、老年期は平穏の時期である。この点からだけでも、双方が快適と感じるものは、それぞれ違ってくると推論される。児童は貪欲に手を遠くへ伸ばし、眼前にある色とりどりの多様な形のものを何でもつかもうとする。児童がそうした事物に刺激されるのは、感受能力がみずみずしく若々しいからである。青年の場合には、これがもっと精力的に生じる。色とりどりの世界と多様な形態に刺激されて、青年の想像力はたちまち、世界が与えることができるよりも、もっと素晴らしいものを創り上げる。だから青年は漠たるものへの憧れと欲望に満ちている。この憧れと欲望のために、幸福に欠かせない安らぎが奪われる。それゆえに青年は、どこに在るか分かりさえすれば、何か素晴らしいものがこの世で得られるはずだと考えるのに対し、老人は旧約聖書の『伝道の書』にいうような「いっさいは空《くう》なり」の精神に満ちあふれており、どんなに金色《こんじき》に染め上げられていても、クルミの中は全部からであることを知っている。換言すれば、老年期にはすべてが鎮《しず》まっている。一面では、以前のように血気盛んではなく、感覚能力も敏感でなくなるためであり、他面では、物事の価値と享楽の正体を経験によって教えられ、かつては幻想や幻影や偏見のために、物事が隠蔽され歪曲されてしまい、物事を自由で曇りなき目で見ることができなかったのだが、しだいに幻想や幻影や偏見を脱却し、その結果、今や万事、以前よりも正しくはっきりと認識し、すべてをあるがままに受け止めるようになり、多かれ少なかれ、あらゆる俗事の空しさを悟ったためである。だから、ほとんどすべての老人は、たとえきわめて凡庸な能力の持ち主であっても、どことなく賢者の面影を宿しており、この点で下の世代の人より傑出している。だが、とりわけ精神の平穏は、こうしたすべてによってもたらされる。精神の平穏は幸福の大きな構成要素であるどころか、本当はこれこそ、幸福の条件であり本質である。

さらに、病気と退屈は老年期の宿命と思われている。だが、病気は決して老年期の本質をなすものではなく、ことに長寿を授かっている場合はそうではない。「齢を重ねれば、健康と病は増進する」[13]からである。退屈に関して言えば、老年期は青年期よりも退屈におちいる可能性が少なく、その理由は前述した。また老年期になると、たやすく予想できる理由から孤独と向き合うことになるが、孤独だからといって必然的に退屈に見舞われるわけでは断じてない。そうなるのは、生涯を通じて官能的な楽しみ・社交の楽しみしか知らなかった人、精神を豊かにすることも、能力に磨きをかけることもしてこなかった人だけである。たしかに年をとると、精神的能力も減退するが、もともと精神的能力が豊かであれば、退屈を撲滅するぐらいの力はまだまだ十分に残っているはずだ。そのうえ前述したように、経験・知識・錬磨・思索を通していよいよ正しく洞察できるし、判断力は鋭敏になり、物事のつながりが鮮明になる。何事につけても、ますます全体を包括的に見通す力がついてくる。それから、蓄積された認識をたえず新たに結びつけ、折に触れてさらにこれを豊かにすることで、あらゆる点で内奥の自己啓発がますます進み、こうして人間精神は活動し満たされ報いられる。これらすべてによって、ある程度まで先ほど言及した減退の埋め合わせをすることができる。しかも前述したように、老年期には時の経過がずっと早くなるので、これも退屈を撲滅する働きをする。職業上、体力を要するというのでなければ、体力が減退しても特に問題にはならない。だが老年期の貧困は大きな不幸だ。貧困を払いのけ、ずっと健康であれば、老年期は一生のうちでまずまずの年齢期かもしれない。呑気《のんき》にしていられることと、安心できることが老年期の主《おも》な欲求となる。したがって老年期には、以前にもまして金銭を愛するようになる。金銭は能力不足を補うからである。恋の女神ヴィーナスを卒業したら、酒神バッカスのもとで浮かれたくなるだろう。見たい、旅行したい、学びたいという欲求に代わって、教えたい、語りたいという欲

13（原注）ローマの学者アウルス・コルネリウス・ケルスス（前二五頃～後五〇頃）の金言とされる。彼は百科事典編者で、現存する『医学』はローマ世界の医学知識を知るうえで最も貴重な資料のひとつ。

求が生じる。たいそう高齢になっても学問や音楽や芝居を愛し、総じて外界に対する一種の感受力がなおも残っていれば、幸福である。むろん、こうした感受力を最晩年まで持ち続ける人もいる。

人間が欲望や恐怖に直面しても取り乱さず、心の安らぎを失わない、ホラティウス流の「何事にも感嘆はしない」（『書簡詩』一の六の一）境地に達するには、すなわち万物の空しさと現世のあらゆる素晴らしいものの空虚さを直接的に心からしっかりと確信するのは、相当の高齢になってからである。幻影は消え去った。宮殿であれ、あばら屋であれ、どこかに特別な幸福が宿っているであろうとか、肉体的あるいは精神的苦痛さえなければ、大体において、どこでも享受しうる幸福よりもさらに大きな幸福があるだろうとかいう妄想はもはや抱かない。俗世間のものさしで測った大小・貴賤の区別は、自分にはもはや存在しない。これによって老人は特別な心の安らぎを得て、微笑みながらこの世の欺瞞を見下す。老人はすっかり幻滅し、人生はどんな手を打って粉飾し偽装しても、こうした縁日まがいの虚飾の隙間からほどなく惨めさが透けて見え、どんなに着色し飾り立てても、どこへ行っても大体おなじ人生で、生きることの真価はどの程度まで苦痛がないかで測られ、享楽や、ましてや栄耀《えいよう》栄華《えいが》の程度で測られるものではないということを知っている。老年期の根本的特徴は幻滅である。それまで人生に魅力を与え、活動を鼓舞してきた幻想は消失した。この世のいかなる素晴らしいもの、とりわけ栄耀栄華も権勢の輝きも、空虚で空疎なことが分かった。たいていの望みや待ち焦がれた享楽の背後には、ほとんど何もないことは経験済みで、私たちの全存在がおそろしく貧しく虚ろであることをしだいに悟る。七〇歳にしてようやく『伝道の書』の第一句[14]を完全に理解する。けれどもそれは、どことなく苦虫をかみつぶしたような面持ちを老年期に添えることにもなる。――一生において老年期ほど、その人が「本来その身にそなえているもの」が役立つ時期はない。

もちろん常に鈍物であった大部分の人たちは、高齢になるとますます自動人形化して、いつも同じことを言い、いつも同じことをするから、外部からの印象はその人の言動をいささかでも変えることはできないし、また、その人に新たなものを呼び起こすこともできない。このような老人に向かって何かを説くのは、砂上に字を書くようなもので、印象は瞬時に消えてしまう。この種の老齢は生ける屍《しかばね》にすぎない。――

14 「伝道者は言う、空《くう》の空《くう》、空の空、いっさいは空である」。

高齢になると稀に三度目の歯が生えるが、[15] これなどは大自然が第二の幼年期の訪れを象徴しようとするものと思われる。

寄る年波にすべての能力がどんどん衰えてゆくのは、たいそう悲しいことだ。しかしこれは、死の準備であって、さもないと死はおそろしく困難なものになるため、必然的どころか、自然の慈悲深い摂理である。それゆえ非常な高齢に達することで得られる最大のものは、安らかな自然死、すなわち病気に誘発されるのではなく、痙攣《けいれん》を伴わず、まったく何も感じず、ほんとうに苦しまずに逝くことである。これについては私の主著の第二巻で述べている。[16]

いかに長生きしても、不可分の現在よりも多くを保持することは決してない。[17] 記憶は忘却によって日増しに失われ、しかも忘却によって失われる量は日増しに多くなる。年をとればとるほど、浮世の事柄は全体的なものであれ、特別なことであれ、ますます小さなものに思えてくる。――青年期には確固たる揺るぎなきものとして眼前にあった人生が、今や、すばやく過ぎ去るはかない幻として現われ、全体の空しさが目立ってくる。

青年期と老年期との根本的な相違は依然として、青年期には前途に生があり、老年期には前途に死があることだ。したがって青年期には短い過去と長い未来があり、老年期にはその逆になる。高齢者の生活は悲劇の五幕目のようだ。悲劇的最後が近づいているのは分かっている。だが、それがどんなものなのかはまだ分からない。むろん老齢なら死が前途にあるだけだが、若年なら生が前途にあるわけで、問題は生と死のどちらがよりゆゆしいか、また全体的に見て、生というものは前途に見るよりも、過去のものとして見たほうがよいのではないかということである。『伝道の書』も「死ぬ日は生を受けた日にまさる」と言っているではないか。非常な長寿を求めるのは、

15　「三度目の歯が生える」とは義歯を入れること。
16　（原注）ヴェーダのウパニシャッドでは天寿は百歳だと言っているが、これはもっともなことだと思う。なぜなら私は、九〇歳を越えた人でなければ、自然死にあずかることはできない、すなわち何の病気もなく、卒中もなく、痙攣もなく、喘鳴《ぜんめい》もなく、時としては顔面蒼白になることもなく、たいていは座ったまま、しかも食事の後に死ぬ、いや、死ぬというより、生きるのを止めるという死に方ができないことに気づいたからである。それよりも前に亡くなるのは、単なる病死であり、早すぎる死である。
17　現在は時の流れの中で過去や未来と分かちがたく結びついているが、現在だけが現実であり、確実なものである。現在こそが私たちの生の形である（本書二二一〜二二三頁参照）。

いずれにせよ大それた望みである。スペインの諺にある通り、「命長ければ、よからぬこともまた多い」からである。

占星術は、個々人の生涯が惑星にあらかじめ示されていると説くが、そうではない。人間のそれぞれの年齢期に惑星がひとつずつ順次に対応し、それにしたがって人間の生涯が相次いですべての惑星に支配されるという意味合いで、個々人ではなく、人間一般の生涯が惑星にあらかじめ示されているのである。

一〇歳のときには水星が支配する。人間は限られた範囲で水星、すなわち商売の神メルクリウスのようにすばやく軽やかに動く。些細なことで気持ちが変わるが、抜け目なく雄弁な神の支配下で多くのことを楽々と学ぶ。

二〇歳で金星、すなわち恋の女神ヴィーナスの支配がはじまり、恋と女性のとりこになる。三〇歳で火星、すなわち軍神マルスが支配する。そのころの人間は激しく強く大胆で戦闘的で反抗的だ。

四〇歳で四つの小惑星が支配する。それにしたがって人間の生き方に幅が出る。農耕の女神ケレスの力を受けて生産的になる。つまり有用なことのためにせっせと働く。かまどの女神ヴェスタの支配を受けて所帯をもつ。また知恵の女神パラスの支配を受けて、知る必要のあることは習得した。また家の女主人たる妻が、最高の女神、神々の女王ユノーとして支配する。

五〇歳で木星、すなわち主神ジュピターが支配する。すでにたいていの人より年長で[18]、現在すでに活躍している若い世代よりも自分のほうが優れていると感じている。まだ自分の能力を十分に享受でき、経験や知識も豊かだ。（自分の個性と状況に応じて）周囲の人みなに対して権限・権威をもつ。したがってもはや命令されるのではなく、命令しようとする。今こそ、自分の領分の指導者・支配者となるのに最適である。こうして木星は頂点に達し、木星とともに五〇歳の人間も頂点に達する。

だが六〇歳になると土星が来て、鉛[19]独特の重さ、遅さ、しぶとさがあらわれる。

18　ショーペンハウアーの時代には乳児や小さな子供の死亡率が非常に高く、平均寿命も三十代だった。一八七一年の調査によると、平均寿命は三七歳（男性は三五～三六歳、女性が三八～三九歳）だったが、一九一〇年には四七歳に急上昇している。

19　西洋占星術や錬金術では、鉛は土星の象徴とされる。黒く重い鉛が、肉眼で確認できる惑星のなかでもっとも暗く動きの遅い土星と相似していると考えられたためである。ちなみに動きの速い水銀は水星の象徴とされる。

死者かと見紛う　ご老体
鉛さながら重く　しぶとく　のろのろと　血の気もない
シェークスピア『ロミオとジュリエット』第二幕第五場

最後に天王星、すなわち天空の神ウラノスがくる。その名の通り、このとき人は天にいる。海王星、すなわち海神ネプチューン（残念ながら無思慮にもこう命名されている）を小惑星エロス、すなわち愛の男神エロスという真の名で呼ぶことが許されないため、ここでは考慮に入れることができない。もしエロスと呼んでもよいなら、私はいかに始まりが終焉に結びつくか、つまり、いかにエロスが死とひそかな繋がりを持つかを指摘したい。この繋がりのために、冥界の神オルクスや古代エジプトの下界の神アメンテスは（プルタルコス[20]『エジプト神イシスとオシリスの伝説について』第二九章によれば）奪うばかりでなく与える者、すなわち生殺与奪の権を握る者であり、また、死は生を包摂する大いなる器となる。してみると、すべてはオルクスから生じるのであり、いま生命ある万物は、かつて冥界にいたものなのだ。私たちがこうしたことを生ぜしめる手品師の手の内を理解できさえすれば[21]、森羅万象のすべてが明らかになるであろう。

20　一三五頁注19参照。

21　生と死の循環、エロスとタナトスの結びつきの実相は、まるで手品師・幻術師のトリックのように私たちの目から覆い隠されている。しかし私たちが変化・生滅する万物の奥にある真実の相をあきらかにすることができるなら、という意。

解説

鈴木芳子

本書『幸福について～生きる知恵・箴言集』は、ドイツの哲学者アルトゥール・ショーペンハウアーの『余録と補遺』から訳出したものである。翻訳にはArthur Schopenhauer, Sämtliche Werke Band V/2, suhrkamp taschenbuch wissenschaft（1986）の"*Parerga und Paralipomena I*"から"Aphorismen zur Lebensweisheit"を用いた。なお、原注はすべてではなく本文の理解の助けになるものを選んで訳出した。

ショーペンハウアーは一七八八年ダンツィヒの富裕な貿易商の長男として生まれ、ゲッティンゲン大学で自然科学・歴史・哲学を学び、シュルツェ教授の勧めにしたがってプラトンとカントを研究、ヴァイマールでヴィーラントやゲーテと親交、またこの頃インド哲学に接する。ベルリンでフィヒテの講義を聴くが不満で、独学の道をたどる。イェーナ大学で論文「充足理由律の四根について」により博士号を取得、一八一四年ドレスデンに住み、『意志と表象としての世界』を構想・執筆、一八一九年刊行。イタリア旅行ののち、一八二〇年ベルリン大学講師となったが、当時人気絶頂だったヘーゲル正教授に圧倒され辞任、在野の学者となる。主著『意志と表象としての世界』を敷衍《ふえん》したエッセイ『余録と補遺』（一八五一）がベストセラーになると、彼の思想全体も一躍脚光を浴び、晩年名声を博する。一八六〇年フランクフルトにて永眠、享年七二であった。

『余録と補遺』はそのタイトルが示すように、主著『意志と表象としての世界』の注釈であり、ショーペンハウアー哲学をわかりやすく理解させてくれる最良の入門書だ。主著が哲学を専門とする人向けの書で、抽象度が高く、カント哲学を十分に消化していないと、理解のむずかしい面もあるのに対し、『余録と補遺』は幅広い読者を想定して書かれたもので、鋭利な人間観察と辛口のユーモアが光る。はじめに『余録と補遺』について述べたい。

一八五〇年ショーペンハウアーは、「毎日こつこつと六年間にわたって書き続けてきた」大小さまざまなエッセイおよび断片の集大成『余録と補遺』の執筆に終止符を打った。本書の『幸福について〜生きる知恵・箴言集』のみならず、日本で昔からなじみの深いショーペンハウアー作品「知性について」「女について」「読書について」

なども、この『余録と補遺』から訳出されたものだ。ショーペンハウアーは『余録と補遺』を「私の末っ子」と呼び、「この子の誕生によって私のこの世における使命は終わった」と述べている。彼はまずフランクフルトのヘルマン書店に、次にブロックハウス社に、最後にゲッティンゲンのディートリヒ書店に出版申込みをするが、いずれも断られてしまう。だが翌五一年に弟子フラオエンシュテットの尽力でベルリンのA・W・ハイン書店から刊行されると、この書はたちまちベストセラーとなり、ドイツ全土に彼の名が知れ渡る。すると、これまであまり注目されなかった彼の思想も広範囲な関心を集め、やがて若き日に執筆した主著ならびに思想体系全体もかえりみられるようになった。『余録と補遺』はあまり売れないだろうという出版社の当初の予想をみごとに裏切り、以後、ロングセラーとなってゆく。とりわけ日常生活の様々な観点から幸福について論じた『幸福について～生きる知恵・箴言集』は、『余録と補遺』のなかでもいちばん分量が多く人気があり、ドイツ本国ではショーペンハウアー全集とは別に、レクラム文庫の一冊として、あるいはディオゲネス出版から単行本として刊行されており、キンドル版も出るなど、現在も多くの読者から高い支持を得ている。

彼の主著『意志と表象としての世界』が天才的な若者の直観の書であるとするなら、『余録と補遺』は、主著を補強補完するものであり、熟年期の経験の書である。彼は『余録と補遺』を、哲学を専門とするのではない一般の人たち、とりわけ若い世代に向けて執筆している。各人の根本になる思想は三十代までにできあがる、若者は直観によって物事の核心をとらえることができるというのが彼の持論であり、これは何よりも彼自身についてあてはまる。一八一三年、ルードルシュタットにこもって学位論文「充足理由律の四根について」を書き上げた際に、イェーナ大学哲学部長宛ての手紙で、「……私は人類に腕力で奉仕するのではなく、頭脳で奉仕するように生まれついており、私の祖国はドイツ国土よりも広大であることを堅く確信していました」と述べており、彼が若き日にすでに哲学者として人類に果たすべき使命を自覚していたことがわかる。

ショーペンハウアーは本書で、私たちは幸福になるために生存しているという考えそのものが人間生来の迷妄であり、私たちは苦悩の中に投げ込まれた存在であり、生にまつわるあらゆる出来事は「苦」なくして語りえないという視点に立ち、できる限り苦を少なくする生き方、すなわち、「この最悪の現実世界で、できるかぎり快適に心おだやかに生きる技術」を多方面にわたって論じる。

彼は、私たちの目に映るこの世界は、私たち各人の主観の世界なのだから、各人の脳裏に描かれたその世界はそれぞれ異なるものであると説く。現実世界のいかなる出来事も、すなわち、人間の心を占めるいかなる現在も、主観と客観という二つの側面から成り立っている。主観と客観は緊密に結びついているとはいえ、客観的半面がまったく同じでも、主観的半面が異なっていれば、世界はまったく別様なものになる。客観的半面がどんなに美しく良いものであっても、主観的半面が鈍くて不出来なら、劣悪な現実と現在しか存在しない。ひとりひとりが生きる世界は、何よりもまず、その人が世界をどう把握しているかに左右される。世界は、いまこの世界を前にした自分の表象なのだから、自分自身の意識が変われば、見えてくる世界も変わってくる。

彼は、人生の財宝を三つに分け、第一の財宝、「その人は何者であるか」ということ、すなわち、最も広義における人品、人柄、個性、人間性こそが幸福の鍵を握ると明言する。この第一の財宝には健康、力、美、気質、徳性、知性、そして、それらを磨くことがふくまれる。第二の財宝は「その人は何を持っているか」ということであり、あらゆる意味における所有物や財産がここにふくまれる。第三の財宝は「その人はいかなるイメージ、表象・印象を与えるか」ということだが、「その人は他者の表象・印象において何者なのか、すなわち、そもそも他人の目にどのように映るか」というのは、実質的にはその人に対する他者の評価にすぎない。ショーペンハウアーは、いかに世間の人がこの第三の財宝を重視しすぎているかを指摘し、名誉も地位も名声も、所詮、幻想にすぎないと強調する。第一の財宝にくらべて、第二・第三の財宝など人生の幸福にとっていかほどのものでもない。

ショーペンハウアーは、「私は何者なのか」ということ、すなわち「本来わが身にそなえているもの」の大切さを繰り返し説き、それこそが幸福の源であると力説する。そこには、生まれながらの資質ばかりでなく、自分自身をよく知り、自分を磨き、自分を育てる力がふくまれる。日常生活の諸々の事実をありのままに受け入れ、自分はいかなる人間なのか、自分にとって本当に大切なものは何かをとことん見つめ、自分の可能性を模索する生き方は、必然的に、いわゆる「おつき合い」「社交」「人間関係」といった外的状況や他者の視線ばかりを気にして、他人の思惑にふりまわされるだけの生き方と対照的なものとなる。財産であれ、地位であれ、位階であれ、「私」がいかなるものを所有しようとも、他人の目にどう映ろうとも、そうしたすべてよりも、あきらかに「私」にとってはるかに重要なのは、「私自身にとって私は何者なのか」ということだ。それは孤独の中で「私」に寄り添い、何人たりとも「私」に与えることもできなければ、「私」から奪うこともできない最高の人生の財宝である。わが身に多くをそなえている者は幸福である。他の人がどう思うかはまったく関係ない。「私たちの最大の楽しみは称賛されることだ……だから、何はともあれ、自分で自分を率直に称える境地にたどり着いた人が、もっとも幸福な人である。他人に惑わされてはいけません」（本書一七七頁注44）。

人間は「ひとり在る」か、「他者とともに在る」かのどちらかである。人間は社会的動物なのだから、他者とともに在ることによってしか生きられない。しかし、孤独を愛さない者は、自由をも愛さない。孤独のなかにこそ、真の自由があるのだから。彼は世人に社交の群れから少し距離を置き、せわしない日常の騒音をのがれて、自分の心の声に耳を傾けることを勧める。精神の平穏こそが幸福の条件であり、本質である。孤独とは、みずからの原点に立ち返ることでもある。こうした姿勢は、情報とモノがあふれる現代生活において、刺激が多すぎて飽和状態になった心を適正なところに戻そうとする動き、たとえば瞑想などで精神の安らぎを得ようとする「マインドフルネス」や、モノを最小限にしか持たない「ミニマリスト」とも響き合う。

彼は、孤独と社交の集いを対比させる。自分自身に退屈しているから、外部に刺激を求めるのであって、祝宴やトランプゲームなどのおつき合いは「自分自身の内面の空疎さ」を埋めるためのあの手この手にすぎないという。当時のドイツの社交界ではフランス語が用いられ、フランス語を話す人が上品で教養ある人物とみなされていた。ドイツの物理学者・著述家ゲオルク・クリストフ・リヒテンベルク（一七四二～九九）は「外国語を正しく上手に話すことを習得し、実際に社交界で、その国民の本来のアクセントで話すためには、記憶力がよくて、耳がよいばかりでなく、ある程度見栄っ張りであることが必要です」と述べている。本書でショーペンハウアーが描き出す社交界からも、自国語を十分あやつる力もないのに、不完全なフランス語を混じえて中身のない空疎な会話をくりだす、妙に気取った「紳士淑女」像が浮かび上がる。なまかじりの外国語や受け売りの知識といった、みせかけだけの教養を誇示しようとする人間の虚栄心に対する批判は、『読書について』（ショーペンハウアー著、拙訳、光文社古典新訳文庫）における、なによりもまず母語を正しく話すこと、正しく書くことの大切さを訴える姿勢とも呼応する。

ショーペンハウアー自身、一八一三年頃ヴァイマールの社交界で浮いた存在だったらしい。「知性の優越という特性は、その人物をたいそう孤立させる」(本書三一一頁)ため、孤高の存在とならざるをえない。パーティーでむっつりした顔つきで人々から離れ、ひとり窓辺にたたずむショーペンハウアーを見て、若い淑女たちがクスクス笑うと、ゲーテは「お嬢さん方、私にめんじて、あの青年をそっとしておきなさい。あの人は私たちすべての頭上をはるかに越えてどんどん伸びてゆく人なのですよ」と諭《さと》したという。ショーペンハウアーの博士論文「充足理由律の四根について」を読んだゲーテは、彼のただならぬ才能を感じ取り、彼に自分のもとで色彩論の研究をするように勧めている。またゲーテは「ショーペンハウアー博士、その真価を大方から認めてもらえず、しかもその人柄を知るのがむずかしく、しかし若くして立派な業績をもつ人物、彼の来訪は私をおおいに刺激してくれた。私たちは互いに啓発し合った」と記しているばかりでなく、「私は他の連中とは語り合うだけだが、ショーペンハウアーとは哲学する」と周囲の人にもらしたと伝えられている。ショーペンハウアーのほうでも、「今世紀の真に栄光ある誉れであり、ドイツ人の誇りであり、その名はあらゆる時代の人々の口にのぼるであろう大ゲーテが、このぼくに友情を示し、親しく交際してくれた」と、ゲーテとの出会いを「生涯でもっとも喜ばしく幸福だった出来事」のひとつに数えている。彼は世間一般の人からは認めてもらえなくても、ゲーテという良き理解者に恵まれた。ゲーテは一八一四年五月八日、ショーペンハウアーがヴァイマールを去るにあたって「君が自分の価値に喜びを見出したいなら、君が世界に価値を与えなければなりません」と、はなむけの言葉を贈っている。ゲーテのこの言葉は、その後のショーペンハウアー哲学の展開を暗示する象徴的なものといえるだろう。ショーペンハウアーがヘルダーの弟子で東洋学者のフリードリヒ・マイヤーによってインド哲学に導かれたのも、このヴァイマール時代である。ショーペンハウアーは、すべての本質の根本的な同一性、無価値性、根源から生じた現象世界の悲惨さについての教え、また瞑想によってはじめて解脱《げだつ》の平和が得られるとするインド哲学を抵抗なく受け入れた。

ここでショーペンハウアーのペシミズムに言及したい。ショーペンハウアー以前には、私たちが生きているこの世界は考えることのできる限り最良のもので、完全なものであるというのが、哲学の一般的な見かたであった。彼のペシミズムは、こうしたライプニッツ以来のオプティミズム（楽天主義）の伝統に、はじめて立ち向かうものである。日本ではペシミズムは悲観主義、厭世主義と訳されることが多いうえに、彼の著作のひとつが文庫で『自殺について』というタイトルで刊行されていて、語感から立ち昇る負のイメージのせいか、中身を吟味せず、彼のことを、自殺を肯定して自殺を勧めた厭世家と思い込み、ショーペンハウアー哲学の内容に触れないまま素通りしてしまう一因になっているように思われる。遠山義孝氏が指摘しておられるように、ショーペンハウアーのペシミズムは文字通りラテン語の「最悪」の意であり、彼のペシミズムは、「この世は考えることのできる限り最悪の世界である」という最悪主義の世界観と見るべきであろう。彼の哲学は、この最悪の現実世界と苦悩に満ちた人間存在を直視し、人生を苦悩に耐えられるようにするには、どうすればよいかを考えるものである。

次に、彼の主著の根幹となる思想に触れたい。『意志と表象としての世界』は、彼が二六歳のときに構想が芽生え、ほぼ五年の歳月をかけて執筆した大著である。『意志と表象としての世界』のタイトルが示す通り、彼によれば、世界は「表象」および「意志」という二つの側面から成り立つ。この書で彼は、「世界は私の表象（Vorstellung）である」と断言し、この世界は見る者の直観の世界であることを打ち出した。さらにショーペンハウアーは、その表象の背後にひそむ重要なものをその直観によって「意志」と規定し、「世界は生への意志（Wille）である」と述べた。彼によると、意志はすべての自然力のなかにあらわれる。動物ばかりでなく、植物の成長や無機的自然のなかにもみられ、たいていの場合、その働きは意識されない。生への意志は、無意識的な本能とも言えるもので、人間においては食欲や生殖をめざす激しい性の欲望のなかに見うけられる。

彼の言う〈Wille〉は、日本では「意志」が定訳とされているが、実は一言で日本語にするのが難しい概念で、「人間の内にあって、無目的に人間を駆り立てる衝動」「論理的にはほとんど解明できない不合理な暗い部分」を指す。後にフロイトは、ショーペンハウアーの「盲目的な意志」という表現を、みずからの専門用語である「エス（本能的欲望）」「リビドー（性的衝動の基になるエネルギー）」「トゥリーブ（衝動）」といった言葉に置き換え、人間の意識下にあって強力に活動している欲望を指し示した。ショーペンハウアーの「意志」は、活力と同時に災いをはらみ、ポジティブ要素であると同時に、ネガティブ要素でもある。すなわち、盲目的な意志が根底にあるため、人間は常に満たされることのない、終わりなき欲望を追いかけることになり、生きることは苦となる。この生への盲目的な意志は人間のみならず、現象相互の果てしない和解しがたい闘いとなって私たちのまわりで展開されるため、この世は万物争闘の場となる。ショーペンハウアーはこのように、私たちが苦悩の中に生を受けていることをはっきりと宣言し、そのうえで人間の一生は苦悩の歴史であると規定した。ショーペンハウアーはこの盲目的な意志、非合理的な生への意志こそ、人間の本質であると説くことによって、理性こそが万能であるとする当時の思想界の一大潮流に最初の抵抗の一石を投じた。

ショーペンハウアーはブロックハウス社へ、「私の著作は新しい哲学体系です。言葉の真の意味における新しさです。既存のものに新たな表現を与えた、単なる蒸し返しなどではなく、今までいかなる人間の脳裏にも浮かばなかった最高度に関連しあう一連の思考です」と自信に満ちた手紙を書き送り、ブロックハウス社は彼の熱意にほだされて『意志と表象としての世界』の出版を承諾した。ショーペンハウアーの哲学は「体験としての生」から出発し、生の直接的把握をめざすものであり、今日ではニーチェ、ベルクソン、ディルタイ、ジンメルによって代表される「生の哲学」の祖とされる。だが当時はヘーゲル哲学がプロイセンを中心に全ドイツを風靡《ふうび》しており、ショーペンハウアーの哲学は、このヘーゲル哲学に代表される観念論の理性主義、主知主義と真っ向から対立するものだった。ショーペンハウアーは自著の歴史的意義を確信していたが、発行後一年半の間に百冊くらいしか売れず、販売不振という過酷な現実に直面せざるを得なかった。

しかし一九世紀後半になると、科学技術の進歩は人間を必ずしも幸福にしないことが明らかになってくる。近代科学の行きつく先は戦禍であり、カントやヘーゲルの理性の哲学はもはや悲惨な現実に対応しきれない。ヘーゲル学派で、ケーニヒスベルク大学哲学教授カール・ローゼンクランツ（一八〇五〜七九）は、早い時期に痛切に社会的経済的格差の問題を認識し、とりわけドイツの伝統的農村層の窮乏化や都市の手工業者の貧困問題を取り上げた哲学者のひとりである。彼は一八三五年にすでに「飽食の金持ちと物質的基盤をもたないプロレタリアとの融和が、私たちの時代の大いなる課題である。今や、人類の命運に関心をもつ者はみな、多かれ少なかれこのテーマと関連した問題を考察しないわけにはいかない。ヨーロッパの市民社会の途方もない窮状が時にはこちらで、時にはあちらでこのうえなく恐ろしい大変革を迫ってくるからである。貧困化はますます耐えがたい、あからさまなものとなり、それとともに、もはや悪を除去しえないという確信がおのずと私たちの胸にわきおこる」と述べ、有産階級と無産階級との融和を論じた。いっぽうショーペンハウアーは、プロレタリアの「困苦」と飽食の金持ちが抱える「退屈」とを慮《おもんぱか》り、困苦と退屈は人間の苦悩の二大源泉であり（本書三九、六五頁参照）、人間存在の惨めさの二大要素であると指摘する。ローゼンクランツは一八四八・四九年に文部省顧問官や上院議員もつとめた人物だが、彼の二つ目のヘーゲル伝である『ドイツの国民的哲学者としてのヘーゲル』（一八七〇）でショーペンハウアー哲学の先見性について次のように述べている。「理性の支配を疑わないという点でカントと一致していたヘーゲルは、まだしも大変幸福だった。だが新たな時代は、経験的に私たちの目の前にある必然性がそもそも必然的なものなのかと問いかける。新たな時代は、私たちが承認せざるをえない自然の法則性に生きとし生けるものの幸福・息災は含まれるのかと問いかける。新たな時代は、そのような自然を人類の歴史の基礎にし……私たち全員が火山の上で眠りにつくのは恐ろしいことではないのかと問いかける。新たな時代は、諸国民の歴史の崩壊に直面して、諸国家の果てしない戦争状態の一体どこが理性的なのかと問いかける。かの哲学者ショーペンハウアーは、万物は負の側面を有すると高唱し、それが火山・暴風・猛獣・旋毛虫・ハンセン病・コレラなどを構成可能にするとき、ヘーゲルの概念のきわめて美しい弁証法は何の役に立つのだろう？　私たちの存在のあらゆる苦悩・病・死・戦争などをもっともな現実として認めねばならないとき、ヘーゲルの体系のさしあたり堂々たる構築物は何の役に立つのだろう？」

理性の哲学、自然科学と技術の進歩に惹かれる多分に楽天的な世界観に対し、ショーペンハウアーは、理性だけでは解明できない世界があり、そこに人間の真実があることを究明してゆく。理性ではなく、意志こそが人間のうちにある本質的なものだというのが彼の考えであった。ワーテルローの戦いは終わり、革命は死に絶え、偉大な時代は過ぎ去った。ナポレオン戦争はヨーロッパ全土に深い爪痕を残し、「時代はもはや若くはなるまい」とゲーテは嘆き、人々の頭脳から未来のユートピアの幻影が消失する。若き哲学者は、このはかりがたい苦悩と悪が支配する悲惨な世界を冷厳に観察した。

ショーペンハウアーにとって、人生の悲惨は、世界原理それ自体の本質に内在する深い不合理性の表出にすぎない。世界の原理は盲目的な意志である。この世界に意志以外になにも存在せず、しかも意志は飢えた意志であるため、意志が自分で自分を食い尽くす以外に方法がない。不安や苦悩は飢えた意志が自分自身を食い尽くす連鎖の結果である。この世の生き物はみな、意志が限りある生命という具体的な形をとってあらわれたものにすぎず、盲目的な意志の休みなき営みは、生き物たちに不満と悲惨しかもたらさない。したがって、人間が望みうる唯一のことは、できる限り、自分自身のうちにあるその意志を否定することにある。そしてこの否定は瞑想において達成される。なぜなら、瞑想のうちにおいてのみ私たちはその時間だけ、欲望の隷属状態から解放され、日常生活の不満や悲惨を越えて、理想世界の安らぎと平和の域に自分自身を高めることができるからである。

ショーペンハウアーは、意志と理性を並べた場合に、意志を理性より優位にあつかう。理性（知性）が私たちを導くように見えても、実際には意志が私たちを前へと駆り立てている。ショーペンハウアーにおける「意志・本能」と「知性」との関係は、樹木の「根」と「樹冠」との関係、もしくは「あばれ馬」と「手綱」との関係にたとえることもできる。根がなければ、樹冠は存在しない。深く力強い根があってこそ、樹冠は成長することができ、暴走する馬をコントロールできるのは、巧みな手綱さばきだけである。強い意志・本能があってこそ、知性を豊かに開花させることができ、いっぽう強い意志・本能をコントロールできるのは知性だけである。

本書『幸福について〜生きる知恵・箴言集』の幾つかの点をショーペンハウアー自身の個人史と関連づけて、もう少し詳しくみていきたい。

彼は、それほどの年齢でもないのに脳の老化がはじまる学者に対して、幼少時に古典語の詰め込み学習をしたせいではないかと述べている（本書三六五頁参照）。古典語とはラテン語、ギリシア語などを指し、ショーペンハウアーの時代には古典語習得が大学入学のための必須条件だったので、大学をめざす少年は通例一一歳くらいから古典語の学習に取り組んでいた。しかし貿易商・銀行家だったショーペンハウアーの父は、息子も国際的ビジネスマンにしたくて、古典語ではなく、英語・フランス語といった実践的外国語を早くから学ばせた。ドイツ語なら「アルトゥール」、英語なら「アーサー」、フランス語なら「アルチュール」、どこの国へ行っても通じるように〈Arthur〉という名を息子につけたのも父である。父はまた立派なビジネスマン、礼節をわきまえた、世慣れた人物になるには見聞を広め、世間を知らねばならないと思っており、フランス語を習得するにはフランス本国で生活するのが最良の策と考え、九歳の息子をフランス旅行に連れ出し、パリ見物のあと、ルアーヴルの友人宅にあずける。二年後、息子を呼び戻し、ハンブルクの哲学博士ルンゲの私塾に通わせた。このころアルトゥール少年は学者になりたいと考えるようになった。だが父は、当時の一般の人と同じように、学問で身を立てるなど、もってのほか、裕福な生活をするには実業界がいちばんと考えており、学者になるのをあきらめるならヨーロッパ旅行に連れていってあげようと提案する。一五歳の少年はヨーロッパ旅行の誘惑に抗しきれず、ビジネスマンになることを約束、一八〇三年の春、両親とともにオランダ、イギリス、フランス、スイス、オーストリアなど二年にわたる長期の旅をする。その後、豪商イェニッシュのもとで実務を習うが、帳場での仕事にはどうしてもなじめなかった。一八〇五年、父が急逝（事故とも自殺ともいわれる）し、尊敬する父の死は彼に深い衝撃を与えた。実務の世界に生きることにはおおいに不満だったが、アルトゥールは父との約束をすぐさま反故《ほご》にすることもできず、鬱々《うつうつ》たる日々を過ごす。いっぽう母ヨハナは翌年、夫の商会をたたみ、アルトゥールの九歳年下の妹アデーレだけを連れてヴァイマールへ向かう。ヨハナは当地でサロンを開き、熱心に文学活動を展開、持ち前の才覚で宮廷の女官の地位も手に入れている。息子の言葉によると、ヨハナは

「うんざりするほど有名な」女流作家として活躍することになる。アルトゥールは一八〇七年ようやくイェニッシュ商会をやめ、ゴータのギムナジウムに入学する。言語学者としても有名な校長のデーリングが毎日二時間ずつラテン語の個人教授をしてくれたおかげで、彼のラテン語は「信じられないほど急速に進歩」をとげた。こうしてショーペンハウアーが学者になりたいという少年時代からの志の一歩を踏み出し、実際に本格的に古典語の学習に取り組むのは父の死後、一九歳くらいになってからである。幼少時の詰め込み教育ではなく、彼自身の学びたいという内なる欲求が活発になったときに、ラテン語を学び始めたからこそ、驚くべき効果をあげたと言えるだろう。内なる欲求が最高潮に達し、外部からの刺激と絶好のタイミングで出会うとき、それはしっかり根をおろし、赤々と燃える希望のたいまつは消えることがない。いかなる物事もその人にとってふさわしい時期があることや、内なる欲求の大切さが浮かび上がる。本書でも、一生なにも学ばない人もいるという留保つきで、その人の資質や創造的精神、内側からわき起こる本然の意欲について次のように論じる。

「……頭脳よりももっと賢い何かが私たちのなかに宿っている。つまり私たちは人生航路の大きな流れにおいて大切な行動に出るとき、これは正しいという明確な認識にしたがって行動するというよりは、内なる衝動にしたがって、言うなれば、私たちの本質のもっとも深遠な根底からわき起こる本能にしたがって行動する……こうした無意識の導きのために、たとえば、ある種の大事業を天命とする人物は、若いころからその天命を心中ひそかに感じ、ミツバチが巣を築くように着実に目標めざして努力する」（本書三二九～三三〇頁）。

さらに「生まれつき早熟な人、神童、温室育ちの純粋培養の人」（本書三六五頁）に関連づけて、当時、世間の注目を集めていた神童カール・ヴィッテ（一八〇〇～八三）に言及したい。ヴィッテは四歳で読み書きを習得し、一〇歳でライプチヒ大学に入学、後にゲッティンゲン大学の学生となった。一三歳のときに最初の本『高等数学の問題について』を刊行し、一四歳でハイデルベルク大学哲学名誉博士になり、一六歳でベルリン大学法学博士号を取得している。一七歳のとき、ベルリン大学で教授資格を得るために試験的講義を行うと、満杯の大講堂に喝采と「小僧の話など聞けるか」というブーイングの嵐が吹き荒れたという。その後一八二一年に彼はブレスラウ大学で教授資格を得ている。文部省から奨学金を得てイタリアに来ていた彼とショーペンハウアーは、当地で個人的なつき合いがあった。神童の父カール・ハインリヒ・ゴットフリート・ヴィッテ（一七六七〜一八四五）は牧師で、「神が私に息子を授けたら……その子がいかなる素質をもっているか、あらかじめ知ることはできないけれども、私は傑出した人間に教育しようとあらかじめ決心していました。私の息子は健康な体をもって生まれたので、私は彼を傑出した人間に育て上げようと決意を固めたのです」と述べており、父親のほどこした英才教育がうかがえる。ヴィッテの華々しい経歴に関しては、存命中から数々の論評が出ており、E・T・A・ホフマンの長篇小説『牡猫ムルの人生観』（一八二〇〜二二）、すなわち通常の人間よりもはるかに早く成長を遂げる賢い猫の物語にも影響を与えている。ムルは飼い主が音読するとき、その書物をのぞき込み、飼い主の知らぬ間に読み書きを独習し、ついにはみごとな詩を書くようになる。

ショーペンハウアーは一八一九年ベルリン大学の講師に応募、翌年採用が決定される。一八二〇年夏学期「総合哲学、すなわち世界の本質および人間の精神について」を、大胆かつ無謀にも、そのころ人気絶頂だったヘーゲル正教授の主要講義「倫理学と形而上学」と同じ時間に設定した。ときにヘーゲル五〇歳、ショーペンハウアー三二歳。ヘーゲルの学生を残らず奪ってやろうという野望に燃えていた。しかしながら、ただひとつ問題があった。『意志と表象としての世界』の著者が何者か、当時だれも知らなかったのである。ヘーゲルの講義にはいつも二百人をはるかに超える学生が押しかけ、教室が超満員であったのに対し、ショーペンハウアーの講義に聴講届を出した者はわずか八名で、惨敗を喫する。若きショーペンハウアーの「打倒、ヘーゲル！」の野望はあっけなくついえ、これが彼の最初にして最後の講義となった。大学側は一八三一年まで契約通り二四学期にわたって、規則正しく、ヘーゲルと同じ時間に講義をするとの予告を出していたが、プライドの高い彼はみずから大学を辞す。おのれの哲学に強い自信をもっていたショーペンハウアーにとって、この敗北は深い傷跡を残すことになった。

ショーペンハウアーの所有していたヘーゲル著『エンチクロペディー』（第二版）欄外には、「ヘーゲルの哲学には、明らかに、屈従と旧套墨守《オルソドキシー》とによって君侯の愛顧を得んとする意図以外、何もない」という書き込みが見られるという（伊藤貴雄著『ショーペンハウアー　兵役拒否の哲学―戦争・法・国家―』晃洋書房、二〇一四年、一二頁参照）。ショーペンハウアーは、ヘーゲルがベルリンで大臣たちのお気に入りとなり、ヘーゲル哲学があたかもプロイセン公認の哲学のような様相を呈し、いわゆる御用学者に近い状態になっていくことに対して、哲学が本来あるべき姿から逸脱してゆく危険を鋭敏に感じ取っていたと言えるだろう。

いっぽう、彼の秘密のノート「エイス・エアウトン」にはこう書かれている。「自然はなんと余計なことをしているものか。私の心に、哲学に携わる私のこの〈同じ心〉とはほとんど相いれない邪推と苛立ちと激しさと矜持を与えて、私の心を孤立させているのだから」（山本尤訳）。みずからの哲学を構想し、思索と執筆に没頭するとき、ショーペンハウアーはまさしく一人の神であった。しかし彼と彼の哲学に理解を示さない世間に対して、彼は自己の内に潜む負の感情でいっぱいの獣を認識せざるをえなかった。

本書でもショーペンハウアーは、人も獣も自然の一部であることから、人間の中に潜む獣性、だれもが抱くネガティブ感情や心の奥底に宿る卑しく下劣な側面を緻密に分析している。こびへつらう人を「どんなに性悪でも、尻尾を振らない犬はいない」（本書二九二頁）と評し、また、人間は自分のちっぽけな自尊心が何よりも大切で、少しでも傷つくと、うっかり前足を踏まれた小犬のようにキャンキャン鳴き叫ぶ（本書二八四〜二八五頁参照）というような、人間の本性を犬の性質・行動になぞらえたユーモラスな表現も散見される。一八三三年からフランクフルトに定住したショーペンハウアーは、実際にアートマンという名の大型プードルを飼っていた。アートマンは、サンスクリット語で「生命の息吹」という意味をもつ。当時の犬の寿命は十年ぐらいだったので、その犬が死亡すると、よく似たプードルをふたたび飼い、やはりアートマンと名づけた。カントの散歩は、その規則正しさによってケーニヒスベルクの町の名物だったが、同様に、ショーペンハウアーがやや古い型のきちんとした服装——彼の青春時代のモードそのままで、彼はいかなる流行にも超然としていた——で、犬のアートマンをお供に散歩する姿は、フランクフルト市民の間で有名だったらしい。

近年、人間と自然との共生が環境保護の観点から声高に掲げられるが、外的自然は同時に人間の内なる自然であり、独語では「自然の摂理」も「人間の本性」もともに〈Natur〉の語であらわされる。ショーペンハウアーは〈Natur〉を常に念頭におき、意志の肯定という観点から生殖をめざす欲望のありようを哲学の範疇に引き入れた。『意志と表象としての世界』続編第四四章「性愛の形而上学」やこれと関連する『余録と補遺』の「女について」というエッセイのために、彼はしばしば女性蔑視論者・

女嫌いとみなされる。「男の愛は想いをとげた瞬間からはっきりと減退する」「われわれの選択と好みに影響する最も重要な要素は年齢である……女は一八歳から二八歳までが最も良い」「背の低い、肩幅の狭い、足の短い種族を美しいものなどとよぶことができるのはただ性欲のためにぼけている男の知性だけである。すなわち女の美しさとよぶものは、まったく男の性欲のなかにひそんでいるのである」（遠山義孝訳）等々、彼は男性の視点から、それも生殖の観点から一方的に、女性の年齢・骨格・肉付き・容貌などを論じる。本書も女性の認識能力や財産管理能力を過小評価し、性的名誉に言及するなど、滑稽なほど男尊女卑の考えに貫かれている。けれどもショーペンハウアーのこうした見解は、第一に当時の中上流階級に属する男性の結婚観・恋愛観を浮き彫りにするものであり、第二に彼の「意志の哲学」をエロスの観点において詳述したものである。

第一にここから、当時の女性たちの置かれた社会状況が読み取れる。一九世紀、女性は家庭のなかで生き、娘時代は父親の保護・監督下におかれ、結婚後は夫に養われるべきものであって、持参金があっても基本的に夫の庇護下におかれるべきものだというのが社会通念であった。また結婚制度の本務は、子孫の繁栄と財産の維持にあるというのが、当時の中上流階級の一般的な見かたであった。当時の平均寿命が三十代で、現在とは比較にならないほど短命で、乳幼児の死亡率がたいそう高かったことも配慮しなければならない。出産で生命を落とす女性も少なくなかったので、若く健康な女性に無事出産してもらい、生まれた子供を健やかに成人させ、財産を継がせることが結婚生活の重要課題だった。モンテーニュの『エセー』第三巻第五章「ウェルギリウスの詩句について」によれば、結婚の本務は有益で正しく名誉に富み、揺るがぬことに存する。恋愛は快楽のみに与えられており、刺激と熱さが欠かせない。クピドに矢と炎がなければ、もはや恋愛の神とはいえない。恋愛にもとめられる第一条件はチャンスをつかむことであり、第二、第三の条件もこれにとどめをさすという。いっぽうショーペンハウアーによれば、快楽は束の間であり、恋の情熱は苦しみであり、恋人の面影は幻想にすぎない。

第二にショーペンハウアーは、性衝動を脈々と連なる生命の根源、次の世代へ生命をつなぐ営みとしてとらえていた。自然の内奥にある生への意志は、ヒトや動物を種族の繁殖へと駆り立てる。個体（個人）は種族に従属するとし、個人よりもヒトという種族の保存・種族の維持という点に注目し、したがって性欲を「生の決定的な、もっとも強い肯定」とみなしていた。彼は「いかに軽やかで優美な（上品な、知的な）振る舞いをしようとも、あらゆる恋心の根底には性衝動がある」という。人間の本質の下部構造に「意志・本能・自然の摂理」をおき、上部構造に「知性」をおいてみると、いかに優美な恋愛作法であれ、ヒトの求愛行動は結局のところ、性衝動を隠蔽するための文化もしくは礼儀作法とみなすことができ、人間社会における生態系維持の構図が見えてくる。

ショーペンハウアー自身は、性衝動は苦悩の元凶であると唱えるいっぽうで、この衝動に身をまかせる一瞬の歓喜と、その虚しさをとことん味わい尽くすという感情面の振れ幅の大きい人生を送っている。彼は二一歳のときヴァイマールでカロリーネ・ヤーゲマンという十一歳年上の当時たいへん有名な女優に実らぬ恋をし、一八一八・一九年にはイタリアへ旅し、ヴェネツィアで「富裕なそして地位ある女性」と交際した。当時イギリスの詩人バイロン卿がヴェネツィアに滞在しており、彼はゲーテからバイロン宛ての紹介状をもらっていた。だがショーペンハウアーが件《くだん》の淑女と散歩しているときに、馬に乗ったバイロンがギャロップで二人の傍らを通り過ぎると、彼女は「あの方がイギリスの詩人よ！」と嬌声をあげ、一日中、バイロンの強烈な印象から逃れることができなかった。バイロンに嫉妬したショーペンハウアーは、彼に会うことを断念する。その人物の「美点に対する嫉妬は、どんなに入念に包み隠そうとしても、あらゆる嫉妬のなかでもっとも鎮《しず》め難いものとなる」（本書二九頁）。バイロンと知り合いになる機会をみずから棒にふったわけで、ショーペンハウアーは後年そのことを後悔している。妹アデーレの期待に反して、この女性との恋も実らなかった。その後も歌姫メドン（本名カロリーネ・リヒター）をはじめ、幾度か恋をしたが、一生独身だった。彼ほどの高い知性の持ち主といえども、恋という名の魔物に翻弄されて深い苦悩を味わい、嫉妬に苦しんでいる。いっぽう、「結婚は権利を半分にし、義務を倍にする」「結婚とは目隠しをして袋の中に手を突っ込み、たくさんの蛇の中から一匹のウナギをつかみ出すことを期待するようなものだ」とも述べている。ショーペンハウアーが弟子フラオエンシュテットに宛てた一八五五年九月七日付けの手紙によると、ドレスデンのサロンでは学のある上流階級のご婦人たちが彼の著作に「夢中になって」いたという。精神の刺激を求める彼女たちは、スパイスのきいた彼の文章を微苦笑を浮かべながら熟読したのであろう。

ショーペンハウアーの没後、八年がすぎた一八六八年、ロシアの文豪トルストイ（一八二八〜一九一〇）は『戦争と平和』の締めくくりとして「必然と自由」論を執筆しているとき、ショーペンハウアーの著作と出会う。大作『戦争と平和』で人間の死と生、圧倒的な力をもつ「必然」と、かよわい人間の「自由」の問題を追求していたトルストイは、自分の考えていたことを、かの哲学者がそれよりもはるかに深く、鋭く、詳細に考えていたことを知って驚き、感激する。彼は当時ロシア随一の詩人で親友フェートあての手紙（一八六九年八月三〇日付け）で、「今年の夏が私にとってどんなものだったか、わかりますか。ショーペンハウアーに対する絶え間のない感動と、私がいまだ味わったことのない精神的満足の連続です。私はかれの著作を全部注文し、取り寄せて読みましたし、読んでいます（中略）今私はショーペンハウアーは多くの人間たちの中でもっとも天才的な人物だと確信します……これは信じられないほどはっきりと、美しく照らし出された世界です」（藤沼貴訳）と絶賛し、一〇月に『戦争と平和』を完結させている。トルストイは書斎に唯一の壁掛画としてショーペンハウアーの肖像画を飾っていたばかりではない。藤沼氏によれば、トルストイは形而上学のみならず国家論や非暴力思想にいたるまで幅広くかの哲学者の影響を受けていたという。

ショーペンハウアーはこのように時代を越え、国境を越え、人間の自由と孤独、生と死のあり方をめぐって私たちに問いを発し続ける。

ショーペンハウアー年譜

一七八八年
二月二二日、富裕な商人ハインリヒ・フローリス・ショーペンハウアーと母ヨハナ（旧姓トゥロジーナ）の長男としてハンザ同盟の自由都市ダンツィヒに生まれる。

一七九三年　五歳
ダンツィヒがプロイセンに併合される直前、一家で自由都市ハンブルクに移住。

一七九七年　九歳
妹アデーレ生まれる。フランス語習得のため、ルアーブルの父の友人宅にあずけられる。

一七九九年　一一歳
ハンブルクのルンゲ博士の私塾に通う。

一八〇三年　一五歳
父の希望に従い、ギムナジウムへの進学を断念し、商人となる決心をする。両親とともに二年にわたるヨーロッパ旅行（オランダ、イギリス、フランス、スイス、オーストリア）に出発。

一八〇五年　一七歳
一家ハンブルクに帰る。ハンブルクの豪商イェニッシュのもとで商人修業を

はじめる。四月二〇日、父（一七四七～）、突然死去。

一八〇六年 一八歳
母ヨハナと妹アデーレはヴァイマールへ移住。ひとりハンブルクに残る。

一八〇七年 一九歳
イェニッシュ商会をやめ、ゴータのギムナジウムに通う。風刺詩を書いたために退学させられる。ヴァイマールのギムナジウムに転校。

一八〇九年 二一歳
一〇月九日、ゲッティンゲン大学医学科に入学。

一八一〇年 二二歳
医学科をやめ哲学科へうつる。シュルツェ教授の勧めにしたがって、プラトンとカントの勉強をする。

一八一一年 二三歳
ヴァイマールでヴィーラントに会い、哲学への決意を語る。秋にベルリン大学にうつる。フィヒテ、シュライアーマッハーの講義を聴く。

一八一二年 二四歳
両教授の講義に不満、古典語学者ヴォルフに傾倒。

一八一三年 二五歳
戦争の混乱のため、ベルリンを逃れ、ヴァイマールにしばらく滞在。母といさかいが続く。近郊のルードルシュタットにこもって学位論文「充足理由律の四根について」を書き上げ、一〇月、イェーナ大学から博士号を受ける。

冬、ゲーテと色彩論について対話。フリードリヒ・マイヤーを通じてインドの哲学を知る。

一八一四年　二六歳
ヴァイマールを去ってドレスデンに移住。「意志と表象としての世界」の構想芽生える。

一八一五年　二七歳
『視覚と色彩について』、ゲーテの賛意を得られぬまま刊行。

一八一八年　三〇歳
三月、「意志と表象としての世界」原稿完成、出版をブロックハウス社が引き受ける。秋、イタリア旅行。冬はローマですごす。

一八一九年　三一歳
一月、『意志と表象としての世界』刊行。八月、再びドレスデンに。

一八二〇年　三二歳
ベルリン大学講師の地位を得たが、ヘーゲルの講義と同じ時間にしたために聴講者がきわめて少なく、失意におちいる。

一八二一年　三三歳
歌手メドン（カロリーネ・リヒター）に恋をする。マルケ事件が起こる（お針子との傷害事件裁判）。

一八二二年　三四歳
二度目のイタリア旅行。

一八二三年　三五歳
五月、帰国。ミュンヘンに滞在、病に苦しむ。

一八二四年　三六歳
ジャン・パウル、『美学入門』で『意志と表象としての世界』に言及。

一八二五年　三七歳
再びベルリンに戻るが、失意と挫折の日々を送る。

一八二六年　三八歳
冬学期の講義題目一覧表に名前は載ったが、講義はしない。一八三一年冬学期までこの状態が続く。

一八二九年　四一歳
カントの主著の英訳を企画（出版の引き受け手なし）。『視覚と色彩について』のラテン語訳発表。

一八三一年　四三歳
八月、コレラの感染を恐れてベルリンを去り、フランクフルトにうつる。ヘーゲル（一七七〇〜）、コレラのため急逝。

一八三二年　四四歳
試みにマンハイムにうつり、一年間滞在。ゲーテ（一七四九〜）没。

一八三三年　四五歳
フランクフルトに定住決意、生涯の残りの二八年間をここで過ごす。

一八三六年　四八歳
『自然における意志について』刊行。

一八三八年　五〇歳
母ヨハナ（一七六六〜）死去。

一八三九年　五一歳
懸賞応募論文「意志の自由について」当選。

一八四〇年　五二歳
懸賞応募論文「道徳の基礎について」落選。

一八四三年　五五歳
『意志と表象としての世界』第二部、すなわち「続編」完成。

一八四四年　五六歳
『意志と表象としての世界』第二版を、「続編」を含めて刊行。

一八四五年　五七歳
『余録と補遺』書き始める。

一八四九年　六一歳
妹アデーレ死去。

一八五一年　六三歳
『余録と補遺』刊行。

一八五二年　六四歳
『余録と補遺』、イギリスでも好評。

一八五三年　六五歳
ショーペンハウアーの名声が高まり始める。

一八五四年　六六歳
『自然における意志について』第二版刊行。ヴァーグナーから『ニーベルンゲンの指輪』を献辞つきで贈呈される。

一八五九年　七一歳
『意志と表象としての世界』第三版刊行。エリザベート・ネイによる胸像完成。

一八六〇年　七二歳
九月九日、肺炎をおこす。九月二一日、永眠。九月二六日、フランクフルトの中央墓地に埋葬される。

訳者あとがき

ロシアの文豪トルストイは、優れた芸術の条件として「明快であること」「誠実であること」「新鮮であること」をあげたという。私はショーペンハウアーの独語原文に接し、彼の著作はまさしくこの三条件を満たす優れた言語芸術作品だとしみじみ思う。ショーペンハウアーの明晰な知性と、つねに真理を求め、物事の本質を究めようとする彼の誠実さが、その明快な文章を生み出している。彼の巧みな筆運びや、入念に選び抜かれたひとつひとつの語の味わいに新鮮な感動をおぼえる。独語で作品を書いたチェコスロバキアの作家カフカは、哲学者ショーペンハウアーを「言葉の芸術家」として高く評価していた。

フランクフルト定住後のショーペンハウアーの生活は、きわめて規則正しく、午前中三時間を執筆にあてた。脳髄にそれ以上要求すると、思索の力はおとろえ、独創性がなくなり、文体が荒れるから、というのがその理由だった。書き物のあと、一時間フルートを奏でた。モーツァルトとロッシーニをこよなく愛し、ロッシーニ作品は自分でフルート演奏できるようにみずから編曲《アレンジ》していたという。

ショーペンハウアーの人生哲学は、「この最悪の現実世界に生きる」私たちに仄《ほの》かな光としぶとく生きる力をもたらす。彼の透徹したまなざしも、歯に衣着せぬ物言いも、冷厳たる哲理も、彼自身の苦渋の実体験をふまえたもので、生命の脈動が基底にある。つらいとき、悲しいとき、人間関係に悩んだとき、失意のどん底にあるとき、現実世界がまさに最悪であるとき、生きのびる力を与えてくれる言葉、本当にそうだねと頷《うなず》き、一服の清涼剤となるような言葉を本書に見出して頂ければ幸いである。

最後に、独語の疑義に関して元立教大学教授で現在ベルリン在住のミヒャエル・フェルト文学博士から貴重なアドバイスを頂き、本書の刊行にあたって光文社翻訳編集部編集長、中町俊伸氏には本当にお世話になりました。心より感謝申し上げます。

二〇一七年一一月吉日　　鈴木芳子

〈主要参考文献〉

伊藤貴雄著『ショーペンハウアー　兵役拒否の哲学―戦争・法・国家―』晃洋書房、二〇一四年
遠山義孝著『ショーペンハウアー』清水書院、二〇〇一年第七刷
ショウペンハウアー著『幸福について―人生論―』橋本文夫訳、新潮文庫、一九五八年
「ショーペンハウアー全集　七」白水社　有田潤・塩屋竹男訳　一九七四年
「ショーペンハウアー全集　一一」白水社　金森誠也訳　一九七三年
藤沼貴著「トルストイとショーペンハウアー」(「ショーペンハウアー研究第十七号」日本ショーペンハウアー協会、二〇一二年一二月刊行)
ラルフ・ヴィーナー編著『笑うショーペンハウアー』酒田健一訳、白水社、一九九八年
リュディガー・ザフランスキー著『ショーペンハウアー』山本尤訳、法政大学出版局、一九九〇年

本書の43ページから44ページにかけて「……あらゆる人間の中で最も群れたがるのは黒人だと言われるが、かれらは知的な面で、断然、劣っている。フランスの新聞（『ル・コメルス』一八三七年十月十九日付け）における北アメリカの報告によれば、黒人はお互いのだんご鼻の黒い顔をいくら眺めても見飽きないため、たいそう狭い空間でも、自由農民も奴隷も入り乱れて、大勢が一緒に過ごせるのだという。」なる、今日の観点から見て、特定の人種に対する不正確かつ差別的な一節が含まれています。これらは本書が発表された一九世紀中頃には一般的だった、黒人や黒人奴隷に対する偏見と差別に基づいたものであり、また、当時の未成熟な人権意識から書かれたものです。しかしながら、編集部では本作の歴史的価値を考慮した上で、この一節についても原文に忠実に翻訳することを心がけました。それが今日ある人権侵害や差別問題を考える手がかりになると同時に、作品の価値を尊重することにつながる、と判断いたしました。差別の助長を意図するものではないことを、ご理解ください。

編集部

kobunsha classics
光文社古典新訳文庫

幸福《こうふく》について

著者 ショーペンハウアー
訳者 鈴木芳子《すずきよしこ》

2018年1月20日 初版第1刷発行
2020年2月25日 第2刷発行

発行者 田邉浩司
印刷 新藤慶昌堂
製本 ナショナル製本

発行所 株式会社光文社
〒112-8011東京都文京区音羽1-16-6
電話 03(5395)8162(編集部)
03(5395)8116(書籍販売部)
03(5395)8125(業務部)
www.kobunsha.com

ISBN978-4-334-75369-6 Printed in Japan

いま、息をしている言葉で、もういちど古典を

長い年月をかけて世界中で読み継がれてきたのが古典です。奥の深い味わいある作品ばかりがそろっており、この「古典の森」に分け入ることは人生のもっとも大きな喜びであることに異論のある人はいないはずです。しかしながら、こんなに豊饒で魅力に満ちた古典を、なぜわたしたちはこれほどまで疎んじてきたのでしょうか。

ひとつには古臭い教養主義からの逃走だったのかもしれません。真面目に文学や思想を論じることは、ある種の権威化であるという思いから、その呪縛から逃れるために、教養そのものを否定しすぎてしまったのではないでしょうか。

いま、時代は大きな転換期を迎えています。まれに見るスピードで歴史が動いていくのを多くの人々が実感していると思います。

こんな時わたしたちを支え、導いてくれるものが古典なのです。「いま、息をしている言葉で」――光文社の古典新訳文庫は、さまよえる現代人の心の奥底まで届くような言葉で、古典を現代に蘇らせることを意図して創刊されました。気取らず、自由に、心の赴くままに、気軽に手に取って楽しめる古典作品を、新訳という光のもとに読者に届けていくこと。それがこの文庫の使命だとわたしたちは考えています。

このシリーズについてのご意見、ご感想、ご要望をハガキ、手紙、メール等で翻訳編集部までお寄せください。今後の企画の参考にさせていただきます。
メール　info@kotensinyaku.jp

光文社古典新訳文庫　好評既刊

読書について

ショーペンハウアー
鈴木芳子　訳

「読書とは自分の頭ではなく、他人の頭で考えること」……。読書の達人であり一流の文章家ショーペンハウアーが繰り出す、痛烈かつ辛辣なアフォリズム。読書好きな方に贈る知的読書法。

人生の短さについて　他2篇

セネカ
中澤務　訳

古代ローマの哲学者セネカの代表作。人生は浪費すれば短いが、過ごし方しだいで長くなると説く表題作ほか2篇を収録。2000年読み継がれてきた、よく生きるための処方箋。

ニコマコス倫理学（上・下）

アリストテレス
渡辺邦夫
立花幸司　訳

知恵、勇気、節制、正義とは何か？　意志の弱さ、愛と友人、そして快楽。もっとも古くて、もっとも現代的な究極の幸福論、究極の倫理学講義をアリストテレスの肉声が聞こえる新訳で！

詩学

アリストテレス
三浦洋　訳

古代ギリシャ悲劇を分析し、「ストーリーの創作」として詩作について論じた西洋における芸術論の古典中の古典。二千年を超える今も多くの人々に刺激を与え続ける偉大な書物。

善悪の彼岸

ニーチェ
中山元　訳

西洋の近代哲学の限界を示し、新しい哲学の営みの道を拓こうとした、ニーチェ渾身の書。アフォリズムで書かれたその思想を、肉声が音楽のように響いてくる画期的新訳で！